上海政法学院学术文库

法定数字货币发行权研究

李　晶◎著

中国政法大学出版社

2022·北京

图书在版编目（CIP）数据

法定数字货币发行权研究/李晶著. —北京：中国政法大学出版社，2022.6
ISBN 978-7-5764-0492-0

Ⅰ.①法… Ⅱ.①李… Ⅲ.①数字货币－货币投放－货币法－研究－中国
Ⅳ.①D922.285.4

中国版本图书馆 CIP 数据核字（2022）第 100495 号

出 版 者　中国政法大学出版社

地　　址　北京市海淀区西土城路 25 号

邮寄地址　北京 100088 信箱 8034 分箱　邮编 100088

网　　址　http://www.cuplpress.com（网络实名：中国政法大学出版社）

电　　话　010-58908285(总编室) 58908433（编辑部）58908334(邮购部)

承　　印　固安华明印业有限公司

开　　本　720mm×960mm　1/16

印　　张　16

字　　数　265 千字

版　　次　2022 年 6 月第 1 版

印　　次　2022 年 6 月第 1 次印刷

定　　价　75.00 元

上海政法学院学术著作编审委员会

序

　　大学者，大学问也。唯有博大学问之追求，才不负大学之谓；唯有学问之厚实精深，方不负大师之名。学术研究作为大学与生俱来的功能，也是衡量大学办学成效的重要标准之一。上海政法学院自建校以来，以培养人才、服务社会为己任，坚持教学与科研并重，专业与学科并举，不断推进学术创新和学科发展，逐渐形成了自身的办学特色。

　　学科为学术之基。我校学科门类经历了一个从单一性向多科性发展的过程。法学作为我校优势学科，上海市一流学科、高原学科，积数十年之功，枝繁叶茂，先后建立了法学理论、行政法学、刑法学、监狱学、民商法学、国际法学、经济法学、环境与资源保护法学、诉讼法学等一批二级学科。2016年获批法学一级学科硕士点，为法学学科建设的又一标志性成果，法学学科群日渐完备，学科特色日益彰显。以法学学科发端，历经数轮布局调整，又生政治学、社会学、经济学、管理学、文学、哲学，再生教育学、艺术学等诸学科，目前已形成以法学为主干，多学科协调发展的学科体系，学科布局日臻完善，学科交叉日趋活跃。正是学科的不断拓展与提升，为学术科研提供了重要的基础和支撑，促进了学术研究的兴旺与繁荣。

　　学术为学科之核。学校支持和鼓励教师特别是青年教师钻研学术，从事研究。如建立科研激励机制，资助学术著作出版，设立青年教师科研基金，创建创新性学科团队，等等。再者，学校积极服务国家战略和地方建设，先后获批建立了中国-上海合作组织国际司法交流合作培训基地、最高人民法院民四庭"一带一路"司法研究基地、司法部中国-上海合作组织法律服务委员会合作交流基地、上海市"一带一路"安全合作与中国海外利益保护协同创新中心、上海教育立法咨询与服务研究基地等，为学术研究提供了一系列重要平台。以这些平台为依托，以问题为导向，以学术资源优化整合为举措，涌现了一批学术骨干，取得了一批研究成果，亦促进了学科的不断发展与深化。在巩固传统学科优势的基础上，在国家安全、国际政治、国际司法、国际贸易、海洋法、人工智能法、教育法、体育法等领域开疆辟土，崭露头角，获得了一定的学术影响力和知名度。

学校坚持改革创新、开放包容、追求卓越之上政精神，形成了百舸争流、百花齐放之学术氛围，产生了一批又一批科研成果和学术精品，为人才培养、社会服务和文化传承与创新提供了有力的支撑。上者，高也。学术之高，在于挺立学术前沿，引领学术方向。"论天下之精微，理万物之是非"。潜心学术，孜孜以求，探索不止，才能产出精品力作，流传于世，惠及于民。政者，正也。学术之正，在于有正气，守正道。从事学术研究，需坚守大学使命，锤炼学术品格，胸怀天下，崇真向美，耐得住寂寞，守得住清贫，久久为功，方能有所成就。

好花还须绿叶扶。为了更好地推动学术创新和学术繁荣，展示上政学者的学术风采，促进上政学者的学术成长，我们特设立上海政法学院学术文库，旨在资助有学术价值、学术创新和学术积淀的学术著作公开出版，以褒作者，以飨读者。我们期望借助上海政法学院学术文库这一学术平台，引领上政学者在人类灿烂的知识宝库里探索奥秘、追求真理和实现梦想。

3000 年前有哲人说：头脑不是被填充的容器，而是需要被点燃的火把。那么，就让上海政法学院学术文库成为点燃上政人学术智慧的火种，让上政学术传统薪火相传，让上政精神通过一代一代学人从佘山脚下启程，走向中国，走向世界！

愿上海政法学院学术文库的光辉照亮上政人的学术之路！

上海政法学院校长　刘晓红

摘要 ABSTRACT

　　法定数字货币发行权是特定货币机构行使的发行法定数字货币的国家权力。法定数字货币起源于数字货币理论，尤其在 2009 年以比特币为代表的私人发行数字货币出现后，法定数字货币的研究、测试乃至发行速度不断加快。法定数字货币的技术性、金融性和国家垄断性决定了其内涵的丰富性，采用构建"洋葱模型"的方式由外及内总结法定数字货币的内涵：法定数字货币是电子货币/数字货币、虚拟货币、算法货币/加密货币、智能货币、信用货币/法定货币。法定数字货币的发展并非与传统法定货币割裂。

　　在此基础上，从分析法定货币发行权拓展到法定数字货币发行权上。无论是世界上第一部成文宪法《美国联邦宪法》确立了货币权力，还是英国率先将银行收归国有，亦或是超主权货币欧元的诞生，都无法有效避免货币超发对公民权利的侵害。"货币宪法"为规范货币权力、保障公民权利提供了理论框架。而法定数字货币的出现为"货币宪法"理论带来了新的挑战，如智能货币属性让货币发行量可控、可追踪性方便公民监督货币发行权力的行使。即便如此，依然不能改变法定数字货币有被超发的可能、作为国家财政收入来源的命运。对公民权利保护的焦点从财产权到兼顾信息权，成为"货币宪法"理论"与时俱进"发展的契机。

　　更进一步，从我国货币发展的角度来看法定数字货币发行权，本质上仍是国家垄断行使的重要权力，具有货币主权和中央事权属性，这与法定数字货币的综合财产属性直接相关。从分解与建构两个方向对法定数字货币发行权进行分析，提出法定数字货币发行权由筹备权、发行基金管理权、投放权和回笼权构成。从宪法层面建构法定数字货币发行权，明确法定货币发行权已由宪法确立，是中央银行在国务院领导下独立行使的专属职权；明确法定数字货币发行权具有执行性、强制性、公益性和不可处分性等复合属性，依然要坚守以保护公民权利为核心。同时，法定数字货币发行权建构的法律分析上，要明确法定数字货币发行权行使的法律依据，厘清法定数字货币在不同领域所具有的综合财产属性，并据此维护发行与流通秩序。

即便发行法定数字货币不能改变中央银行行使法定数字货币发行权的专属地位；同时，也不意味着法定数字货币发行权的运作能够脱离与国务院其他组成部门以及其他国家机关之间的分工合作。当前发行法定数字货币的国家有限，但已可窥探其运行过程中的风险，特别是发行的法定数字货币因为技术、发行模式等原因未能被人民广泛接受，对私人创新、公民财产权利和信息权利等都可能产生影响。为此，在以保护公民权利为核心下，提出借鉴以保护特定主体权益为核心的新药试药规则，从宪法层面构建规制法定数字货币发行权的"监管试点"，以实现法定数字货币发行权四阶段的"渐进式发展"。具体构建了防止货币超发、保护用户财产安全与信息安全的规制规则。

目 录 CONTENTS

绪　论

一、研究论题提出

（一）研究背景

2019 年 8 月 9 日，中国共产党中央委员会与国务院共同作出的《关于支持深圳建设中国特色社会主义先行示范区的意见》指出："支持在深圳开展数字货币研究与移动支付等创新应用。"这是我国第一次将"数字货币"写入官方文件中，只不过此处的"数字货币"仅指中央银行（即央行）发行的法定数字货币。法定数字货币概念的出现不过是近几年的事情，但无论法定数字货币采用何种技术设计、发行、流通或使用，其本质都是基于国家信用发行的主权货币。不过，即便是法定货币的发行权，在我国学术界的探讨也不够深入，甚至法学界在面对这一国家权力时近乎"集体失声"。

在法定数字货币这一概念出现后，国家相关机构是主要的研究主体，法学界依然是"后知后觉"。究其原因，可能有如下几点：第一，虽然人们都知道法定货币发行权是国家一项权力，但是《中华人民共和国宪法》（以下简称《宪法》）文本中并未对此进行明确规定，法学界对此进行研究似乎"师出无名"；第二，也正是因为《宪法》对法定货币发行权这一重要权力并未明确规定，法学界对此并未重视，认为鲜有人研究就是没必要研究；第三，法定货币发行权虽是一项国家权力，但与货币政策、财政政策密切相关，政策的动态性和复杂性决定了研究法定货币发行权的难度；第四，研究法定货币发行权除了需要法学知识储备外，还需要对货币学、银行学等学科有一定的了解，而这无疑又增加了法学研究的难度；第五，人工智能、区块链、云计算等技术不只带来了第四次工业革命，更是引导人类走向数字世界。法定数字货币所具有的技术性让当前的法学界"望而却步"。

显而易见的是，法定货币发行权是理论和实务领域亟需关注的重要法律问题，尤其在进入数字世界后，法定数字货币不只会成为主权货币的具体形式，更会是一国在国际金融市场中的有力竞争手段和象征。具体而言：第一，《宪法》并没有明确规定法定货币的发行权，却以规定"国家宏观调控权"的方式将法定货币发行权囊括其中。《中华人民共和国中国人民银行法》（以下简称《中国人民银行法》）则具体规定了国家宏观调控"组合权力"之一的法定货币发行权；第二，对法定货币发行权的研究主要集中在金融领域，在金融法领域法定货币发行权的研究也往往被"一笔带过"，在宪法行政法领域的研究更是"凤毛麟角"。但这同样意味着法定货币发行权的研究空间很大，需要法学界的努力；第三，法定货币发行权的行使和规范除了依据《中国人民银行法》外，主要就是靠货币政策和财政政策进行调节。法学界对法定货币发行权研究不足让法定货币发行权"游离"在宪法理论研究之外，法定货币发行权的研究亟需在宪法理论研究中"归位"；第四，无论是金融学知识的储备，还是对新兴技术的了解，都应该是法律人在应对日益复杂的法律问题中不断更新的技能，尤其是要打破传统学科之间的壁垒，避免在单一学科内偏居一隅，在研究具体的法律现象时要具有"领域法学"视野，在分析具体法律问题时要回归"部门法学"内"精耕细作"，这是当前学者亟需转变的研究理念和思维范式。故而，本书拟研究的法律问题：以我国的宪法制度为基础，探索建立法定数字货币发行权的规范体系。

简言之，法定数字货币发行权的本质是国家权力在宏观调控领域的行使，以及如何在国家宪法监督下规范行使，即宪法约束下国家权力的规范行使问题。研究这一问题的主要背景如下：

第一，以比特币为代表的数字货币于 2009 年出现，开启了"数字货币1.0"时代。比特币诞生之初，并没有获得广泛的关注，起初只在小范围内的社群使用，甚至是作为"暗网"交易的"货币"。比特币的坚实追随者认为比特币是脱离当今主权国家管控的"自由货币"，逐渐被大众所熟知的关键时点便是 2013 年前后。当时，国内外开始"炒币热"，比特币的价格成百上千倍地涨跌，在巨大利益面前，时不时出现交易平台携款"跑路"事件，参与投资的公众成了"炒币热"背后的利益牺牲者。2013 年 12 月 5 日，中国人民银行等五个部门共同发布的《关于防范比特币风险的通知》中明确指出比特币为"虚拟商品"，并不是"货币"。与此同时，比特币所具有的货币属性也向国家法定货币发行机关敲响了警钟：私人发行的数字货币有可能会冲击国家的法定货币发行权。在这样的背景下，我国中央银行于 2014 年着手研究法定数字货币，虽然这一事实于 2016 年 1 月 20 日才被正式公开。[1]

第二，脸书（Facebook，现更名为 Meta）的天秤币（Libra，现更名为 Diem）白皮书于 2019 年 6 月 18 日发布，开启了"数字货币 2.0"时代。[2]如果说比特币等私人发行的数字货币并没有充分引起国家货币发行机关的重视，那么以 Libra 为代表的由国际商业巨头发行的数字货币直接引起了各主权国家的"恐慌"。因为 Libra 的使命极具"野心"：初期是要作为一种支付手段，中期是要改变全球的货币体系，长期是要改变全球的金融体系。[3]虽然各主权国家都对此保持高度警惕，即便接受也要"严厉监管"，[4]但数字货币的全球发展已成为历史不可阻挡的趋势。而脸书在回应美国监管部门的担忧时，反复提出的观点是："如果 Libra 不做这件事，中国央行数字货币将会做。"[5]由此不难看出，法定数字货币的发行不只是一国主权行使的问题，它更关乎一国在未来国际社会发展中的规则制定权与话语权。[6]虽然无法判断我国于 2019 年 8 月 9 日提出要在深圳进行数字货币的研究与脸书提出要发行数字货币 Libra 是否直接相关，但客观上已经产生了国家直接回应私人发行数字货币挑战的效果。

第三，从互联网的"信息交换"到区块链网络的"价值交换"这一技术

---

〔1〕　参见"央行：争取早日推出数字货币"，载《党的建设》2016 年第 2 期。

〔2〕　在比特币与天秤币 Libra 之间还出现了以使用智能合约技术为代表的以太币，让发行数字货币更为容易。具体内容参见李晶："'监管沙盒'视角下数字货币规制研究"，载《电子政务》2020 年第 11 期。本文在表明几种重要的私人数字货币对法定数字货币的影响时，只以比特币和天秤币为例作出说明。

〔3〕　参见朱民："天秤币 Libra 可能带来的颠覆"，载 http://finance. sina. com. cn/zl/china/2019-09-23/zl-iicezueu7822307. shtml，最后访问日期：2019 年 12 月 20 日。

〔4〕　如加拿大、德国、意大利、日本、法国、美国、英国等国家在脸书发布 Libra 白皮书时均表示要进行"严厉监管"。

〔5〕　"小扎：如果 Libra 不做 中国央行数字货币将会做"，载 http://finance. sina. com. cn/block-chain/coin/2019-10-24/doc-iicezzrr4596689. shtml，最后访问日期：2019 年 12 月 20 日。

〔6〕　习近平在提到区块链标准化研究时，提出要提升规则制定权与国际话语权。参见习近平："把区块链作为核心技术自主创新重要突破口"，载《人民日报海外版》2019 年 10 月 26 日，第 1 版。

发展与变革过程中，法定货币从实物形式走向数字形式是历史发展的必然。虽然任何事物都有成为货币的可能，但每一次货币形式的变化，无不表明了技术的变革对货币发展的影响以及人们对更便捷货币形式的需求。所以货币从"贝壳—金银—纸币—数字货币"的发展具有历史必然性，各项技术则成为支撑数字货币发行、流通和安全的保障。不只是我国极早嗅到了法定数字货币有望成为未来发展趋势，国际上很多国家和国际组织也开展了法定数字货币的研究，如英国的 RSCoin 项目、新加坡的 Ubin 项目、加拿大的 Jasper 项目；更有国家迫不及待地通过发行法定数字货币以摆脱对美元的依赖，发展本国经济，如委内瑞拉 2018 年发行的"石油币"。

第四，国家治理体系现代化高效便民的具体体现。中国共产党十九届四中全会上发布的《中共中央关于坚持和完善中国特色社会主义制度 推进国家治理体系和治理能力现代化若干重大问题的决定》（以下简称《决定》）中指出要"推进数字政府建设，加强数据有序共享"，其中，税收、预算、审计等都与货币发生联系，法定数字货币的发行和使用将促进国家经济活动更为便捷、高效、安全地进行。一是法定数字货币有助于政府财政预算更为精准地作出。同时，法定数字货币的"电子留痕"也将确保预算的有效执行及经济责任的问责，从而也让政府审计更为便捷和可靠；二是法定数字货币也有利于国家征税活动的展开，可防止纳税人偷税、漏税等违法行为的发生；三是法定数字货币还可在一定程度上保护公民信息，防止因公民信息泄露所引起的财产损失；四是法定数字货币本身也在《决定》中提到的"建设现代中央银行制度，完善基础货币投放机制"中扮演重要角色，甚至可以说，未来的中央银行制度将围绕法定数字货币展开。

基于以上背景不难看出，本书研究"法定数字货币发行权"这一问题实则源于外因和内因两个方面。从外因上来看，无论是否将私人发行的数字货币定性为"货币"，其都在一定程度上具有了部分货币属性，在一定范围内代替了法定货币的流通，必然会对一国的法定货币带来冲击。如果说以比特币为代表的"数字货币1.0"时代对法定货币的冲击只是"小打小闹"，那么以Libra 为代表的"数字货币2.0"时代必然会对各国的法定货币产生重大影响，甚至一些小国家会接受 Libra，丧失本国的货币发行权。而法定货币发行权是国家宏观调控权之一，不只关乎国家经济稳定，更是与每一个公民的利益息息相关，因而有必要研究法定数字货币发行权。从内因上来看，研究法定数字货币发行权是研究我国权力运行的需要，其权力授予、行使、监督等环节必然也会随着技术发展而产生新的法律问题，故而要对国家机关的权力行使和公民的权利保障予以关注。一个已然显露却值得关注的问题便是，法定数字货币发行权必然也将涉及国际宪法问题。

　　然而，无论是基于外因还是内因来研究法定数字货币发行权，其都不是"空中楼阁"，而是源于中国货币发行经验。故而，本书认为，除了关注法定数字货币发行权的规范建构、技术特点所带来的新法律问题、国际监管与合作外，更应重视中国的货币发行经验，从中总结、归纳货币发行权的运行特点，为我国法定数字货币发行权的建构和规范行使提供更为扎实的发展经验和历史底蕴，并能够进一步利用中国的国际地位，向世界贡献中国经验，抓住掌握国际规则制定权和话语权的机会。但是，这样的研究必然工程浩大且繁琐非常。"学科的发展与进步建立在社会现实的需求之上，只有当人们对货币权力有了足够的认知之后才会对货币宪法学的研究倾注更多的热情。"[1]而现在正是货币宪法学发展的大好时机。

（二）问题提出

　　即便引入分布式账本、安全算法等技术发展法定货币，法定数字货币具有由国家强制力保障的法偿货币的特殊地位，就已然决定了发行现金时存在的一些问题在发行法定数字货币时依旧会存在，而有些问题则会因技术属性的存在而更加凸显。这就是先进技术的两面性：先进技术有利于社会发展的正面社会效应与可能被扭曲使用的负面作用同时存在，特别是当若干种技术综合使用的时候，其负面的效应可能是隐蔽的，但潜在的负面效应一定会隐蔽地发生作用，可能带来巨大的风险。[2]

　　1. 不足以成为问题的法律风险：发行依据

　　自 2016 年我国发表第一篇关于发行法定数字货币的法律问题的论文[3]开始，发行法定数字货币缺少法律依据成了学界议论的重点。诚然，《中华人民共和国人民币管理条例》（以下简称《人民币管理条例》）只规定了人民币

---

　　[1]　苗连营："谈货币宪法学研究"，载吴礼宁：《货币宪法学：知识谱系与中国语境》，法律出版社 2015 年版，代序第 3 页。

　　[2]　参见李晶："'区块链+通证经济'的风险管控与对策建议"，载《电子政务》2019 年第 11 期。

　　[3]　参见刘向民："央行发行数字货币的法律问题"，载《中国金融》2016 年第 17 期。

有纸币和硬币两种形式，并没有对数字货币这一形式予以规定，那么，发行法定数字货币是否有于法无据之嫌。当然，一旦发行数字货币，相关的法律规范如《中华人民共和国反洗钱法》（以下简称《反洗钱法》）、《中华人民共和国刑法》（以下简称《刑法》）的相关内容都要进行修改，这必将又是一项浩大而又繁琐的工程。从约束国家权力的角度来说，法无授权不可为。发行法定数字货币的首要任务就是要通过法律授予中国人民银行发行数字货币的权力，这一权力直接确定数字货币的法偿货币地位。这的确是个法律问题，但问题的关键并不在于提出修改相关法律规范或者出台专门的"法定数字货币法"，而在于如何修改（制定）法律，这才是发行法定数字货币面临的最大法律障碍。毕竟，规定中央银行有发行数字货币的权力仅是发行法定数字货币这项工程的起点，如何构建起严密的制度大厦才是发挥发行法定数字货币优势的基础。

2. 不可避免的法律风险：假币、洗钱

发行纸币时，中央银行重要任务之一就是要不断提高纸币的防伪能力，以预防假币的产生与流通，防止对国家信用和公众利益造成侵害。而发行法定数字货币，每个法定数字货币都有唯一的数字编号（字符串），且法定数字货币体系中的登记中心记录着法定数字货币的全生命周期，对于防范假币的产生的确会发生作用。不过，法定数字货币的数字特性恰恰也会被制造假币所利用。如第一种情形，私人可以发行一种名称与央行发行的法定数字货币相似的数字货币，如在法定数字货币英文名称缩写加上后缀或小写英文名称等，让人误以为该数字货币与法定数字货币有关，这算是比较初级的数字假币的表现形式；第二种情形，私人直接发行名称与央行发行的法定数字货币相同的数字货币，正如中国人民银行公告中所提出的那样，已有人发行与DC/EP（DCEP）[1]名称相同的数字假币。制造数字假币的成本、代价可能会更低，一是任何单位和个人都可在区块链公链上发行自己的数字货币，无需了解如何设计数字货币代码；二是公链是去中心化的，难以找到发行数字假币的主体。

简单地说，洗钱行为是指将非法获得的财物通过多种手段变成能够合法

---

[1] 我国数字人民币在研发过程中的阶段性名称为DC/EP（Digital Currency/Electronic Payment），现在这个名称已经不再使用。

使用的财物，多种手段的目的在于掩盖财物的性质、流转痕迹。一般来说，洗钱行为是在有形态货币和无形态货币之间转换发生。一般情况下，是从无形态货币开始，主要是在金融机构之间转移款项；之后，将无形态货币取出，变成有形态货币；最后一步，将有形态货币通过各种途径变成无形态货币，模糊资金的来源和性质，非法资金变成合法资金。[1]在洗钱的这几个关键环节中，从无形态货币变成有形态货币这一步，采取的是从实名到匿名的方式，从而中断了财物流转的痕迹。法定数字货币"可控匿名制"的设定虽然有助于追踪资金的流转，但仍然无法避免从法定数字货币这一无形态货币到有形态货币的转换。一旦私人发行数字货币进入洗钱环节，反洗钱将更为困难。

显然，当前的法律体系无法对发行法定数字货币后的假币、洗钱和其他与货币相关的违法犯罪行为予以有效回应，而这应该成为发行法定数字货币配套的法律制度。

3. 更为严峻的法律风险：个人信息泄露

在发行法定数字货币时，个人数据信息保护是重要考量因素，所以设计了"前台自愿，后台实名"的"可控匿名制"，让用户自行决定是否授权他人使用个人信息以及使用多少个人信息。不过，数据分析的设计同样值得注意，其中尤为强调对客户行为分析来保障交易安全、规避风险。虽然强调了只在宏观上对数字货币进行大数据分析，不在微观上侵犯合法用户的隐私，[2]但用户个人信息于国家相关部门而言不仅实名制，而且在不合法或有违法之时都有被查看的可能。此外，仍有两个途径可能会泄露个人信息。一是发行法定数字货币可能采取的分布式账本技术虽然可以完整记录货币流通信息，但是也可能助力"黑客"窃取法定数字货币及相关信息。虽然央行发行法定数字货币必然会采取严格的安全技术，但是分布式账本技术让"黑客"能够利用分布式网络中各个节点的计算机算力，这样积少成多地累加算力可能会产生严重后果。这种情形已在私人发行数字货币领域发生。二是"黑客"直接攻击法定数字货币系统或者个人账户、数字钱包，虽然难度极高，但并非不可能。如当前在瑞典已开始广泛的电子支付模式，即在人体皮下植入芯片，该芯片具有集电子钱包、门禁卡、信用卡等多功能于一身的效果，只要挥手就可完成

---

〔1〕　参见宝山、文武：《法定数字货币》，中国金融出版社 2018 年版，第 288～289 页。

〔2〕　参见姚前："中国法定数字货币原型构想"，载《中国金融》2016 年第 17 期。

支付或验证。不过，一旦该芯片被"黑客"控制，用户丢失的就不只是钱了。

（三）研究目的

法定数字货币有望成为现代经济活动、金融活动中的关键工具，始终与一国的权力体系密不可分。尽管我们都知道法定数字货币所代表的是一国货币主权的运行，但无法否认法定数字货币最终的权利落脚点是每一个公民。在国家货币权力行使与公民权利保障之间，国家货币权力往往由于强制性、复杂性、隐蔽性等特点而可能被滥用也自不待言，不利法律后果则是由法定数字货币的持有者——公民所承受。货币发行权是货币发行主体行使的国家货币职权，既是货币发行主体的具体权力体现，也是货币发行主体规范履行职能的应有之义。构建国家货币权力与公民财产权利的宏大叙事不是笔者的本意，只是想立足于货币发行权这一核心权力，吸纳当前法定数字货币发行所运用技术的特点，尝试构建法定数字货币发行权行使的规范路径。故而，就法定数字货币发行权研究的目的而言，笔者想从两个层次做简要说明。

第一，法定数字货币发行权研究在货币权力层面的目的。正如苗连营教授所言，"货币权力堪称最具统治力的公权力，但是在宪法学领域却没有受到应有的重视。在当代社会，所有的财政经济问题都可以归结为货币问题，它直接指向公民与国家这一对宪法学上的基本范畴"。[1]在信用货币时代，人人都知道货币权力为国家垄断行使。货币发行权作为货币权力中的组成部分，应当能够承担起国家货币权力规范行使、国家经济秩序稳定和公民权利享有与保障的重任。尤其在进入数字世界后，法定数字货币发行权作为国家数字治理的重要手段和途径，应契合于货币权力的整体运转，发挥其国家善治的时代使命。我们固然知道法定数字货币发行权于数字时代的国家与公民的重要性，即便对此进行研究的学者不断增加，但是法学界的声音依然薄弱。根据当前已有的文献来看，宪法学与行政法学学者似乎对法定数字货币发行权的研究"充耳不闻"。因此，法定数字货币发行权的研究目的之一在于充实货币权力的行使与规范理论，以期国家权力之间的协调运行，从而避免对公民权利的不当介入与实现对公民财产的保护。

第二，法定数字货币发行权研究在货币宪法层面的目的。正如上文所提，

---

〔1〕 苗连营："谈货币宪法学研究"，载吴礼宁：《货币宪法学：知识谱系与中国语境》，法律出版社 2015 年版，代序第 1 页。

法定货币发行权作为国家权力体系中事关公民权利实现、生活质量提高、经济社会稳定等重要国家事务的一项权力，尤其在当前我国积极研究并计划推出法定数字货币的历史转折点上，应该成为宪法学与行政法学界研究法定数字货币的第一波浪潮。不过，如何在既有的权力体系下构建适应于数字世界发展的法定数字货币发行权是摆在学者们面前的第一道难题，更何况这道难题出现的背景还是宪法学和行政法学学者对此并不充分研究的基础之上。与此同时，十九届四中全会提出要"建设现代中央银行制度"正是对宪法学和行政法学学者提出的新时代要求。"货币是一个制高点。谁控制了货币，谁就控制了利益的制高点；谁控制了货币发行，谁就可以从根本上垄断利益、掠夺资源、控制世界……拥有货币主导权其实就掌握了未来世界政治、经济及文化的发展方向。"[1]故而，对法定数字货币发行权的研究不只正当其时，且十分必要和迫切。本研究目的之一是将法定数字货币发行权研究上升到货币宪法研究的高度，以推动国家数字治理能力提升；之二是法定数字货币虽是一国主权货币，但其跨境流通与使用也将超出传统国家的主权边界，加快对其研究是在国际上与其他法定数字货币、主流私人数字货币竞争的迫切需求。

二、研究现状综述

儒家先贤孟子曾提出"制民恒产"的贵民思想，即"明君制民之产，必使仰足以事父母，俯足以畜妻子，乐岁终身饱，凶年免于死亡"，因为"若民，则无恒产，因无恒心。苟无恒心，放辟邪侈，无不为已"。(《孟子·梁惠王上》)"恒产"要以一定的货币来体现，也要以一定货币政策来保证货币价值的稳定性从而使财产价格保持相对稳定。人类的发展史与货币发行的变迁史盘根错节，相伴相生。关于货币发行的研究，一直是国内外学者的眼神聚焦之地，学术成果颇丰，但是国内外学者关于货币发行的研究多集中在金融领域，从法学角度尤其是宪法学角度来研究这一远不只是金融领域的问题则略显不足。究其原因，笔者认为，一是因为法定货币发行往往由一国的政策来调节，具有较强的灵活性，而以宪法、法律调节则来不及对瞬息万变的货币环境作出反应，宪法和法律对此显然滞后；二是法定货币发行问题过于专业，尤其是科技的发展，使得金融与科技相结合，需要更多的技术与专业

---

〔1〕 涂永前、邱本："人民币国际化的法律路径及法治建设"，载《政法论丛》2015 年第 5 期。

知识支撑，而宪法和法律对此更是"捉襟见肘"；三是各国宪法及相关法律对法定货币的规定较少，有隐藏法定货币发行权实质之虞，让一般公众难以窥探其"秘密"。

那么，从宪法学角度来研究货币发行问题是否真的并无必要，尤其是在私人数字货币大行其道的今天，笔者的研究正是对此进行的回应。关于数字货币及其发行问题，金融学等领域提供了丰富文献资料。基于本书是以法定数字货币发行权为研究对象，本书的研究将立足于宪法领域，同时兼顾数字货币跨学科的特点，将会吸收金融学、计算机学等学科理论为法定数字货币发行权研究提供多重支撑。通过对文献及各国实践情况的梳理，笔者从国外和国内研究分别进行综述。

（一）国外研究现状

无论是作为法定数字货币发行权的理论基础——"货币宪法"，还是法定数字货币出现的"导火索"——"数字货币"，国外研究都要早于国内。尤其是在当前私人发行数字货币在我国活动受限、数字货币由国家研究的背景下，国外对数字货币的研究反而更为自由和前沿。"货币宪法"概念由公共选择学派创立，之后得到了广泛的发展，而这也是本书研究的理论基础。此外，关于数字货币研究，很多国家对私人数字货币并不禁止，于是出现私人数字货币发行研究与法定数字货币发行研究两个维度，但两者不是分裂开来的，相反，二者互相促进，私人对数字货币的研究可能更为先进和安全，可以成为国家研发法定数字货币借鉴的对象。在此，主要从"货币宪法"理论的发展以及"法定数字货币"两个方面进行综述。

1. 关于"货币宪法"的研究

"货币宪法"概念的提出与理论发展，有着深刻的历史背景。尤其是国际上几次重大经济危机的爆发使得学者认识到金融危机表象下，始作俑者之一实则是通货膨胀。基于此背景，学者们更加清醒地意识到，我们日常生活所使用的货币是国家或者私人银行变相征税的一种隐蔽手段，通货膨胀的出现是其滥用货币发行权的具体表现。为了规范国家货币发行权、保障公民财产权不受侵害，很多学者提出要建立"货币宪法"，为货币发行立宪。

于1962年在哈佛大学出版社出版的《探寻货币宪法》一书，收录了不同学者关于"货币宪法"的观点。具体来说，货币学派的创始人弗里德曼提出要通过宪法规范货币权力。[1]公共选择学派代表人布坎南在"可预见性：货币宪法准则"一文中首次提出"货币宪法"一词，并主张制定"财政—货币宪法"。[2]其认为"货币宪法"是由一组涉及货币扩张程度之规则组成的，它比一般的财政宪法更为严格。[3]研究货币体制和货币宪法重要的原因在于各国政府对长期通货膨胀存在偏爱。[4]

正是因为布坎南作为"货币宪法"概念提出的第一人，布坎南的"货币宪法"观成为学者们研究的对象。如有学者（2007）指出对布坎南的研究要关注不同的政治模式支持宪法对政府发行货币的权力的限制。[5]也有学者（2011）认为竞争性货币生产不受制于政治经济的顺周期性，也可符合可预测性的标准。有效的货币宪法隐含在任何保护财产权、合同和交易自由的宪法中，并对民主进程加以限制。[6]有学者（2014）指出货币宪法有自我执行的规则，不需要外部强制执行，其认为需要两种制度，即国内生产总值目标依赖于货币政策的市场实施制度以及自由银行制度。[7]

比上述的"不需要外部强制执行"的货币宪法更为自由的货币观，当属哈耶克的"货币非国家化"。哈耶克认为历史上通货膨胀的发生都是政府在滥用自己的垄断权，打压私人创造稳定货币的同时也没有让法定货币发挥确定作用。从而提出"让私人发行的货币流通起来"的观点，通过货币之间的竞争

---

〔1〕 See Milton Friedman, "Should There be an Independent Monetary Authority?", in Leland B. Yeagered., *In Search of a Monetary Constitution*, Cambridge：Oxford University Press, 1962, pp. 219 - 243.

〔2〕 See Domenico D'Amico, "Buchanan on Monetary Constitutions", *Constitutional Political Economy*, Vol. 18, No. 4., 2007, pp. 301-318.

〔3〕 See James M. Buchanan, "Predictability：The Criterion of Monetary Constitutions", in Leland B. Yeager ed., *In Search of a Monetary Constitution*, Cambridge：Oxford University Press, 1962, pp. 182- 183.

〔4〕 参见［瑞士］彼得·波恩霍尔兹等："货币宪法、政治经济体制与长期通货膨胀"，载《学习论坛》2011 年第 7 期。

〔5〕 See Domenico D'Amico, "Buchanan on Monetary Constitutions", *Constitutional Political Economy*, Vol. 18, No. 4., 2007, pp. 301-318.

〔6〕 See Steven Horwitz, "Do We Need a Distinct Monetary Constitution?", *Journal of Economic Behavior & Organization*, Vol. 7, No. 1., 2011, pp. 331-338.

〔7〕 See Alexander William Salter, "Is There a Self-enforcing Monetary Constitution?", *Constitutional Political Economy*, Vol. 25, No. 3., 2014, pp. 280-300.

达到币值稳定的效果。[1]哈耶克的货币观已然跳出"货币宪法"的规则体系之外，其自由的货币发行观在私人数字货币发行领域得以充分体现。

2. 关于"法定数字货币"的研究

基于区块链技术出现的数字货币自 2009 年逐渐为世人所知后，各国政府虽然对其态度不同，但其唤醒了国际组织和多个国家对法定（央行）数字货币的研究。如下，本书将从国际组织、国家、学者三个角度对法定数字货币的研究做简要综述。

（1）国际组织对法定数字货币的研究

2018 年 3 月 12 日，国际清算银行（Bank for International Settlements）发布了关于央行数字货币（Central Bank Digital Currencies，CBDC）的研究报告。该报告明确指出 CBDC 是中央银行发行法定货币的数字表现形式，具体从发行主体、货币表现形式和货币获得的难易程度等进行分析。该报告在指出 CBDC 在对支付系统、货币政策和金融体系等方面带来积极变革的同时，也指出发行 CBDC 的一些现实困境，如当前法律的不配套让 CBDC 短期内无法实现，也可能会增加洗钱行为、资助恐怖主义、侵犯个人隐私和网络安全的风险。[2]这是国际上第一份对法定数字货币的概念、特点、优势与风险作出较为全面研究的报告，无疑是各国法定数字货币研究的"风向标"。

（2）外国对法定数字货币的研究

"第一个"公开表示进行法定数字货币研究的国家是英国，但这仅仅是一家之言。[3]英国央行——英格兰银行（Bank of England）于 2015 年公开表明授权伦敦大学学院研究央行数字货币 RSCoin。研究 RSCoin 的目的在于强化本国的经济与国际贸易。RSCoin 虽然采用分布式账本技术，公开货币供应量，但是该中央账簿由中央银行控制，采用密码学技术具有防篡改、防伪造等特性，同时还具有数字货币的成本低、交易速度快等优点。不过，英格兰银行副行长本·布劳德本特（Ben Broadbent）认为，对于央行数字货币的设计，

---

〔1〕 参见［英］弗里德里希·冯·哈耶克：《货币的非国家化》，姚中秋译，新星出版社 2007 年版，第 33~59 页。

〔2〕 See Bank for Internetional Settlements："Central bank digital currencies"，available at https://www.bis.org/cpmi/publ/d174.pdf，最后访问日期：2019 年 12 月 20 日。

〔3〕 根据中国人民银行 2016 年公布的资料来看，中国人民银行于 2014 年就已经开始法定数字货币的研究。

要考虑与商业银行存款的竞争程度。央行是否发行数字货币，可能更多的是考量对银行筹资和信贷供给带来什么样的影响。[1]

"第一个"宣布发行法定数字货币的国家是委内瑞拉。委内瑞拉于2018年2月宣布公开发行央行数字货币"石油币"（PTR）。委内瑞拉具有丰富的石油资源，故而"石油币"以"液体黄金"——石油资源支持，"国家将促进和鼓励使用石油币以巩固其作为一种投资选择、储蓄机制以及与国家公共服务、工业、商业和公民的交易方式"。石油币可用于交换手段、数字平台、储蓄和投资功能，总发行量为1亿枚，1石油币的参考销售价格为60美元，最小单位为Mene（0.000 000 001）。[2]委内瑞拉急于发行央行数字货币，主要出于两个原因：一是旨在通过发行数量固定的央行数字货币来缓解国内的通货膨胀；二是打破美国的经济封锁，发展本国经济。不过，"石油币"一经发行就遭到了美国的抵制，依旧是难以逃脱以美国为首的货币霸权。当然，"石油币"本身也存在问题，即"石油币"虽然仍是公共债务工具，"内在价值"以委内瑞拉国际石油篮子价格为基础，但该价格是由委内瑞拉行政机关自由决定，而不是以货币本身或者供需为基础。[3]

不过，其实早在委内瑞拉发行"石油币"之前，同样位于南美洲的厄瓜多尔于2015年2月就已经发行法定数字货币"厄瓜多尔币"，受到央行直接监管。市民可以使用"厄瓜多尔币"完成支付。不过，"厄瓜多尔币"之所以没有受到广泛的关注与使用，主要出于以下两个原因：一是并不是所有的居民都能使用"厄瓜多尔币"，使用范围有限；二是正是因为使用范围有限，"厄瓜多尔币"的流通量占国家整体货币量的比例十分小，甚至可以忽略不计。于是，"厄瓜多尔币"在2018年4月即被宣告停止运行。[4]除此之外，突尼斯也在2015年发行了法定数字货币，主要用于支付、管理政府身份证明

〔1〕 参见本·布劳德本特："与数字货币有关的三个问题"，载 https://www.8btc.com/article/87048，最后访问日期：2019年12月20日。

〔2〕 参见中钞区块链技术研究院："委内瑞拉石油币白皮书"，载 https://www.chainnode.com/doc/1794，最后访问日期：2019年12月20日。

〔3〕 See Ignacio Herrera Anchustegui, Tina Soliman Hunter, "Oil as Currency: Venezuela's Petro, a New 'Oil Pattern'?", available at https://ssrn.com/abstract=3291272，最后访问日期：2019年12月20日。

〔4〕 参见潘超："央行数字货币（CBDC）基础知识了解一下"，载 http://baijiahao.baidu.com/s?id=1642357067635946374&wfr=spider&for=pc，最后访问日期：2019年12月20日。

文件等。[1]

其实，各国或多或少都对央行数字货币进行关注，虽然已有个别国家发行了本国的央行数字货币，但从目前来看，运行情况并不乐观，甚至有的国家已失败或者被迫取消。[2]不过，各国之所以关注央行数字货币，一是想通过数字货币来加快货币流通、降低成本；二是想通过发行央行数字货币以增强央行对货币的控制权力；三是想打破美国封锁或美元霸权，促进本国经济发展。央行数字货币较传统货币，的确有更多优点，不过因为先天技术上的问题，当前"急功近利"式发行，不只会事倍功半，甚至有可能降低央行的权威性。

（3）学者对法定数字货币的研究

学者对法定数字货币的研究主要从两个方向进行，一是发行法定数字货币的优势和可能带来的问题；二是发行法定数字货币的必要性和可行性。具体而言：

有学者（2016）认为发行法定数字货币可以提高货币功能的效率、提高支付系统的效率和安全性、是对可能损害货币政策目标和提高金融稳定性的执行政策的回应，并提出了实施数字货币以提高零售支付系统效率的框架，该框架包括预先确定的特征（不取决于央行发行法定数字货币的原因）和待确定的特征（与央行发行动机和采用的技术有关）。[3]有学者（2017）认为法定数字货币可以作为几乎无成本的交易媒介、安全的价值存储和稳定的价值单位，为了实现这些标准，法定数字货币要以账户为基础并计息，用货币政策来促进价格稳定。[4]有学者（2018）给出央行数字货币的一般定义，并得出结论：通过改变央行数字货币的价格或数量，货币政策同样能发挥作用，甚至在政策工具发生特定变化时，这种传导功能更强。[5]有学者（2018）认为央行数字货币给央行带来的主要优势便是数字货币是可编程的，因而数字

---

[1] 参见王艳："区块链技术在金融业的应用及其发展建议"，载《海南金融》2016年第12期。

[2] 如厄瓜多尔央行数字货币已发行失败，乌拉圭、爱沙尼亚已取消发行央行数字货币。

[3] See Ben S. C. Fung and Hanna Halaburda, "Central Bank Digital Currencies: A Framework for Assessing Why and How", *Bank of Canada Staff Discussion Paper*, November 2016.

[4] See Michael D. Bordo, Andrew T. Levin, "Central Bank Digital Currency and the Future of Monetary Policy", *NBER Working Paper Series*, August 2017.

[5] See Jack Meaning, Ben Dyson, James Barker and Emily Clayton, "Broadening Narrow Money: Monetary Policy with a Central Bank Digital Currency", *Bank of England Staff Working Paper*, No. 724. , May 2018.

货币的相关行为可被控制，以便在预定义的条件下以可预测的方式运行。具体而言，给央行带来的机遇有：加强对货币政策与执行之间关系的控制、将政策直接加到货币价值中、可追溯性和税收机会、更大的货币供应效应等；给个人带来的机遇有：减少对传统银行账户的需求、降低交易成本、提高交易速度、降低借贷成本、发现更大的社会控制潜力、更多的市场和循环经济机会。对商业银行而言，要承担更多的负面影响：资本比率降低导致借贷成本增加，传统商业支付模式的崩塌。[1]还有学者（2018）构建了基于部门进入央行数字货币的三种模型，并提出如果央行数字货币的推出遵循如下核心原则时——央行数字货币支付可调利率、央行数字货币与存款准备金不可相互转换、在商业银行的存款不可保证按需兑换为央行数字货币、央行只对符合条件的证券（主要是政府证券）发行央行数字货币，那么银行资金不一定会减少、不必收缩向私营部门提供的信贷和流动性、可解决从银行存款到央行数字货币的全系统挤兑风险。[2]

有学者从法定数字货币出现后可能带来的影响角度出发进行研究。如有学者（2016）提出央行数字货币的出现可能会让银行业向"狭义"（narrow）银行业转变，法定数字货币会排挤私人银行存款。[3]因为法定数字货币的技术特性让公众可以访问中央银行的资产负债表，将持有的现金存入个人账户。[4]有学者（2017）认为，在未来无现金的情况下通过电子央行货币（electronic central bank money）形式持有央行货币。不过，目前区块链技术无法处理足够多的交易，因而可能不是一个合适的解决方案。电子央行货币可能会对央行政策的其他领域产生重大影响，如这种新的货币形式可能会提供银行存款的替代品，因此作为银行资金来源的私人客户低息存款存量可能会更加不稳定；另一个潜在的问题是央行数字货币对银行的挤兑风险；于客户而言，使用数

〔1〕 See Sofie Blakstad, Robert Allen, "Central Bank Digital Currencies and Cryptocurrencies", in Sofie Blakstad and Robert Allen, *FinTech Revolution*, Springer, June 2018, pp.87-112.

〔2〕 See Michael Kumhof, Clare Noone, "Central Bank Digital Currencies – Design Principles and Balance Sheet Implications", *Bank of England Staff Working Paper*, No.725., May 2018.

〔3〕 See "Digital currencies, Digital Finance and the Constitution of a New Financial Order: Challengers for the Legal System", available at https://www.ucl.ac.uk/cles/sites/cles/files/summary-digital-finance-digital-currencies-conference.pdf, 最后访问日期：2019年11月18日。

〔4〕 See Morten Bech, Rodney Garratt, "Central bank cryptocurrencies", *BIS Quarterly Review*, September 2017.

字货币可能会让其边际消费倾向略为增加；于国家货币使用角度来看，使用央行数字货币会增加美元化，意味着居民会广泛使用一国法定货币以外的外币。[1]有学者（2018）认为，央行货币从实物形式转换为数字形式有诸多潜在优势，而且货币政策执行的基本机制不受这种转换的影响；但是其他可能影响金融市场和金融机构的技术变革可能会对货币政策的执行和传导产生重大影响。[2]还有学者（2019）虽然承认央行数字货币的潜在优势，如有可能遏制非法交易、保护铸币（seignorage）、扩大有效货币政策和提高效率的空间；不过，该学者也同样认为国家对货币的垄断没有必要在可支付的区块链系统内采取数字货币的形式。[3]

让人欣喜的是，也有学者从主权的角度研究数字货币。如有学者（2019）指出央行数字货币是解决主权问题（提供持久信任）的一种简单而切实的方法；而且，央行可以降低挖矿（mining）的能源成本、取消交易费用，从而降低交易成本，并通过安全、有效、廉价的支付方式实现有条不紊的信任；最后，央行数字货币通过设计新的货币创造规则或仅仅保持货币政策的执行能力。[4]还有学者（2019）研究比特币在多大程度上真正体现了哈耶克的稳定货币原则，以及当前数字货币的泛滥是否形成了哈耶克所说的货币竞争局面。[5]还有学者认为比特币有望形成新型的货币主权。其认为比特币有可能成为一种更加稳健、民主和有效的支付手段。不过，如果这种情况发生，那将不会是比特币发明者所声称的不需要依赖信任的现金系统诞生，而是人们相互信任到这样的程度：一个简单的不需要任何有形商品的支持，也不需要

---

〔1〕 See Aleksi Grym, Päivi Heikkinen, Karlo Kauko, Kari Takala, "Central Bank Digital Currency", *Bank of Finland Economics Review*, May 2017.

〔2〕 See Eswar Prasad, "Central Banking in a Digital Age：Stock-Taking and Preliminary Thoughts", available at https://www.brookings.edu/research/how-will-fintech-and-digital-currencies-transform-central-banking, 最后访问日期：2019 年 12 月 20 日。

〔3〕 See Sheila Dow, "Monetry Reform, Central Banks and Digital Currencies", *International Journal of Political Economy*, Vol. 48, No. 2., 2019, pp. 153-173.

〔4〕 See Léo Malherbe, Matthieu Montalban, Nicolas Bédu, Caroline Granier, "Cryptocurrencies and Blockchain：Opportunities and Limits of a New Monetary Regime", *International Journal of Political Economy*, Vol. 48, No. 2., 2019, pp. 127-152.

〔5〕 See Luca Fantacci, "Cryptocurrencies and the Denationalization of Money", *International Journal of Political Economy*, Vol. 48, No. 2., 2019, pp. 105-126.

强制力支持的记账单位足以使交易成为可能。[1]

（二）国内研究现状

同国外研究现状综述相同，对国内研究现状的综述也主要从"货币宪法"和"法定数字货币"两个方面进行。

1. 关于"货币宪法"的研究

国内研究"货币宪法"的学者主要是吴礼宁、苗连营和吴乐乐，研究期间主要为 2011 年至 2016 年，这足以说明我国对货币宪法研究不只初步且严重不足。篇名含有"货币发行权"关键词的法学类文章共有 3 篇，分别是"为货币发行'立宪'：探寻规制货币发行权的宪法路径"（苗连营、吴乐乐，2014）、"中央银行何以理应谦抑行使货币发行权——由黄乃海诉人民银行增发奥运纪念钞一案引发的思考"（叶姗，2009）、"关于货币发行权问题的探讨"（白伊宏，1988）和一篇硕士论文："政府滥用货币发行权的法律约束——通货膨胀背景下的契约解读"（张磊，2013）。篇名含有"货币发行"关键词的法学类文章也是屈指可数，如"国外数字货币发行及监管经验借鉴"（2018）、"从管制到失控：近代中国货币发行法制史论"（李永伟，2014）、"从货币发行看现金管理条例"（宋东晓，2014）、"将货币发行收入纳入我国预算管理的立法建议"（吴礼宁，2014）等。不难看出，我国对"货币宪法"相关的研究较少，但是自从数字货币出现后，对"货币发行"的研究逐渐多了起来。

（1）对"货币宪法"和"货币宪法学"的研究

我国学者对"货币宪法"的研究呈现为三种范式。

范式一：将"货币宪法学"作为一门学科进行构建与研究。在我国提出将"货币宪法学"作为一门学科进行研究的是苗连营和吴礼宁。将"货币宪法学"作为一门学科，是期望学界能够重视货币权力，因为其一旦被不当行使将有可能造成金融危机。[2]进而提出将货币宪法作为宪法学教学内容，具体包括货币权力的宪法属性、配置模式和宪法规范等。[3]从理论研究、宪法

---

〔1〕　See Marco Fama, Andrea Fumagalli & Stefano Lucarelli, "Cryptocurrencies, Monetary Policy, and New Forms of Monetary Sovereignty", *International Journal of Political Economy*, Vol. 48, No. 2., 2019, pp. 174-194.

〔2〕　参见苗连营、吴礼宁："作为一个学科的货币宪法学"，载《华北水利水电学院学报（社会科学版）》2012 年第 1 期。

〔3〕　参见吴礼宁："论货币宪法学教学"，载《学理论》2012 年第 15 期。

学基本原理角度出发，因研究对象具有特殊性，货币宪法应成为与财政宪法、经济宪法相独立的部门宪法。[1]不过，笔者认为，真正让"货币宪法学"能够以一门学科自立于我国宪法学领域研究的标志应该是吴礼宁的专著《货币宪法学：知识谱系与中国语境》（2015）。在这本专著中，作者详细论证了货币权力的权力属性为终极财政权，具有宪法地位。其中，中央银行具有法人人格，货币权力为"第四宪法部门"。从货币财产权和货币民主的角度出发，提出对货币权力进行规范约束的建构。[2]当前，我国另一部"货币宪法学"的专著应该是鲁勇睿的《通货膨胀的货币宪法规制》（2016）。在这本专著中，作者也指出了政府对通胀利益的掠夺，在这一过程中体现的是对货币权力约束的宪法缺失，据此提出建立以币值稳定为目标的货币宪法规范，从与其他经济权力、立法权力、司法权力与公民权利的关系角度提出了具体的宪法配置。[3]

范式二：以通货膨胀与货币宪法之间的关系为视角，提出如何"货币立宪"。在该范式下，仍可具体分为两个方向。第一，直接研究由于通货膨胀的存在，故而要为货币立宪。如学者指出要通过立宪来规范货币发行行为以防止恶性通胀的出现；[4]同时，该学者也指出恶性通胀的原因在于金银本位制的废止、货币发行权不受制约；[5]不过，该学者也清醒地意识到恢复金本位制的困难，但是制定货币宪法来规制货币发行权从而保障人民的财产权是必要的。[6]也有学者以保持币值稳定为基础确立货币宪法制度框架，从而实现货币的合人类目的性。[7]第二，以具体的货币权力为研究对象，旨在构建货币宪法。具体而言，有学者认为货币发行权是一种更具统治力的社会力量，一旦货币发行不再停留在征税层面时，有可能会成为掠夺人民财富的"利维

---

〔1〕 参见苗连营："谈货币宪法学研究"，载《郑州轻工业学院学报（社会科学版）》2012 年第 5 期。

〔2〕 参见吴礼宁：《货币宪法学：知识谱系与中国语境》，法律出版社 2015 年版。

〔3〕 参见鲁勇睿：《通货膨胀的货币宪法规制》，中国社会科学出版社 2016 年版。

〔4〕 参见吴礼宁："货币宪法引言"，载《中国宪法学研究会 2012 年年会论文集》，第 382~387 页。

〔5〕 参见吴礼宁："中国式通胀与货币宪法"，载《云南大学学报（法学版）》2012 年第 1 期。

〔6〕 参见吴礼宁："通胀治理与货币宪法的提出"，载《郑州大学学报（哲学社会科学版）》2012 年第 3 期。

〔7〕 参见单飞跃、何自强："币值稳定的货币宪法分析"，载《上海财经大学学报》2011 年第 6 期。

坦"，西方所倡导的民主明显名实不副；[1]据此，有学者明确提出要通过为货币发行"立宪"来抵御和防范这场宪法危机，因为相对于"货币的无政府"与"货币的政治化"的极端观点来看，"货币的宪法化"可能是一种虽然保守但更理性、更具有可操作性和有效性的选择；[2]该学者进一步论述了哈耶克"货币的非国家化"理论下货币之间的竞争与主权货币理论下政府垄断货币发行理论下货币的政治化；[3]有学者直接提出民主监督为规制货币权力的具体宪法路径；[4]在中央银行如何行使货币发行权上，必须以公共利益为先，考虑是否合法和必要两个要素。[5]

范式三：以货币发行与预算关系为视角，提出将货币发行收入纳入我国预算管理。即通过预算管理来限制货币发行权，具体可通过修改《中华人民共和国预算法》（以下简称《预算法》）来实现这一目的。[6]

（2）对"财政宪法"和"经济宪法"的研究

"货币宪法"与"财政宪法""经济宪法"的研究内容有重叠之处，但又呈现出自己的研究特点，即"货币宪法"的核心就是规范货币权力，保障公民财产权，甚至可以更简单地说，"货币宪法"的关键词就是货币权力。不可否认的是，货币权力的行使与规范总会涉及"财政宪法""经济宪法"相关研究。国家发行货币实则是变相的、更为隐蔽的不易被纳税人发觉的一种征税方式；更何况，一国的货币政策与财政政策往往密不可分，相辅相成，共同为繁荣并稳固一国经济、使得人民安居乐业发挥作用。但很明显的是，货币被忽视了，而这却是本书研究的目的所在，同时，也是本书研究的困难所在。因此，本书对"财政宪法""经济宪法"相关内容也略作文献综述。

---

〔1〕　参见吴礼宁："货币权力与西方民主的吊诡"，载《华北水利水电学院学报（社会科学版）》2012 年第 1 期。

〔2〕　参见苗连营、吴乐乐："为货币发行'立宪'：探寻规制货币发行权的宪法路径"，载《政法论坛》2014 年第 3 期。

〔3〕　参见吴乐乐："'竞争性'与'政治化'：货币发行的两种理念刍议"，载《华北水利水电学院学报（社会科学版）》2012 年第 1 期。

〔4〕　参见林东："货币权力的宪法规制及其路径选择"，载《河南财经政法大学学报》2014 年第 1 期。

〔5〕　参见叶姗："中央银行何以理应谦抑行使货币发行权——由黄乃海诉人民银行增发奥运纪念钞一案引发的思考"，载《学术论坛》2009 年第 2 期。

〔6〕　参见吴礼宁："将货币发行收入纳入我国预算管理的立法建议"，载《郑州轻工业学院学报（社会科学版）》2014 年第 5 期。

第一，国内对"财政宪法"的研究成果较多。周刚志在《财政转型的宪法原理》（2014）一书中进一步探讨了财政宪法学的学术使命，并从宪法的国家目标角度出发具体探讨了税收、预算、财政宪法秩序的守护与裁判等方面，进而提出了财政宪法规范的适用及其整合功能。熊伟的《财政法基本问题》（2012）同样也是论证了公共财政的宪制基础，从税收、预算等角度具体介绍了财政宪法的主要内容。刘剑文和熊伟的《财政税收法》（2017）则是专门论述财政宪法的主要内容之一税收制度，其分别从财政支出法、财政收入法、财政平衡法、预算法和不同税种进行了著述和分析。刘剑文更是在《强国之道——财税法治的破与立》（2013）中将财税法治作为强国之道，突出强调税收于宪法国家的重要性，厘清了财税法的学科属性、精神内核和功能意涵，并从国家与纳税人之间、人大与政府之间、中央与地方之间详细论证，可谓是从国家权力之间、国家权力与公民权利之间进行了全面充分的论证，等等。显而易见的是，财政宪法学的理论与实践研究，在我国已卓有成效，但是与之相关的"货币宪法"却鲜被问津。

第二，国内对"经济宪法"的研究也逐渐兴起。中肯地说，国内对"经济宪法"的研究活跃度要高于"货币宪法"。笔者认为，"经济宪法学"成为独立部门宪法研究的标志应是吴越的专著《经济宪法学导论——转型中国经济权利与权力之博弈》（2007），该书从经济权利、经济制度、经济可持续发展和经济秩序四个方面做出了宪法论证。[1]其实，国内学者对"经济宪法"的理解角度不同，经济法领域的学者认为"经济宪法"指的是在经济法领域具有宪法地位的《反垄断法》，而宪法学者则认为"经济宪法"要从宪法角度看待经济权利与权力问题。为此，在2019年5月11日，中国法学会宪法学研究会、中国法学会经济法学研究会和武汉大学法学院共同举办了"宪法学与经济法学的对话：经济宪法的当代使命"学术会议，旨在形成对"经济宪法"研究的某些共识。概言之，国内对"经济宪法"的研究多倾向于从人权角度出发，即保障公民的发展权、经济自由；[2]还有的从国家宏观调控权规

---

〔1〕 参见吴越：《经济宪法学导论——转型中国经济权利与权力之博弈》，法律出版社2007年版。

〔2〕 参见闫海："经济自由与经济法的法理及其例证"，载《经济与社会发展》2007年第1期；闫海："国家·市场·人权——经济法的人权观导论"，载《前沿》2007年第2期；闫海："发展权与经济法的法理及其例证"，载《行政与法》2009年第3期；闫海："经济法的人权观论纲"，载《太平洋学报》2012年第10期。

范行使角度进行研究。[1]

2. 关于"法定数字货币"的研究

区块链技术的数字货币自诞生以来迅速吸引国内外学者的关注，形成了较为丰富的成果。虽然当前的文献资料难以用卷帙浩繁来形容，但从数字货币自身的发展趋势以及各国对数字货币的密切关注来看，越来越多不同领域的学者将会加入研究数字货币的队伍中。篇名中含有"法定数字货币发行""央行数字货币发行"的法学文章较少，如"我国央行法定数字货币发行法律问题研究"（杨建晨，2019）、"央行发行数字货币的法律问题"（刘向民，2016）；篇名为"法定数字货币""央行数字货币"的法学文章虽然较少，但有增长趋势，如"论我国法定数字货币的法律属性"（柯达，2019）、"法定数字货币的法理与权义分配研究"（刘少军，2018）等；而篇名中含有"数字货币""虚拟货币"的法学文章数量相对较多，主要体现在行政监管和刑事监管上。虽然对法定（央行）数字货币的研究处于初步阶段，但从 2020 年开始已经有了数量上的飞跃。如下，笔者将从中国人民银行和学者对法定数字货币的研究分别进行综述。

（1）中国人民银行对法定数字货币的研究

中国人民银行第一次公开宣布进行央行数字货币研究是在 2016 年 1 月 20日的"中国人民银行数字货币研讨会"上。从公布的新闻稿中可以知道关于央行数字货币的几个面向。一是技术的变革带来支付方式的改变，数字货币对货币发行和货币政策带来的机遇和挑战成为央行数字货币研究的契机，研究的具体内容有："数字货币发行和业务运行框架、数字货币的关键技术、数字货币发行流通环境、数字货币面临的法律问题、数字货币对经济金融体系的影响、法定数字货币与私人发行数字货币的关系、国际上数字货币的发行经验等。"二是央行发行数字货币的好处："降低传统纸币发行、流通的高昂成本，提升经济交易活动的便利性和透明度，减少洗钱、逃漏税等违法犯罪行为，提升央行对货币供给和货币流通的控制力，更好地支持经济和社会发展，助力普惠金融的全面实现""有助于我国建设全新的金融基础设施，进一步完善我国支付体系，提升支付清算效率，推动经济提质增效升级。"三是央行数字货币的设计原则，为经济、便民、安全。四是央行发行数字货币的目

---

[1] 参见吴越："宏观调控：宜政策化抑或制度化"，载《中国法学》2008 年第 1 期。

标是"应用的低成本、广覆盖，与其他支付工具的无缝衔接，提升适用性和生命力"。[1]

具体而言，中国人民银行对法定数字货币的研究体现在如下几个方面。一是建立了专门的法定数字货币研究机构，培养或者说是训练了一批专业的法定数字货币研究队伍，如 2014 年的法定数字货币研究小组以及 2017 年成立的数字货币研究所。二是逐步推出相关研究成果，如数字票据交易平台采用了承载智能合约的区块链技术，引入法定数字货币还能简化票据交易流程；[2]而 PBCTFP 贸易融资区块链平台，虽然用于贸易金融，但能够为数字货币提供在区块链上的使用经验。三是引入专业机构参与，数字货币最早就是由私人发行，民间对数字货币的研究与创新相对更为繁荣和自由；当法定数字货币作为支付工具使用时，要吸收借鉴当前在我国已发展成熟的第三方支付工具，其安全、效率和容量在世界上都是首屈一指。中央银行在研究法定数字货币时，与我国的商业银行、大型科技公司合作足以说明法定数字货币在研究上有赶超私人发行数字货币和电子支付等方面的宏图。四是在国际上贡献研发法定数字货币的经验。我国中央银行十分注重在法定数字货币相关政策、规则标准制定上能够占据话语权，除了与国际货币基金组织等国际组织积极沟通外，也不断在国际会议上介绍中国的研究成果和研究动向。

由中国人民银行主管的《中国金融》杂志在 2016 年第 17 期上发表了关于"央行数字货币研究与探讨"的专题文章，共 16 篇研究论文，既可反映出我国法定数字货币研究现状，也可帮助我们一窥国家对数字货币的政策动向。尽管这 16 篇文章中只有一篇与法律相关，但是笔者仍会将其他 15 篇文章一并分析，在法学研究不足的情况下，其他文章同样会给我们以借鉴。如此，简单将如上 16 篇文章进行分类：

一是央行数字货币发行的法律问题。以时任中国人民银行条法司副司长刘向民的《央行发行数字货币的法律问题》为代表，其总结了货币发行依据、货币法偿性、货币所有权转移、反假币、个人信息保护、反洗钱等数字货币发行和使用过程中的法律问题，并提出通过立法、修法、释法等方式来解决

---

[1] 参见"中国人民银行数字货币研讨会在京召开"，载 http://www.pbc.gov.cn/goutongjiaoliu/113456/113469/3008070/index.html，最后访问日期：2019 年 12 月 20 日。
[2] 参见徐忠、姚前："数字票据交易平台初步方案"，载《中国金融》2016 年第 17 期。

如上问题。

二是对数字货币进行监管。其一，对虚拟货币存在的潜在风险进行总结，如洗钱及恐怖主义融资风险，消费者面临的结算、系统、中介、诈骗和法律风险，金融稳定相关风险和货币稳定相关风险等，并总结国际监管经验，如警告与风险提示、风险与登记许可、立法规范和明令禁止等；其二，界定非法定数字货币与法定数字货币的主要区别在于发行、使用、担保方面存在差别，指出非法定数字货币存在投机、法律、制度、金融稳定、货币政策风险等，并针对不同类型的非法定数字货币提出监管建议。

三是数字货币对货币政策的影响。明确虚拟货币、电子货币和数字货币三者的关系，并分别指出三者对货币政策的影响。

四是数字货币理论问题研究。其一，明确指出去中心化、无弹性的虚拟货币没有发展前途，而央行发行数字货币具有天然优势，并指出可以考虑借鉴区块链技术来发展央行数字货币，提出三个方案，分别是完全开放系统、联盟系统和完全封闭系统；其二，首先定下数字货币是历史发展必然的基调，指出法定数字货币的形态以及运行框架，有两种运行模式可供选择：由央行直接发行或遵循传统的"中央银行——商业银行"二元模式，指出数字账本技术、密码算法是数字货币发行的关键技术；其三，通过介绍虚拟货币发展历程，指出基于典型系统需要考虑的问题：在线与离线、便捷与安全、实名与匿名、交易与数据分析、与银行账户的关联、生态体系建设和对区块链技术的期待；指出央行数字货币体系为"一种币、两个库、三个中心"。

五是区块链技术及其他技术在数字货币当中的应用。如区块链的优劣势及发展趋势、大数据在数字货币中的应用、基于区块链技术的智能数字票据系统的应用、移动支付安全技术对数字货币的借鉴等。

六是使用央行数字货币需要的环境。仍是在"中央银行——商业银行"二元模式下进行，对现行支付体系可能造成影响，如增添零售支付方式对支付方式选择上具有替代性。

七是国际经验。主要从非法定数字货币的实践、央行对数字货币的态度、央行发行数字货币可能具备的优势和挑战等方面进行介绍。

八是网络安全问题。核心在于如何保证信息源头的可信性以及对中心的过分信任问题。

显而易见的是，中国人民银行对数字货币的研究较为充分，从数字货币的不同维度来分析数字货币发行的可行性。即便如此，可能以区块链为底层技术的数字货币的发展关键仍在于技术和法律。从已有的研究来看，偏重对数字货币的技术研究，法学研究相对落后。

（2）学者对法定数字货币的研究

其一，在"法定（央行）数字货币发行"研究上，已有学者对此做专门研究，不过研究方向主要为金融法、经济法，主要从法定数字货币可能带来的挑战、问题及建议等方面进行论述。具体来说，发行法定数字货币存在的问题可能有缺乏发行依据、法偿性问题、个人信息易泄露、防假币和洗钱机制会面临挑战等，并提出针对性的建议，如成立专门的防假币等机构、扩大反洗钱义务机构等；[1]也可修订《人民币管理条例》或出台专门法律、由全国人大出台发行法定数字货币的特别决定、修改其他相关法律的相应条款或者制定"数字货币法"。[2]

其二，在"法定（央行）数字货币"研究上，有一本专著：《法定数字货币》（2018）。在这本专著中，作者详细介绍了货币的历史发展、法定数字货币的基础理论及相关技术、法定数字货币金融机具属性及监管、相关的法律风险问题与对策，[3]这本专著无疑打开了研究法定数字货币的大门。有学者专门论述法定数字货币的法律属性，即具有主权货币、法偿性等公法属性和财产、特殊动产等私法属性，并构建了基于发行机制、监管机制、支付平台建设的法律监管制度。[4]无独有偶，也有学者论述了法定数字货币所具有的法偿性和身份性的公法属性和"占有即所有"的所有权流转的私法属性。[5]还有学者同样从法定数字货币的法律性质、流通性质的角度出发，具体研究中央银行、商业银行和公众之间的权力（权利）义务分配。[6]

其三，在"数字货币"研究上，主要有如下范式。

─────────

〔1〕 参见杨建晨："我国央行法定数字货币发行法律问题研究"，兰州财经大学 2019 年硕士学位论文。

〔2〕 参见刘向民："央行发行数字货币的法律问题"，载《中国金融》2016 年第 17 期。

〔3〕 参见宝山、文武：《法定数字货币》，中国金融出版社 2018 年版。

〔4〕 参见谭贵雪："区块链视角下法定数字货币的法律属性研究"，山东财经大学 2019 年硕士学位论文。

〔5〕 参见柯达："论我国法定数字货币的法律属性"，载《科技与法律》2019 年第 4 期。

〔6〕 参见刘少军："法定数字货币的法理与权义分配研究"，载《中国政法大学学报》2018 年第 3 期。

范式一：对虚拟货币的研究，[1]因为我国政策导向，国内对虚拟货币的研究主要论证虚拟货币的本质并不是货币，并从哈耶克的"货币非国家化"理论出发，指出货币的非国家化理念并不可行；打击虚拟货币的发行和交易在于维护国家的货币发行权。关于这一领域的法学研究仍不多。

范式二：关于数字货币的研究，在区块链技术出现后，数字货币的内涵和外延发生了变化，如在区块链技术出现前，数字货币与电子货币可以说十分相似，相关研究也主要集中在对电子货币的规制上，如李爱君、刘少军的"电子货币性质与发行条件的法律规制"（2005）；在区块链技术出现之后，也即国家打压虚拟货币并声明自己研发数字货币后，关于数字货币的研究就主要集中在央行发行数字货币上，亦即法定数字货币发行，如何广锋在"数字货币在路上"（2017）中指出央行数字货币的本质特征在于非完全中心化、分布式记账、交易不可篡改、交易可追溯根源和货币可编程等；周陈曦、曹军新在"数字货币的历史逻辑与国家货币发行权的掌控——基于央行货币发行职能的视角"（2017）中指出，从货币形态与属性演进的历史逻辑论证数字货币时代是技术发展的必然，强调在数字货币时代央行要维护货币发行权等。

（三）已有研究评述

货币宪法问题如淹没在尘沙中的金子，偶尔被学者发掘研究欣赏一番，又沉寂在历史的尘埃中，纵有学者怀有壮志要大浪淘沙为其立名，但总是差些火候。与此相反，数字货币横空出世短短十余年却如天降陨石一般，吸引了不同学术领域的研究者沉迷其中。因为区块链等技术仍在高速发展，其技术的不确定性也让数字货币的发展扑朔迷离。从为数不多的数字货币的相关法学研究已可嗅到数字货币与货币宪法之间相联系的踪迹。对已有的相关文献进行总结，不难发现一个极为有意思的现象，那就是基于去中心的区块链技术发行的数字货币想要做断了线的风筝自由驰骋，但是国家却总是能够对风筝的线收放自如。更进一步说，货币发行权这样一项关乎国家权力运作、

---

[1]　值得注意的是，在基于区块链技术的数字货币出现前，"虚拟货币"仅指私人发行的在特定空间使用的不可双向兑换的代币，如Q币。但是，在数字货币出现后，可能出于维护货币主权的考量，防止数字货币替代法定货币流通使用，而有意使用"虚拟货币"一词来指代数字货币，以限制其在特定领域使用。本书此处的"虚拟货币"专指基于区块链技术发展起来的数字货币，与Q币等虚拟货币无关，也就是本书提及的私人数字货币。

公民权利实现和保障的重要权力，由国家享有虽然不见得会比私人拥有更有优势，但起码不会更差，原因便在于宪法和人民始终是掌控国家货币发行权发展的强韧的"线"。如果对当前法定数字货币发行权相关研究做个简单评述，不难发现以下几个现象，而这也体现了本书研究的初衷。

首先，国外学者提出"货币宪法"的概念和理论已有半个世纪有余，奠定了"货币宪法"研究的基调，并引起了国内外学者的注意，但这样"势单力薄"的研究还未成熟却迎来了货币的新发展——基于区块链技术的数字货币于 2009 年出现。诚然，在应对数字货币发展时，"货币宪法"并没有给出充分的理论支撑。虽然"货币宪法"研究者反复强调要规范货币权力的行使，构建货币权力的行使规则，也发现货币发行权在货币权力中的重要作用。然而，"货币宪法"研究者却始终没有给出货币发行权是如何在货币权力中处于核心地位的论证或解释，更没有解释货币发行权与其他货币权力之间的关系。这也就意味着人人都可说货币发行权重要，却没人能给出完整的论证路径；反复强调通货膨胀是应该规范货币发行权的原因，不免让人有一种反复咀嚼甘蔗后只剩一口渣滓的感受，货币发行权的重要性似乎成了无法自圆其说的公理。那么，面对发行数量或固定或及时根据供需调整的法定数字货币，"货币宪法"应该怎样为法定数字货币发行权提供理论支撑？

其次，对法定数字货币发行权的研究是否又落回了货币发行权研究的窠臼？简单来说，这个问题的答案：既是也不是。一是法定数字货币发行权仍是货币发行权，其构建与发展仍要建立在既有的货币权力基础之上。凭空创设法定数字货币发行权可以吗？当然可以。因为有些国家并没有主权货币发行权，而是直接使用充当"世界货币"角色的美元。当然，弊端也很明显，本国公民的财产被美国以通胀税的形式征收，公民还要忍受美元通胀后所带来购买力下降的不利后果。这也是为什么很多小国家都对法定数字货币表现出极高的积极性，甚至不惜在技术发展还不够成熟时发行本国的数字货币。不过，从另一个侧面来说，法定数字货币发行权并不是这个国家突然具有的，而是通过发行数字货币的形式"夺回"主权货币发行权。法定数字货币给了他们这样一个机会。二是法定数字货币发行权也不同于传统的货币发行权。货币的形式从实物形式变成了数字形式，亦即法定数字货币所具有的优势是发展的技术所赋予的，本身似乎没有可"吹嘘"的地方。正是因为技术的发展，意味着国家在构建货币权力制度时有了更多的选择，比如中央银行和商业银行的关系。也正是这种可能被技术替换掉的危机意识，商业银行已经开始了转型发展。为了保持货币制度的稳定，维持当前中央银行与商业银行的二元结构并非不可，同样也不排除二元局面的可能瓦解。这只是法定数字货币带来的一个大家心知肚明的变革。法定数字货币发行权让货币发行权的内容更加丰富。

最后，当前对货币发行权的研究主要立足于当下以及实行金本位制期间，甚至在面对普遍的通货膨胀时，很多学者都主张回到金本位制。其实，在对货币发行权研究时，学者们缺少的是对更为广阔历史范围的研究。在人类历史上，即便是在金（银）本位制期间也发生过通货膨胀。随着货币形式的不断变化，掌控货币发行权的国家（有些国家是私人银行掌控）只会以更加隐蔽的方式向公众发行货币，采用"温水煮青蛙"的方式麻痹公众，让公众在不痛不痒时持续被剥夺财产。所以，法定数字货币虽然是技术发展所带来的新产物，但其始终离不开技术背后的人类。从历史的发展脉络中，可以帮助我们将这个问题看得更加清晰。法定数字货币发行权不只是时代产物，更是历史产物。

如果有人认为自己深谙当今货币发行之道，却不了解历史上的发展与变迁，用技术的视角或国际的视角来解决中国的货币发行问题，注定是海市蜃楼——虽然美丽，但是虚假。在这一点上，苏力在《法治及其本土资源》[1]中已向我们表明研究法定数字货币发行权要立足于一国的本土资源；在《大国宪制：历史中国的制度构成》[2]中向我们表明研究法定数字货币发行权要在一国的历史发展长河中进行。故而，研究法定数字货币发行权应该是"工程浩大"的，既要把握历史，也要放眼未来，更要立足当下。

三、研究方法选定

本书拟采用如下研究方法。

（一）规范研究方法

国内外存在与法定（数字）货币发行权、数字货币监管相关的法律规范，尤其是对法定数字货币已有研究的英国、法国、新加坡等国家，都出台了相

---

〔1〕 参见苏力：《法治及其本土资源》，北京大学出版社 2015 年版。
〔2〕 参见苏力：《大国宪制：历史中国的制度构成》，北京大学出版社 2018 年版。

应的法律规范。构建基于我国宪法背景下的法定数字货币发行权是本书的研究目标，但是法定数字货币自身特性也决定了其具有的国际性，需要对国外法律规范进行分析。同时，我国既有的法律规范，如《中国人民银行法》《人民币管理条例》《预算法》等都是本书的研究对象，对于研究如何完善我国货币发行制度有所裨益。

（二）比较分析方法

本书从两个维度、三个层次采用比较分析方法。第一，在横向上比较。一是从宏观层面上来说，比较我国与其他国家的法定货币发行权理论与实践，以及法定数字货币发行的研究比较，以寻求域外经验；二是从微观层面上来说，比较法定数字货币与实物货币、电子货币、虚拟货币、私人发行的数字货币，以展示法定数字货币的特点及优势。第二，在纵向上比较。从中观层面上来说，比较中国历史上的货币发行经验，为构建我国法定数字货币发行权寻求本土资源，并向世界贡献中国经验，促进形成中国在国际货币舞台上的规则制定权和话语权优势。

（三）学科交叉方法

本书虽是通过研究法定数字货币发行权的方式来完善我国的货币宪法研究，但由于法定数字货币自身的性质，仅依靠宪法理论必然难以完成，因而必须依靠计算机学（数字性）、金融学和经济学（货币）、政治经济学（综合分析）等学科的理论展开研究。

四、研究意义总结

法定数字货币因技术的发展与应用而愈加成熟，从货币宪法视角研究其发行权具有重大的理论和现实意义。

（一）理论意义

从理论上来说，有助于深化并丰富货币宪法理论。公共选择学派的代表人物弗里德曼是货币学派的创始人，而与其同时代的同为公共选择学派的代表人物布坎南则在 1962 年发表的 “可预见性：货币宪法准则” （Predictability：The Criterion of Monetary Constitutions） 一文中首次使用了 “货币宪法” 一词。货币宪法的目标在于规范货币权力运行以促进经济发展，同时，把对公民财产权的侵害降到最低，以维护公民的财产权。[1]无疑，为国家货币发行勾勒出"合宪性路线"。然而，每次全球性经济危机爆发所带来的沉重后果，无不让人们思考其背后的原因，通货膨胀始终是难以绕过的重要原因。仅从宪法学层面考量就会发现，货币发行权这一公权力的失范与滥用是导致持续性通货膨胀的关键性因素。[2]究其本质，则是国家开着印钞机，以更隐蔽的方式发行超过市场所需要的货币，在看似一片经济发展、人民安居乐业的繁荣景象背后，其实是国家不断攫取巨额利益的结果，而这一切都由茫然不知的公民所承担。

哈耶克极力反对政府垄断货币发行权的观点在其《货币的非国家化》一书中展现得淋漓尽致。他认为要实现货币的私有化，货币发行主体为了在竞争中获胜必然会保持币值的稳定。而2009年去中心化的比特币诞生以及其他数字货币的相继产生，似乎让货币的非国家化理论得到验证。私人发行数字货币与国家法定货币之间的较量产生。由此，通过货币宪法理论的引入，以货币发行权为研究内容，管窥历史经验问题，并提炼信息技术时代下国家货币发行理论下的货币宪法，理应成为宪法学学人在应对信息科技新问题上的方法和理论自觉。正如布坎南所说，"如果我们自始就能在评判一套货币制度的绩效上同意和接受某种单一标准，我们就已经在就货币改革的较具体元素获得必要共识的方向上迈出了重大的一步。"[3]本书将立足于信息技术时代的背景，观察私人发行数字货币以及国家如何应对的发展脉络，提炼出国家法定数字货币发行过程的相关问题并找到合适的理论工具，落脚于关于货币宪法学理论的构建。

（二）实践意义

从实践的角度来看，本研究可以为国家法定数字货币发行的理论和实践提供一定参考，也可以为私人发行数字货币的行为进行提示，同时也可成为全球范围主权国家发行数字货币研究的一部分，推动国家货币发行理论制度

---

〔1〕参见吴礼宁："通胀治理与货币宪法的提出"，载《郑州大学学报（哲学社会科学版）》2012年第3期。

〔2〕参见苗连营、吴乐乐："为货币发行'立宪'：探寻规制货币发行权的宪法路径"，载《政法论坛》2014年第3期。

〔3〕［美］詹姆斯·M. 布坎南：《宪则经济学——人类集体行动机制探索》，韩朝华译，中国社会科学出版社2017年版，第157页。

的革新。数字货币早在区块链技术之前就已存在，只不过是基于区块链技术生成的数字货币由于其去中心化的特点而被"炒作"得火热。尤其是比特币、以太币等数字货币价格剧烈波动，其他数字货币源源不断产生的同时，非法集资、洗钱等违法犯罪行为也随之产生，不只让金融界为之诧异，更是引起政府、学界、社会公众乃至全世界的瞩目。国家法定数字货币的发行，既是面对市场上层出不穷的去中心化私人数字货币的巨大压力，是对其可能动摇一国的货币主权的直接回应，也是面对区块链等新信息技术发展趋势而不得不做的与时俱进的转型发展。这从我国政府"驱逐"私人数字货币，加快法定数字货币研究可见一斑。为此，在现行宪法框架下完善并规范国家货币发行机制，既能够减轻国家货币发行所带来的通货膨胀问题、更好地保护公民的财产权利，又能够营造良好的金融市场环境、保持国民经济健康持续增长、为建设现代化法治国家奠定基础。

综上，货币发行作为现代主权国家一项重要的权力，事关国计民生，需要依法进行。尤其是在信息技术时代到来后，如何在公法层面规范国家法定数字货币发行权应当予以细致、沉稳、抽丝剥茧般地研究。马克思曾说过："货币作为商品价格的转瞬即逝的客观反映，只是当作它自己的符号来执行职能，因此也能够由符号来代替。但是，货币符号本身需要得到客观的社会公认，而纸做的象征是靠强制流通得到这种公认的。"[1]其意在表明现代主权国家依靠国家强制力来发行货币，纸币是符号化的货币，可以为法定数字货币也是符号化的货币。作为国家信用背书的法定货币如何在信息科技时代背景下合法合理发行，应成为理论界和实务界关注的焦点。因此，在信息技术时代下国家货币发行权以及相关配套制度改革之际，笔者欲从货币宪法角度探讨法定数字货币发行权理论构建。

五、研究思路与研究创新

（一）法定数字货币发行权的宪法学研究思路

法定数字货币作为法定货币在科技发展后出现的新形式，在具有金融属性的基础上充满了浓厚的技术属性。无论法定数字货币因技术发展呈现出何

---

〔1〕［德］马克思：《资本论》（第1卷），中共中央编译局译，人民出版社1975年版，第149页。

种特点，都无法改变其依托国家信用、由国家强制力保障发行与流通的主权货币属性。做此判断是从货币发行主体出发的。通常认为，只要是由国家授权的货币机构发行的具有货币职能的、可在一国境内由国家强制力保障流通的一般等价物即为法定货币。不过，因为法定货币在具体流通过程中所具有功能的不同，可将其划分为一般交易中使用的法定货币（当前以纸币和硬币为表现形式）以及特殊交易中使用的法定货币（当前以纪念币为表现形式，通常因为具有特殊的价值而不流通使用）。

从发行主体角度来看，法定数字货币作为现金的替代或补充，可视为一般交易中使用的法定货币。故而，需要秉持一个基本理念：法定数字货币将在既有的法定货币基础上发行与发展。法定数字货币发行权本质上仍是国家货币主权在国家权力行使中的具体体现，需要在国家宪法法律的规范下行使。所以，在确定法定数字货币发行权的宪法框架时，无法回避的就是对传统法定货币发行权的宪法法律分析。

本书对法定数字货币发行权宪法学研究的总体思路是，在分析论证传统法定货币发行权的宪法学基础上，进一步结合法定数字货币的特点，对法定数字货币发行权在沿袭传统法定货币发行权宪法法律路径进行解释之外，也将分析对公民权利产生的新影响。尤其是国家在行使法定数字货币发行权后，对公民财产权利的侵犯可能采取更为隐蔽的方式进行，具有数字性的法定数字货币有可能成为国家监控公民个人信息的工具，此时的个人信息既包括公民的隐私信息，也包括财产信息。从这个角度看，法定数字货币发行权与传统的法定货币发行权相比，对公民的负面影响已不再局限于财产权利上，更关乎人身权利。故而，在宪法层面构建规范法定数字货币发行权的行使规则不仅必要，而且十分迫切。

（二）研究创新

本书拟解决的关键性问题：一是如何从法律上认定数字货币与虚拟货币的差别；二是如何认定数字货币发行行为的法律属性；三是如何从法律上看待"去中心化"或"非去中心化"的数字货币；四是如何认定法定数字货币发行权是国家权力并厘清其内在结构；五是如何看待技术与法律关系在法定数字货币发行权上的体现；六是宪法价值如何在法定数字货币发行权中体现；七是如何通过比较法视角，并立足于我国法律体系构建规制法定数字货币发行权的宪法路径；八是如何看待公民财产权、人身权与法定数字货币发行权之间的关系等。

本书的创新性主要体现在如下几个方面：一是法定货币发行权是宪法中的重要议题，但鲜有研究，论题本身就具有创新性；二是系统研究法定数字货币发行权是关注技术发展对宪法发展的影响；三是提出了法定数字货币概念的洋葱模型；四是提出了法定数字货币发行权的构成与建构；五是提出了规制法定数字货币发行权的四阶段"监管试点"的建议。

法定数字货币的
概念、由来及优势

　　早在 2009 年比特币〔1〕横空出世之前，由私人发行〔2〕的各种名义上的"币"并没有引起国家对法定货币发行权的过分担忧。但一切都在 2009 年后悄然发生改变：越来越多的个人和组织发行数字货币并在一定范围内流通，具备一定的支付功能和财产属性；而各主权国家一面或主动或被迫学习、了解比特币的底层技术区块链，在监管与保护数字货币之间"疲于奔命"，另一面则是积极研究国家发行数字货币。在这短短十余年的数字货币发行角逐之争中，与其说是国家货币主权对私人发行数字货币的被动回应，不如说是国家对金融稳定、经济发展所需技术的主动追求。"如果说私人数字货币企图采用技术信用作为基础，法定数字货币则是技术信用与国家信用相叠加的最强信用货币。"〔3〕

　　那么，法定数字货币是如何产生的，其与私人发行数字货币有何异同？法定数字货币作为法定货币的一种形式，在保持信用货币价值属性之外，其所具备的技术特性又会为其带来哪些法律上的变化？如上问题的回答既要回到货币本质，也要追寻数字货币的演进。故而，笔者将采取如下脉络来观察法定数字货币：法定数字货币是什么（what），法定数字货币是如何产生的

〔1〕　虽然中本聪于 2008 年年底发布关于比特币的白皮书，但其真正发布第一批比特币是在 2019 年 1 月 3 日。

〔2〕　中国人民银行在 2016 年 1 月 20 日召开的关于数字货币的研讨会中，将国家发行的数字货币称之为"法定数字货币"，而私人发行的数字货币称为"私人发行数字货币"。为了论述方便，本书采用此种表述。具体参见：http://www.pbc.gov.cn/goutongjiaoliu/113456/113469/3008070/index.html，最后访问日期：2019 年 9 月 20 日。

〔3〕　狄刚："数字货币辨析"，载《中国金融》2018 年第 17 期。

(how)，为什么要发行法定数字货币（why），分别对应法定数字货币的概念、产生和优势三部分。在这一梳理分析过程中，借鉴而又不同于私人数字货币的法定数字货币的立体形象跃然纸上。

第一节　法定数字货币的概念

法定数字货币作为一种法定货币，货币本质并未发生改变；但从其数字形态来看，法定数字货币是一种新的货币形式，技术发展必然会为这种新的货币形式带来新的特点。毋庸置疑的是，一种新的货币形式产生，必然会以改变国家权力行使、私人权利行使和实现为表现。那么，明确什么是法定数字货币就成了本书的首个研究重点。当然，对法定数字货币的概念界定和描述同样离不开相关概念的比较，值得关注的便是法定数字货币与我们已经熟知的法定货币有什么不同之处。做此比较，有助于下文明确法定数字货币发行权与法定货币发行权的差异。

一、法定数字货币的内涵外延

（一）马克思主义货币观下的法定数字货币

无论学者们对何谓货币的看法如何，但对马克思关于货币的产生及其职能的著名论断几乎不会有太大异议，即货币是如何从特定的商品成为一般等价物，并具有五大职能从而与其他商品相区分的。马克思在《资本论》中曾深刻地解释道，"其他一切商品的社会的行动使一种特定的商品分离出来，通过这种商品来全面表现它们的价值。于是这一商品的自然形式就成为社会公认的等价形式。由于这种社会过程，充当一般等价物就成为被分离出来的商品的特殊社会职能。这种商品就成为货币。"[1]从如上论述不难抽取货币的三个核心内容，一是价值，二是社会公认，三是一般等价物。"困难不在于了解货币是商品，而在于了解商品怎样、为什么、通过什么成为货币。"[2]因此，基于马克思主义货币观，要想确定法定数字货币是否是货币，首要任务便是

---

〔1〕　[德]马克思：《资本论》（第1卷），中共中央编译局译，人民出版社1975年版，第104～105页。

〔2〕　[德]马克思：《资本论》（第1卷），中共中央编译局译，人民出版社1975年版，第110页。

从如上三个核心内容来考量。

1. 法定数字货币的价值

马克思在《资本论》开篇中就指出商品具有使用价值和价值两个因素，其中，商品的使用价值"只是在使用或消费中得到实现""同时又是交换价值的物质承担者"〔1〕，而"使用价值或财物具有价值，只是因为有抽象人类劳动体现或物化在里面"〔2〕。马克思在论证货币是从商品交换中产生时指出，"金能够作为货币与其他商品相对立，只是因为它早就作为商品与它们相对立"〔3〕，简单来说，商品货币本身是商品，是具有价值的。马克思进一步论证后得出这样关于货币形式演进的结论，即"金的铸币存在同它的价值实体完全分离了。因此，相对地说没有价值的东西，例如纸票，就能代替金来执行铸币的职能"〔4〕，此时的纸币被马克思直接称为"金的符号或货币符号"〔5〕，亦即"想象的或观念的货币"〔6〕。因此，纸币不需具有价值也可作为货币流通，而其价值通过其购买商品的价值反映出来，而单位货币代表的价值量则取决于货币的发行量。〔7〕相应地，法定数字货币可同纸币一样，是"想象的或观念的货币"，由国家信用体现其内在价值；价值以其购买商品的价格得以反映，即与商品进行交换，而交换的前提则是交换者的认可。

2. 法定数字货币的社会公认性

根据货币的产生及其历史变迁来看，货币的形式能够被社会公认有两种途径：第一种就是一定范围的公众在商品交换过程中逐渐对某一特定的商品形式表示认可，将其视为货币，随着商品交换范围的扩大，该种类型的货币形式逐渐被更多人认可，甚至被国家承认，如太平洋上雅浦岛的居民至今仍将石头作为当地流通的货币。第二种途径则是由国家强制流通货币，公民基于对国家的信任而对货币认可。从实物货币到金属货币再到纸币，乃至数字货币，即是从商品货币到信用货币的发展，体现的正是公民对国家的信任，

---

〔1〕 [德] 马克思：《资本论》（第 1 卷），中共中央编译局译，人民出版社 1975 年版，第 48 页。

〔2〕 [德] 马克思：《资本论》（第 1 卷），中共中央编译局译，人民出版社 1975 年版，第 51 页。

〔3〕 [德] 马克思：《资本论》（第 1 卷），中共中央编译局译，人民出版社 1975 年版，第 86 页。

〔4〕 [德] 马克思：《资本论》（第 1 卷），中共中央编译局译，人民出版社 1975 年版，第 146 页。

〔5〕 [德] 马克思：《资本论》（第 1 卷），中共中央编译局译，人民出版社 1975 年版，第 148 页。

〔6〕 [德] 马克思：《资本论》（第 1 卷），中共中央编译局译，人民出版社 1975 年版，第 114 页。

〔7〕 参见郝芮琳、陈享光："比特币及其发展趋势的马克思主义分析"，载《经济学家》2018 年第 7 期。

愿意接受交易更加便捷的信用货币。正如马克思所言，"在货币不断转手的过程中，单有货币的象征存在就够了。货币的职能存在可以说吞掉了它的物质存在……货币符号本身需要得到客观的社会公认，而纸做的象征是靠强制流通得到这种公认的"[1]。一旦国家发生信任危机，信用货币也将可能面临一文不值的尴尬境地。显而易见的是，在信用货币时代，法定数字货币的社会公认性以国家信用存在为前提，而在交换使用过程中同样也会扩大社会公认范围而增强国家信用。这实则也是法定数字货币创造信用功能的体现。[2]

3. 法定数字货币充当一般等价物的社会职能

马克思提出货币五职能分别是价值尺度、流通手段、贮藏手段、支付手段、世界货币，而这一切都建立在以金为货币商品代表的前提上。[3]马克思指出货币形式"只是观念的或想象的形式"[4]，但是，"尽管只是想象的货币执行价值尺度的职能，但是价格完全取决于实在的货币材料"[5]。随即马克思指出随着货币形式的不断演进，货币作为价值尺度和价格标准的两种职能也在发生变化，"金属重量的货币名称同它的通常重量名称的分离成为民族的习惯"[6]。"价格是物化在商品内的劳动的货币名称"[7]，亦即货币商品的价值变动不会影响其执行价值尺度的职能，价格标准则成为衡量货币的首要标准。[8]而货币的流通手段，是货币作为商品流通的媒介，不停地从一个人手中流转到另一个人手中。"作为价值尺度并因而以自身或通过代表作为流通手段来执行职能的商品，是货币。"[9]法定数字货币一旦由国家发行，就具有信用货币属性，通过法律明确规定为一国的记账本位币，作为商品的价格标准；其数字特性让其作为流通手段能够更快速地流转，让交易双方账户或钱包余额上仅以具体的数字体现，让"观念上的货币"更为实至名归。正

---

〔1〕 ［德］马克思：《资本论》（第1卷），中共中央编译局译，人民出版社1975年版，第149页。

〔2〕 参见姚前："理解央行数字货币：一个系统性框架"，载《中国科学：信息科学》2017年第11期。

〔3〕 参见 ［德］马克思：《资本论》（第1卷），中共中央编译局译，人民出版社1975年版，第112页。

〔4〕 ［德］马克思：《资本论》（第1卷），中共中央编译局译，人民出版社1975年版，第113页。

〔5〕 ［德］马克思：《资本论》（第1卷），中共中央编译局译，人民出版社1975年版，第114页。

〔6〕 ［德］马克思：《资本论》（第1卷），中共中央编译局译，人民出版社1975年版，第118页。

〔7〕 ［德］马克思：《资本论》（第1卷），中共中央编译局译，人民出版社1975年版，第119页。

〔8〕 参见郝芮琳、陈享光："比特币及其发展趋势的马克思主义分析"，载《经济学家》2018年第7期。

〔9〕 ［德］马克思：《资本论》（第1卷），中共中央编译局译，人民出版社1975年版，第149页。

如马克思所言，"货币标准一方面纯粹是约定俗成的，另一方面必须是普遍通用的。因此，最后就由法律来规定了"〔1〕。

至于贮藏手段、支付手段和世界货币的职能则是货币发展过程中产生的衍生职能。一是在贮藏手段上，贮藏货币有稳定币值的作用，但是在法定数字货币系统，稳定币值的另一大重要机理便是通过发行机制来控制货币发行量。"货币本身是商品，是可以成为任何人的私产的外界物"〔2〕，从个人的角度来看，个人贮藏货币是财产的一种象征。二是在支付手段上，法定数字货币也可借鉴私人发行数字货币的点对点即时支付，这意味着支付手段和流通几乎可同时进行，不过在允许智能合约存在的场合下，"只是当支付日期到来时，支付手段才真正进入流通"〔3〕。正是因为支付手段与商品流通之间存在的时间差催生了基于国家信用的信用货币，即"信用货币是直接从货币作为支付手段的职能中产生的"，除了国家信用外，其采用的组合技术会进一步保障法定数字货币的信用。三是在世界货币上，多国对法定数字货币表现出积极的态度，除了看到其具备的种种优势外，更为重要的是，他们想借法定数字货币的发行来打破当前美元作为世界货币"执行一般支付手段的职能，一般购买手段的职能和一般财富的绝对社会化身的职能"〔4〕，甚至想取代美元世界货币地位，成为新的世界货币。这是数字货币让各主权国家看到的新的发展契机，也是黄震教授提出的未来全球数字货币的三条发展道路的内在考量，虽然笔者并不完全赞同这三条道路，但基本认同"无论哪一种方案，都离不开主权国家的介入和货币监管当局的应对"〔5〕。

---

〔1〕 ［德］马克思：《资本论》（第1卷），中共中央编译局译，人民出版社1975年版，第118页。

〔2〕 ［德］马克思：《资本论》（第1卷），中共中央编译局译，人民出版社1975年版，第152页。

〔3〕 ［德］马克思：《资本论》（第1卷），中共中央编译局译，人民出版社1975年版，第156页。

〔4〕 ［德］马克思：《资本论》（第1卷），中共中央编译局译，人民出版社1975年版，第164页。

〔5〕 黄震教授在文章指出未来全球数字货币的三条发展道路，分别是：（1）对比特币、以太坊乃至将来的 Libra 进行收编，将来逐步纳入监管；（2）由现行国际货币基金组织或类似的组织发行超主权的国际货币或全球货币；（3）由各主权国家发起创设新的数字货币国际组织。详情参见黄震："数字货币发行绕不过的坎"，载《中国金融》2019年第14期。笔者之所以对这三条发展道路保留意见，是因为：（1）对数字货币进行适当的监管是当前世界多国的普遍做法，但各国法律制度存在差异，能让多数国家都认可的监管措施的形成仍有相当长的路程要走，尤其这事关金融安全与稳定；（2）无论是超主权的国际货币还是全球货币，必然会对一国的主权货币产生冲击，而这必然会涉及一国的宪法根基；（3）创设新的数字货币国际组织是否只是"换汤不换药"，能否有效解决当前数字货币对各主权国家的冲击值得怀疑。

（二）法定数字货币概念的界定模式

虽然当前已有很多国家表示出对法定数字货币研究的浓厚兴趣，但是对什么是法定数字货币并没有形成统一的认识。反而是从各国逐渐公开宣布研究法定数字货币开始，对法定数字货币概念的界定层出不穷。根据笔者对当前已公开的文献进行梳理，可发现对法定数字货币概念的界定主要有三种模式。

第一种模式，从法定数字货币的数字属性或加密属性出发进行定义。如国际清算银行下属的支付和市场基础设施委员会（CPMI）早在 2015 年就对法定数字货币定性为加密货币（crypto-currency）。[1]我国在 2016 年公开宣布我国已于 2014 年开始法定数字货币的研究，并在《中国金融》上发表了一系列专题文章。其中，时任中国人民银行副行长的范一飞认为法定数字货币主要属于现金（M0）范畴，是运行在特定数字货币网络中的加密数字；[2]与该观点相似的是时任中国人民银行条法司副司长刘向民，其认为法定数字货币是通过加密数字串代表具体金额的一种法定货币形式；[3]刘少军教授则直接指出法定数字货币是以数字货币形式存在的法定货币，也是中央银行发行的数字货币。[4]该种模式下对法定数字货币概念的界定，可认为是其内涵的体现，是广义上法定数字货币的概念。优点是直接体现法定数字货币的特征，但缺点也是显而易见的，无法与私人数字货币、电子货币等在概念上进行有效区分。

第二种模式，以法定数字货币的发行是面向金融机构还是公众以及是否基于账户而定义。有学者从发行者、货币形态、流通范围和流通机制等角度综合对法定数字货币作出界定，从货币的四个关键属性——货币的发行人、形态、通用性和转移，提出了"货币之花"概念模型。该模型提出了两类法

---

〔1〕 See Committee on Payments and Market Infrastructures, "Digital Currencies", *Bank for International Settlements*, November 2015, available at https://www.bis.org/cpmi/publ/d137.pdf，最后访问日期：2019 年 12 月 20 日。

〔2〕 参见范一飞："中国法定数字货币的理论依据和架构选择"，载《中国金融》2016 年第 17 期。

〔3〕 参见刘向民："央行发行数字货币的法律问题"，载《中国金融》2016 年第 17 期。

〔4〕 参见刘少军："法定数字货币的法理与权义分配研究"，载《中国政法大学学报》2018 年第 3 期。

定数字货币概念，其一是面向金融机构的批发型（wholesale）法定数字货币，其二是面向公众的零售型（retail）法定数字货币。[1]两种不同类型的法定数字货币实则表明了法定数字货币发行的两种设计思路，从不同国家已经公开的研究计划或发行状态也可看出对这种设计架构的具体应用。在此基础上，国际清算银行的一篇关于法定数字货币的报告则从央行数字货币不是什么进行定义，即央行数字货币是不同于传统储备金或结算账户的一种央行货币的数字形式。此外，该报告以"货币之花"概念模型为基础，对基于代币的（token-based）货币和基于账户的（account-based）货币进行进一步分析，[2]这种思路也为法定数字货币研究国家所借鉴。时任中国人民银行行长的周小川认为法定数字货币可以分为基于账户的和不基于账户的。[3]而时任数字货币研究所所长的姚前则认为法定数字货币可以基于账户（account-based）和基于钱包（wallet-based）。[4]其实，该种模式所要表达的是央行发行的法定数字货币是直接面向公众还是金融机构。所以，此时的法定数字货币应该是"中央银行直接对金融机构和社会公众发行的电子货币，属于法定货币的一种形态"[5]。可见，此时法定数字货币的概念更为具体，已经将数字货币的特性考虑到发行机制中，可视为法定数字货币中观上的概念。

第三种模式，结合法定数字货币的特点得出综合性、操作性的定义。国际清算银行在2020年3月的报告中提出了法定数字货币的"金字塔"图，从消费者需求来设计法定数字货币，消费者需求从点对点、实时支付的最底层需求一直到诸如跨境支付等更高层次需求，对应的法定数字货币设计则从央行直接或间接负债到批发或零售型法定数字货币的选择上。[6]此时，对法定数字货币概念的界定更加具有操作性和指引性，这与法定数字货币的研究更

---

〔1〕　See Bech M. L., Garratt R., "Central Bank Cryptocurrencies", *BIS Quarterly Review*, September 2017, available at https://www.bis.org/publ/qtrpdf/r_qt1709f.htm，最后访问日期：2019年12月19日。

〔2〕　See Bank for International Settlements, "Central Bank Digital Currencies", March 2018, available at https://www.bis.org/cpmi/publ/d174.pdf，最后访问日期：2019年12月19日。

〔3〕　参见王烁等："专访周小川——央行行长周小川谈人民币汇率改革、宏观审慎政策框架和数字货币"，载《财新周刊》2016年第6期。

〔4〕　姚前："中国版数字货币设计考量"，载《中国金融》2016年第12期。

〔5〕　徐忠、邹传伟："区块链能做什么、不能做什么?"，载《金融研究》2018年第11期。

〔6〕　See Raphael Auer, Rainer Böhme, "The Technology of Retail Central Bank Digital Currency", *BIS Quarterly Review*, 2020, available at https://www.bis.org/publ/qtrpdf/r_qt2003j.pdf，最后访问日期：2019年12月19日。

为深入且密不可分，法定数字货币的各项特点已逐渐明显。可将该种模式视为狭义上的概念，即对法定数字货币概念的界定更为具体。

从如上三种模式来看，法定数字货币的内涵愈加丰富，更具操作性和指导性。其一，国际上对法定数字货币的文字表达为央行数字货币。法定数字货币与央行数字货币是硬币的两个面，前者是从法律的角度出发的，表明法定数字货币是由国家强制力保障其法偿地位的；后者则是从发行主体的角度出发的，表明法定数字货币只能由法律授权的主体进行发行。其二，法定数字货币的内涵已经发生了明显转向，即从中央银行转向消费者，体现的是从国家权力视角向私人权利视角的偏移，表明法定数字货币的内涵以有利于消费者的方向发展，而这也将成为法定数字货币的发展趋势。其三，法定数字货币三种模式的定义虽然表明了对法定数字货币研究和实践的不断深化，但采用何种类型的法定数字货币进行设计和发行是一国主权事宜。其四，即便如此，法定数字货币的设计初衷并不排斥、甚至是鼓励国际上的流通，那么，各主权国家在考虑本国已有的货币制度基础上，也要注意与国际上法定数字货币相关标准的契合。故而，仍有必要提出法定数字货币的一般概念。

（三）法定数字货币概念的"洋葱模型"

关于法定数字货币究竟是什么，从不同的角度出发，都可得到具体的概念。但这也只是法定数字货币的一个面向。姚前博士在构建法定数字货币的系统性框架中，认为其在价值上是信用货币、在技术上是加密货币、在实现上是算法货币、在应用场景上是智能货币。[1]笔者十分赞同姚前博士对法定数字货币的概念界定，并试着在此基础上从七个维度讨论法定数字货币的内涵外延。

从七个维度构建法定数字货币的概念洋葱模型，这一灵感源于 R. 博亚特兹（Richard Boyatzis）提出的"素质洋葱模型"。这一模型主要用于人力资源的观察和衡量，既展现了构成素质的核心要素，又根据其是否容易培养和评价而将其进行由内到外的排列。将知识、技能等容易培养和评价的要素置于最

---

〔1〕 参见姚前："理解央行数字货币：一个系统性框架"，载《中国科学：信息科学》2017 年第 11 期。

外层，而难以评价和后天习得的个性和动机置于内层。[1]根据这一理念，笔者构建了法定数字货币的概念洋葱模型，这意味着七个维度之间并不是并列的关系，重要性程度也不尽相同。

法定数字货币的七个要素分别是：（1）从电子形式和运行的电子环境来看，法定数字货币是电子货币（此处的电子货币作广义理解[2]），这是法定数字货币概念发展的起点；（2）从数字形式和不断产生的数据来看，法定数字货币是数字货币，这是法定数字货币概念发展的基础；（3）将运行的环境与现实世界相对比，法定数字货币是虚拟货币（此处的虚拟货币作广义理解），这是法定数字货币初步发展时给大众的印象；（4）从保障安全的角度采用的加密技术来看，法定数字货币是加密货币（此处的加密货币作广义理解）；（5）从功能实现的角度采用数学算法来看，法定数字货币是算法货币（此处的算法货币作广义理解）；（6）从内在价值和法律属性来看，法定数字货币是信用货币或法定货币；（7）从应用场景的可能来看，法定数字货币是智能货币，而这将成为法定数字货币发展的趋势。

其中，信用货币或法定货币应是法定数字货币概念的本质，位于概念洋葱模型的核心，表明其发行主体应为法律授权的机构，具有法定性、强制性。虽然其形态上发生了变化，但"不变的是中央银行发行的法定数字货币仍然具有资产和负债的双重属性……发行数量可以随着经济的发展而不断增加，是一种具有供给弹性的货币"。[3]智能货币可能是法定数字货币未来发展的趋势，位于靠近核心的第二层。区块链中的某些技术特点可能会被法定数字货币采用，同时，人工智能、云计算等技术也可能成为其基础技术，如利用人工智能技术学习海量的法定数字货币交易数据，辅助制定货币决策；而且除了作为支付工具外，智能货币也让其拓展其他功能有了可能。至于加密货币和算法货币是近几十年技术普遍使用的体现，是数字货币的普遍特点。虚拟货币是从虚拟世界与现实世界对立的角度出发提出的概念，不过，互联网时代让虚拟世界与现实世界的界限日益模糊，更何况，何为虚拟世界、何为现

---

〔1〕　参见彭原、刘杰："行为导向的洋葱素质模型驱动关系研究"，载《全国商情（经济理论研究）》2007年第11期。

〔2〕　电子货币含义最为广泛，可认为凡是在计算机系统中作为支付手段的，都可视为电子货币。参见狄刚："数字货币辨析"，载《中国金融》2018年第17期。

〔3〕　参见汪洋："发行法定数字货币的超越"，载《中国金融》2016年第21期。

实世界，恐怕仁者见仁智者见智。所以虚拟货币的概念应该只是数字货币初期发展的特点。最后，法定数字货币是电子货币或数字货币，这是从其电子性或数字性出发的，也是其最初的状态，可谓是法定数字货币发展的基础。法定数字货币概念的洋葱模型如图1-1所示。

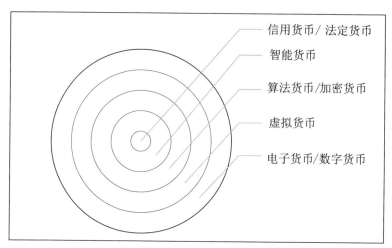

信用货币/法定货币

智能货币

算法货币/加密货币

虚拟货币

电子货币/数字货币

图1-1　法定数字货币概念的洋葱模型

二、法定数字货币的法律特点

我国设计法定数字货币的基本思路是保持当前中央银行主导发行和流通的地位，既发行实物现金，也发行法定数字货币，这意味着我国的 M0 将包括纸币、硬币和法定数字货币，[1]同时也表明法定数字货币将替代部分纸币和硬币（以下将二者统称为"现钞"）。故而，法定数字货币既具有现钞的法律属性，也因技术特点而具有独特的法律属性。如下将分别讨论。

（一）保留传统法定货币的法律特点

法定数字货币发行和流通框架通常有两种模式可供选择，一是中央银行直接向公众发行；二是采取"中央银行—商业银行"二元模式。从当前我国对法定数字货币的初步设计架构及与商业银行等金融机构合作的迹象上来看，我国采取的是二元模式。采用这种模式主要有以下几个考量：一是对当前货

---

〔1〕 参见姚前："中国法定数字货币原型构想"，载《中国金融》2016 年第 17 期。

币的发行和流通制度不做过多调整，保持我国货币制度、金融市场的稳定性；二是采取与现钞同步发行的方式来逐渐替代（或补充）现钞，是为了让公众逐渐形成适应心理，对法定数字货币的发行和流通不会有过多抵触心理；三是我国金融市场庞大，采用二元结构，一方面可以依靠金融机构来分散金融风险，另一方面则是调动和利用金融机构的积极性与所具有的金融市场优势，更好地服务于人民、发展经济。作为替代（或补充）现钞发行的法定数字货币，保留了现钞的法律特点。

法定数字货币和现钞一样，都是法定货币，具有法偿性，所以法定货币又叫法偿货币，即法律规定用于偿还债务的货币，债权人不能拒绝债务人用具有强制流通能力的货币偿还债务。[1]具体而言，法偿性又可分解为如下具体属性。一是法律强制性。法定货币的法偿性由国家法律明确规定，法定货币由法律确定。如《中国人民银行法》第 16 条分别确定了我国的法定货币是人民币；人民币的法偿性具有属地性，即中国境内。二是不得拒收性。《中国人民银行法》第 16 条还规定任何单位和个人不得拒收以人民币支付的一切公共和私人债务。《人民币管理条例》第 3 条对此也进行了明确规定。三是偿还人民币形式的自由选择性。当前，支付人民币可选择实物形式（纸币和硬币）和电子形式（银行卡、信用卡、第三方支付）两大类，在条件允许且当事人没有特殊约定的情况下债务人可自由选择支付形式。

不过，二者也存在一些差异：（1）法定数字货币是虚拟与实体货币的统一体，本质与纸币相同，都是实体货币，即都代表了国家信用，只是在形态上有所差异；（2）数字货币具有天然的跨境流通性，但囿于货币主权性，法定数字货币在境外流通要以双边或多边协议为前提，这一点与纸币无异；（3）法定数字货币实则是纸币的"升级版"，即在安全性和实用性上较纸币又进一步，这是货币随着技术发展而不断发展的必然，这决定了法定数字货币是综合性货币。（4）法定数字货币是数字形式，金额大小与数量多少都是数字的变化，而无纸币物理形状大小、面额大小、主辅币、货币单位等区分，既节省国家发行货币成本，也便利公众对货币的使用；（5）法定数字货币的数字性为便利国家监管和宏观调控提供可能，持币人相对于国家监管机构而言是相对透明的，不同于现金的匿名性。

---

〔1〕　参见张庆麟："论货币的法律概念及其法律属性"，载《经济法论丛》2003 年第 2 期。

（二）因技术而产生的法律特点

"如果只是普通数字配上数字钱包，还只是电子货币；如果是加密数字存储于数字钱包并运行在特定数字货币网络中，这才是纯数字货币"〔1〕，法定数字货币所具有的技术性让其不同于现钞，也不同于电子货币。

第一，可追踪性。这是法定数字货币与现钞相比所具有的优势。具言之，从国家监管角度来看，法定数字货币具有数字性，从发行到回笼全生命周期内产生的各项行为都将"电子留痕"，理论上都有被追踪的可能，有利于中央银行对与法定数字货币的相关行为进行监管。从私人主体之间的行为来看，法定数字货币持有人可通过智能合约将用于流转的法定数字货币特定化，只有交易对方按照智能合约约定履行义务，按照既定要求使用法定数字货币，才能获得对该法定数字货币"不附追索权"的所有权。反之，原持有人可以在对方未按照要求使用法定数字货币时追回该笔资金款项。〔2〕

第二，可控匿名性。法定数字货币的用户身份认证采用"前台自愿，后台实名"原则，〔3〕也就是实名制与匿名制相结合。具体而言，法定数字货币持有人在日常交易中可自愿选择是否匿名，可通过授权他人使用个人信息的方式实现实名；而在"后台"，也就是法定数字货币持有人相对于中央银行而言是实名制。法定数字货币可控匿名性的设计既是对法定数字货币持有人个人信息的保护，防止个人信息因多次授权私人机构而被泄露，也是对中央银行获取并分析与法定数字货币相关数据的一种技术与权力设计考量。

第三，难以伪造。在信用货币时代，中央银行要做的主要工作之一便是防范假币。即便纸币采用了多重防伪措施，制作假币的技术也随之"日益精湛"。防范假币在市场上流通事关国计民生。法定数字货币虽有一系列安全技术确保货币的真实性和交易的安全性，但仍需要其他措施防伪，一个重要的手段是通过建立集中/分布相对均衡的簿记登记中心来登记法定数字货币的全生命周期。〔4〕这意味着法定数字货币的真实性由国家确认和保障，以国家信用作为支撑。

---

〔1〕 范一飞："中国法定数字货币的理论依据和架构选择"，载《中国金融》2016 年第 17 期。

〔2〕 参见柯达："论我国法定数字货币的法律属性"，载《科技与法律》2019 年第 4 期。

〔3〕 参见姚前："中国法定数字货币原型构想"，载《中国金融》2016 年第 17 期。

〔4〕 参见姚前："中国法定数字货币原型构想"，载《中国金融》2016 年第 17 期。

第四，财政监督。《预算法》的实施虽在节约财政支出上发挥了实效，但这并不意味着经过财政预算的各款项都能够"专款专用"。法定数字货币的发行可以让这一问题得以有效解决。（1）拨款方（各级政府财政部门）可设定固定数额的法定数字货币的使用范围，由接受拨款的公共事务管理组织按照预算再设定具体的智能合约规则以确保财政的真实支出。一旦出现不符合智能合约设定的使用规则的情形，或将款项退回财政部门，或由公共事务管理组织给出变动使用的合理理由，而后由财政部门审核后决定是否继续发放。（2）除了财政部门外，政府审计部门也应该参与到该财政网络中，负责跟踪每一笔款项的使用，而法定数字货币形成的数据链将有助于审计部门追踪完整使用路径。让国家每一笔钱都能用到实处，让每一个需要国家财政帮助的组织和个人都不被克减。

三、与其他相关概念的区别

在进行法定数字货币与其他相关概念的比较时，笔者将对相关概念是否直接与法定货币相关进行排序比较，以突出法定数字货币的特点。其中，传统的法定货币、法定货币的数字化、狭义电子货币与法定货币相关性更高，直接是法定货币或法定货币的转化；而狭义虚拟货币和私人发行数字货币虽与法定货币也有一定相关性，但更注重私人性。

（一）不同于传统的法定货币

之所以采用传统的法定货币的表述是为了与法定数字货币进行区别，因为法定数字货币就是法定货币的一种新形式。而且，从二者定义的一般表述上来看，并无明显不同，都是央行面向公众或金融机构发行的一种具有法偿性的货币。那么，法定数字货币与传统法定货币（主要指纸币）有什么不同，或者说法定数字货币比传统法定货币有哪些进步呢？一是纸币能够满足匿名性的需求，存款货币能够满足安全性的需求，而法定数字货币主要作为流通中现金的替代或补充可同时满足匿名性和安全性的需求。值得注意的是，纸币的匿名性主要指的是不可追踪性，而法定数字货币的匿名性仍可追踪。二是防伪重点发生改变。为了防止假币的产生，纸币需要防伪机制和安全的库存管理作为保障；而法定数字货币既难以伪造，也不存在实物需要库存管理，这不只带来了法定货币制造和存储等成本的降低，更是影响当前已有的货币法律体系，如刑法对假币的规定会因法定数字货币的发行而发生改变。即便如此，一个不可忽视的前提是，法定数字货币是对纸币的替代或补充，必然是要通过技术设计实现具有纸币的基本特点，并在此基础上进一步完善。简单来说，法定数字货币是对传统法定货币的"改良"。

（二）不同于法定货币的数字化

第二个与法定数字货币相关的概念是法定货币的数字化，二者具有极大的相似性：都是（或表示）法定货币，都是数字形式。但二者的确不是一个概念，二者最大的区别在于概念范畴。法定数字货币本质是法定货币，与当前流通的纸币、硬币地位相同，不过是随着科技的发展，法定货币的形式也相应发生变化，是用数字形式替代纸币实体形式的法定货币。而法定货币的数字化本质是一种"数字符号"，是现有法定货币的信息化过程，[1]可视为是纸币实体对应的数字化表达。简单来说，法定数字货币与纸币是替代或补充关系，法定货币的数字化与纸币是形式转化关系。法定货币的数字化与当前的电子支付体系密不可分，无需货币实体交换，变动的只是交易双方银行账户上的借贷数额。

（三）不同于狭义上的电子货币

从某种程度上说，狭义上的电子货币[2]与法定货币的数字化是同一回事，都与法定货币存在直接转化关系。但二者的侧重点并不相同，狭义电子货币倾向于货币属性，以支付功能为基础发展出其他功能；而法定货币的数字化强调的是货币的数字形态，狭义电子货币在使用过程中就是以法定货币的数字化体现的。故而，仍对狭义电子货币与法定数字货币的不同略作解释。二者最大的区别在于法律性质。电子货币是"代表一定的货币价值的'储值'或'预付价值'的产品"，主要作为支付工具，主要分为以卡类为基础的电子货币和以计算机为基础的电子货币两种，而随着技术的发展，二者已逐渐融合，也不仅仅作为支付工具使用。[3]电子货币可视为"法定货币的电子化"，

---

〔1〕 参见姚前："中国法定数字货币原型构想"，载《中国金融》2016 年第 17 期。

〔2〕 此处采用狭义电子货币概念，因为从广义上说，法定数字货币、私人数字货币等从形态上来看都可视为电子货币。

〔3〕 参见唐应茂：《电子货币与法律》，法律出版社 2002 年版，第 13~14 页、第 25~26 页。

即不论电子货币依托于何种载体，其都要与法定货币直接发生联系，并通过银行等第三方来完成最终的交易。具体而言，法定数字货币与电子货币都可作为支付工具，不同的是，在使用电子货币作为支付工具时，还存在与法定货币转换的关系。正是因为货币从电子化走向数字化，所以使用数字货币而不是电子货币概念。[1]

对法定数字货币与如上三个法定货币相关的概念进行区分后，也要对名为"货币"的非货币概念进行辨别，差异根源便在于货币发行主体的不同。

（四）不同于狭义上的虚拟货币

法定数字货币不同于狭义上的虚拟货币。狭义上的虚拟货币是指仅在特定范围内使用的电子货币，不可与法定货币双向兑换。[2]法定数字货币与狭义上的虚拟货币最大的区别在于使用范围。通常，以法定货币购买虚拟货币后，可使用虚拟货币在"一定"范围内进行再交换，而不能在市场上流通使用，可视为"非法定货币的电子化"，如腾讯公司发行的 Q 币。而法定数字货币作为法定货币的一种形式，通常可以在一国市场流通使用，其地位由国家法律规定。此外，我国监管部门将私人发行的数字货币称为虚拟货币，[3]旨在通过概念划定的方式限定私人发行数字货币的使用范围，禁止其代替法定货币在我国市场上流通。

（五）不同于私人发行数字货币

法定数字货币不同于私人发行数字货币，二者最大的区别在于发行者。私人发行数字货币基于去中心化的区块链网络，依靠发行机制与经济激励机制，由"矿工"投入算力"挖"出来，既没有中央银行作为发行机构，也没有可信任第三方机构确保交易的安全，交易过程的安全性由技术设定；而法定数字货币的关键词在于"法定"，虽然现在发行法定数字货币的国家仍是少数，但其一旦准备发行，仍主要由一国的中央银行作为发行主体，是"中心

---

〔1〕 参见姚前："中国版数字货币设计考量"，载《中国金融》2016 年第 12 期。
〔2〕 此处采用狭义虚拟货币概念，因为从广义上说，法定数字货币、私人数字货币等都是虚拟货币。
〔3〕 如 2017 年中国人民银行等七部门发行的《关于防范代币发行融资风险的公告》中将私人发行数字货币称为虚拟货币。

化"的，即中央银行不一定会直接采用去中心化的区块链技术，而是结合"中心化"的特点采用包括区块链技术（如分布式账本技术、加密技术、签名技术等）在内的多种技术，如此一来，既可通过技术确保交易安全和便捷，还可通过国家信用为货币发行背书。

因为发行者不同，法定数字货币是一国的法定货币，而私人发行数字货币则难以成为货币。根据上文基于马克思主义货币观来解释法定数字货币的货币本质，也可看出私人发行数字货币即便成为货币，其过程也必然是坎坷的。以比特币为例，从其诞生及发展来看，似乎并没有遵循货币五大职能的发展路径：比特币设计的初衷是"使得在线支付能够直接由一方发起并支付给另外一方"[1]，此处表明比特币可以具有支付手段和流通手段，并且其发行机制也确保了比特币可以进入流通领域，而"中间不需要通过任何的金融机构"[2]则表明比特币的非国家属性，我们无从知晓设计比特币初衷是否有让其成为世界货币的雄心，但其的确有成为世界货币的可能。如上过程也暗含了比特币所具有的价格标准形成于"普遍通用"的流通和支付过程中。此外，在当前比特币虽价格波动但持续发展的背景下，其具备贮藏手段的潜能。同时，也要清醒地认识到，并不是所有私人发行的数字货币都有机会成为货币。最本质的原因就在于当前的区块链技术仍然不够成熟，还难以与当前中心化的、中介化的机构相媲美，国家也难以认可私人发行的数字货币是货币。

综上，对法定数字货币与两类相关概念的辨别分析，一方面，是想说明随着科学技术发展和社会日益频繁交易的需要，传统的法定货币、法定货币的数字化、狭义电子货币都将可能成为过去式；另一方面，强调法定与私人数字货币的概念，无非就是想表明本书立场，私人数字货币在促进法定数字货币的产生上的确有着不可磨灭的作用，但由国家强制力保障发行的法定数字货币才能提供稳定、健康的社会交易秩序。

---

〔1〕 中本聪："比特币：一种点对点的电子现金系统"，载 www.bitcoin.org/bitcoin.pdf，最后访问日期：2019 年 12 月 19 日。

〔2〕 中本聪："比特币：一种点对点的电子现金系统"，载 www.bitcoin.org/bitcoin.pdf，最后访问日期：2019 年 12 月 19 日。

第二节　法定数字货币的由来

我国数字货币研究先驱姚前博士，曾明确提出研究数字货币之于研究法定数字货币的重要性，并号召学界要为数字货币提出中国定义，不能把数字货币狭隘地理解为比特币。[1]笔者对此十分赞同，不能因国家监管部门对私人发行数字货币的打击而"因噎废食"，研究法定数字货币不能回避的就是对数字货币的研究，要正视私人发行数字货币在法定数字货币研究上的贡献。故而，本书也将追随法定数字货币的"前世"与"今生"，为探寻法定数字货币发行权在宪法法律体系中的建构奠定扎实基础。

一、法定数字货币产生的基础：数字货币

法定数字货币既是法定货币，其法偿性由法律确定；同时，它也是数字货币，其所具有的技术特性和发展理念离不开数字货币自身的发展。数字货币理论虽早在 1982 年被提出，但现在提到的数字货币多指基于区块链技术生成的。

（一）数字货币理论的产生

关于数字货币的理论最早可见于大卫·乔姆（David Chaum）在 1982 年发表的《不可追踪支付的盲签》一文。他提出将加密技术用于电子支付系统上，即采用密码学上的盲签技术（blind signature），构建具有匿名性和不可追踪性的电子货币系统，旨在提升可审计性和控制性的同时增强对个人隐私的保护。具体来说，该电子货币模型围绕三方"付款人—银行—收款人"展开：付款人与收款人的交易通过第三方机构——银行进行，由银行验证付款人提交付款信息的有效性和收款人收款信息的合法签发。其中，交易信息的盲化由付款人进行，签名是在银行验证该收款信息真实性后完成的。[2]三方之间

---

〔1〕　参见姚前："中国版数字货币设计考量"，载《中国金融》2016 年第 12 期。
〔2〕　See David Chaum, "Blind Signatures for Untraceable Payments", in Chaum D., Rivest R. L., Sherman A. T. eds, *Advances in Cryptology*: *Proceedings of Crypto* 82, Vol. 82, Springer, 1983, pp. 199-203.

围绕电子货币交易关系如图 1-2 所示。[1]该模型采用中心化的机构防止双重支付的产生，银行既要验证付款人是否具有支付交易的足额电子货币，也要验证收款人提供的收取电子货币交易信息是否真实签发。此时，电子货币已初步具备匿名性和不可追踪性，之后数字货币的发展都将基于此而不断探索如何提高交易的安全性和效率性。

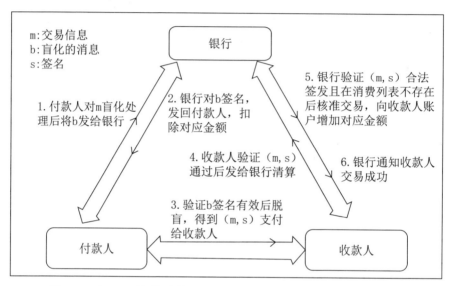

图 1-2　大卫·乔姆构建的"付款人—银行—收款人"电子支付模式

（二）数字货币理念的发展

继大卫·乔姆研发电子货币（E-Cash）[2]之后，数字货币理念的发展经历了从中心化到去中心化两个阶段，二者的分界线则以中本聪于 2008 年发表的《比特币：一种点对点的电子现金系统》为标志。值得注意的是，去中心化数字货币并不是凭空产生，其关键性技术早已被发明并使用。

1. 中心化数字货币理念下的技术发展

在这一阶段，中心化数字货币理念的发展在十余年期间取得了显著的成

---

〔1〕 该图由笔者根据姚前的文章整理而成。参见姚前："中国法定数字货币原型构想"，载《中国金融》2016 年第 17 期。

〔2〕 大卫·乔姆于 1990 年成立数字货币 DigiCash 公司，研发电子货币 E-Cash。

绩，除了在效率上（添加智能合约）和安全上（加密算法）继续发展外，还形成了经济激励机制（工作量证明机制）。具体是如下几个标志性成果的出现。

一是智能合约的出现。"智能合约"的概念最早由尼克·萨博（Nick Szabo）于 1993 年提出。尼克·萨博认为智能合约将协议、用户界面和通过用户界面表达的承诺结合，使公共网络上的关系正规化和安全化，减少了委托人、第三方或手段所施加的心理和计算交易成本。[1]

二是加密货币的出现。1998 年，戴伟（Wei Dai）设计了"B 币"（B-Money），这是一种匿名的、分布式的电子货币系统。不过，这都建立在假设一个不可追踪的网络基础之上。原理仍是付款人和收款人通过数字假名（公钥）识别，每个交易信息由付款人签名加密发给收款人，在网络中公开广播交易信息。[2]同年，尼克·萨博也发明了"比特黄金"（Bit Gold），该电子货币系统要求用户完成一个含有经加密组合并公开解的函数。这个解出的函数将被发送到比特黄金社区，工作成果为解出答案者享有。这个解将成为计算的一部分，从而创建一个关于新财产的链。多数人必须同意接受新的解从而开始下一个函数。[3]可以说，这两个电子货币系统已经初具去中心化数字货币的理念。

三是工作量证明机制 POW 的出现。2004 年，哈尔·芬尼（Hal Finney）提出了可重复使用的工作量证明机制。该机制提供了可重复使用的工作量证明通证（token[4]）。POW 通证计算时间相对较长但可以快速检查。这种方法使得 POW 通证在很多方面更加实用，能够提高通证有效成本的同时，允许系统更有效地使用通证。[5]通证就是去中心化数字货币经济激励机制的前身。

---

〔1〕 See Nick Szabo, "Formalizing and Securing Relationships on Public Networks", *First Monday*, Vol. 2, No. 9-1., 1997.

〔2〕 See Wei Dai, "B-Money", available at http://www.weidai.com/bmoney.txt, 最后访问日期：2019 年 12 月 19 日。

〔3〕 See Tai-hoon Kim, "A Study of Digital Currency Cryptography for Business Marketing and Finance Security", *Asia-pacific Journal of Multimedia Services Convergent with Art*, *Humanities and Sociology*, Vol. 6, No. 1., 2016, pp. 365-376.

〔4〕 关于"token"翻译成"通证"，参见李晶："'区块链+通证经济'的风险管控与对策建议"，载《电子政务》2019 年第 11 期。

〔5〕 See Hal Finney, "Reusable Proofs of Work", available at https://nakamotoinstitute.org/finney/rpow/index.html, 最后访问日期：2019 年 12 月 19 日。

2. 以去中心化为特点的数字货币发展

比特币作为去中心化数字货币的"鼻祖",其精妙的技术设计无疑开启了数字货币的新篇章,为人类进入数字世界打开了潘多拉盒子。有学者根据当前区块链技术的发展将其划分为三个阶段,分别是区块链 1.0 的货币时代,区块链 2.0 的合约时代,区块链 3.0 的超越货币、经济和市场的公正应用以及效率和协作应用时代。[1]本书也采用类似的方法对去中心化数字货币的发展作出如下三个阶段的划分。

第一,以"去中心化"为关键词的数字货币 1.0 时代。这个阶段以比特币为标志。比特币兼具安全性、效率性和经济激励性。比特币所具有的密码学和协议、哈希算法、非对称加密、RSA 算法与椭圆曲线算法等数学基础,主要用途在于提高交易的安全性;采用点对点交易架构(peer to peer)、交易者匿名和交易过程公开、可溯源等技术特性,主要也是为了交易的安全性。[2]在去中心化(无中央银行)和去中介化(无第三方中间机构)机制设计下,可实现随时随地交易,提高交易效率、降低交易费用。

第二,以"智能合约"为关键词的数字货币 2.0 时代。这个时代以以太币为标志。将智能合约引入数字货币,让数字货币变得"可编程"。这让数字货币的内涵得以扩充,即将交易双方的权利义务写入智能合约,以智能合约的自动执行性实现交易。当然,可编程性让私人发行数字货币变得更容易,各种名目的数字货币不断产生。

第三,以"超主权货币"为关键词的数字货币 3.0 时代。这个时代以天秤币 Libra 为标志。从本质上来说,天秤币在技术上并没有明显超越前两个时代,却提出了"超主权货币"这一理念:企图用法定货币等真实资产作为内在价值来源,实现在全球范围的流通,打造"世界银行"。

(三)数字货币的概念特征

1. 数字货币的概念

数字货币理论从提出至今已有近 40 年,但理论界和实务界对何为数字货

---

〔1〕 参见〔美〕梅兰妮·斯万:《区块链:新经济蓝图及导读》,龚鸣等译,新星出版社 2016 年版,第 45~142 页。

〔2〕 参见李钧、长铗等:《比特币:一个虚幻而真实的金融世界》,中信出版社 2014 年版,第 55~82 页。

币并没有形成统一的认识。不过，根据当前对数字货币概念的界定特点，可总结出有如下三种模式。一是从数字货币所具有的功能出发，认为数字货币是一种支付手段；〔1〕二是从数字货币的表现形式出发，认为数字货币是不需要物理载体的数字化货币；〔2〕三是从数字货币所具有的技术属性出发，认为数字货币是采用加密技术的电子货币。〔3〕故而，笔者也将借鉴如上概念界定方式，以数字货币在不同维度上体现的特征得出较为全面的数字货币概念。故而，数字货币在表现形式上是虚拟货币，在技术维度上是加密货币，在实现维度上是算法货币，在应用维度上是通证。〔4〕这也意味着笔者对数字货币的定义，既没有采取狭义上的数字货币仅是数字化的货币，也没有采取广义上的数字货币是一切以电子形式存在的货币的界定方式，〔5〕而是中观视角。如下，如无特殊说明，数字货币仅指基于区块链技术产生的货币。

2. 数字货币的特征

区块链技术赋予数字货币特性的直接表现是让交易更加快速、便捷、安全和稳定。在当前区块链技术发展过程中，比特币网络和以太坊网络无疑是里程碑式的创造，即便未来的区块链技术会更新迭代，但比特币和以太坊始终是不可忽视的高峰，是区块链技术创新的源头与基础。因此，本书将以比特币和以太坊白皮书为基础，具体说明数字货币的特征。

---

〔1〕　具体观点，如：（1）数字货币是仅以电子形式存在的支付手段，参见英格兰银行，载 http://www. bankofengland. co. uk /research /Pages /onebank /cbdc. aspx.　（2）数字货币是在网络世界可承载记账单位（或价值尺度）、支付手段和价值储藏手段的数字，参见易宪容：“区块链技术、数字货币及金融风险——基于现代金融理论的一般性分析”，载《南京社会科学》2018 年第 11 期。

〔2〕　具体观点，如：（1）狭义的数字货币主要指纯数字化、不需要物理载体的货币，参见刘向民：“央行发行数字货币的法律问题”，载《中国金融》2016 年第 17 期；（2）私人发行数字货币本质是市场机构或个人自行设计发行，并约定应用规则的数字化符号，性质上类似于在一定范围内可流通的商品，参见李文红、蒋则沈：“分布式账户、区块链和数字货币的发展与监管研究”，载《金融监管研究》2018 年第 6 期；（3）数字货币是指任何代表电子价值的货币，See Riki Fujii-Rajani, "FinTech Developments in Banking, Insurance and FMIs", *Reserve Bank of New Zealand Bulletin*, Vol. 81, No. 12., 2018.

〔3〕　具体观点，如（1）数字货币是依靠密码技术来创建、发行和实现流通的电子货币，参见俞佳佳：“数字货币支付功能探索及思考”，载《海南金融》2016 年第 3 期；（2）数字货币基于区块链网络和特定的数字算法，能够表现为任何的商品、服务或者一定量的主权货币，参见宾建成、雷迪凯：“数字货币发行对我国金融业发展的影响及对策”，载《湖湘论坛》2017 年第 3 期。

〔4〕　该概念表述方式也借鉴姚前对法定数字货币概念的界定，参见姚前：“理解央行数字货币：一个系统性框架”，载《中国科学：信息科学》2017 年第 11 期。

〔5〕　参见刘向民：“央行发行数字货币的法律问题”，载《中国金融》2016 年第 17 期。

（1）数字货币以去中心化和去中介化为核心思想

区块链技术的核心特点之一就是去中心化（decentralized），或者用分布式更为准确，意味着数字货币的发行不需要中心化机构，其发行完全由代码控制，并通过社区共识得以完成，即发行数字货币的权力是分散的、分布式的。区块链技术的另一核心特点便是去中介化，意味着个人之间数字货币的转移支付不需要可信任的第三方介入（a trusted third party）。在区块链平台上，个人之间可以直接通过发送和接收数字货币完成交易并向整个网络公开，由区块链上的各个节点对该交易进行参与确认，确保交易的真实性。数字货币被视为理想化的去中心化、去中介化的以技术背书的信用货币，其"自然根源是货币作为支付手段的职能"[1]。无论是去中心化还是去中介化，数字货币的设计思想都是排除国家和第三方的监管与干预，降低交易成本，确保交易自由。

（2）数字货币以社群组织体现共识民主

区块链技术的核心是在没有中心控制的情况下，在互相没有信任基础的个体之间就交易的合法性等达成共识的共识机制。[2]围绕数字货币，会自发形成社群组织，由社群成员共同维护。社群组织共识的形成与加强源于代码控制与工作激励。每个节点都有平等的机会参与验证交易。与参与式民主不同的是，同为参与验证的各个节点都有一个共同目标，即成为最早验证交易区块的节点，在此过程中，各个平等的节点形成了分布式的共识。各个节点争夺记账权的动力源于背后的激励机制。如上过程也确保各个节点作为分布式账本，数据一旦被记录则难以篡改，同时也可维持各个分布式账本上数据的一致性。通过这种激励模式使得各个节点更愿意成为诚实节点，并可抵御不诚实节点可能发起的攻击，从而构建起数字货币世界的信用。

（3）数字货币以技术"创建"信用

与法定货币的发行建立在国家的信用基础之上不同，数字货币的信用是由技术保障的。这种技术保障排除了感情因素，仅靠代码指令予以严格执行，让信用看起来似乎更加可靠、稳定和平等。区块链是由"区块"（block）和"链"（chain）组成，"区块"的作用在于记录完整的交易信息，而"链"则

---

〔1〕 ［德］马克思：《资本论》（第1卷），中共中央编译局译，人民出版社1975年版，第146页。
〔2〕 参见邹均等：《区块链技术指南》，机械工业出版社2016年版，第35页。

是根据交易的时间顺序对每一项交易的真实性确认后形成的。对于"区块"而言，利用时间戳、Merkle 树、哈希函数等技术形成了数字货币所有者享有的公钥和私钥，可以确定交易的时间和存在、交易双方的数字签名是真实非伪造的，并向全网公开交易信息，由全网各个参与者参与记账从而确保交易的唯一性。基于数字货币的转移支付，通过交易过程的公开和交易记录的公开双重保障交易的真实性和唯一性，而非基于交易双方是否可信任。对于"链"而言，是由一连串的"区块"形成的。由各个节点通过工作量证明来争夺记账权，经过验证的"区块"会由获得记账权的矿工（miner）将"区块"链接到前一个"区块"，从而形成"链"，以表明该"链"上的交易是真实的，是技术保障下信用的体现。

（四）数字货币的分类

对数字货币的分类从三个层次进行。第一层次，从发行主体的角度划分，数字货币可分为法定数字货币和私人发行数字货币。简单来说，法定数字货币是指由国家法律授权某个机构发行的、能够在一国境内强制流通使用的货币；私人发行数字货币是指由个人或组织根据区块链等技术的设定而发行的在某一特定范围流通、具有特定功能的组合工具，故而也叫通证。通证的出现并没有改变既有的经济模式，只是增加了维护经济正常运行的工具，不仅可以提高生产力，还节约了生产成本，也让不同利益主体之间能够协调合作，建立起基于代码的信任。[1]

第二层次，从数字货币所具有的功能来看，可以将数字货币分为证券型通证与非证券型通证。2017 年美国证监会（SEC）将通证划分为两种类型，分别是属于证券的通证和不属于证券的通证，对判断为证券型的通证要受到《证券法》和《证券交易法》等相关法律的监管。其他有代表性的分类具体如表 1-1 所示。[2]

---

〔1〕 参见李晶："'区块链+通证经济'的风险管控与对策建议"，载《电子政务》2019 年第 11 期。

〔2〕 本表编写参考邓建鹏、孙朋磊："通证分类与瑞士 ICO 监管启示"，载《中国金融》2018 年第 22 期；李国权等："证券通证化和通证证券化"，载《中国金融》2019 年第 2 期；于鲁平、曲雪宁："通证基本类型辨析：渊源内涵、监管及 STO"，载 http://www.zhonglun.com/Content/2018/10-22/1720410428.html，最后访问日期：2019 年 9 月 1 日。

表1-1　各国通证分类及受监管情况简表

国别	通证类型	是否受到证券法监管
美国	非证券型通证	
	证券型通证	是。 SEC通常用"Howey Test"来对通证是否属于证券进行判断，主要从资金投入、资金投向共同企业、期望从投资中获利和任何利润来自发起人或第三方的努力等四个方面进行判断。
新加坡	功能型通证	
	证券型通证	是。 如实际上构成股权、证券、债券的通证，被视为"集体投资计划"的通证。
瑞士	支付型通证	如果有判例或立法认定为证券，则视为证券。
	实用型通证	如果发行时部分或者仅具有投资目的，则视为证券。
	资产型通证	是。

笔者比较倾向于美国的"一刀切"式的分类，能够较为直观地区分证券型通证与非证券型通证。不过，因为我国证券法明确规定只有"股票、公司债券和国务院认定的其他证券"是我国法律意义上的证券，当前我国并没有将证券型通证纳入到证券范围，其发行和交易没有法律依据；此外，2017年9月，中国人民银行等七个部门联合发布《关于防范代币发行融资风险的公告》也指出代币公开发行"本质上是一种未经批准非法公开融资的行为"，2018年8月，五部委发布的《关于防范以"虚拟货币""区块链"名义进行非法集资的风险提示》则进一步指明了多种变相的代币发行或炒作是非法集资、传销、诈骗行为。因此，本书对证券型通证不予讨论。

同时，笔者综合当前已有的分类，将非证券型通证进行第三层次的划分。[1]

一是支付型通证，即具有部分货币属性的数字货币，如比特币。在很多国家已实现比特币支付手段的合法化，而中国人民银行等五个部门于2013年12月5日作出的《关于防范比特币风险的通知》中则指出，比特币"并不是

---

[1]　关于通证的划分，可参见李晶："'区块链+通证经济'的风险管控与对策建议"，载《电子政务》2019年第11期。

真正意义的货币……从性质上看，应当是一种特定的虚拟商品"。2017 年 9 月 4 日，中国人民银行等七个部门联合发布《关于防范代币发行融资风险的公告》，重申数字货币"不具有与货币等同的法律地位，不能也不应作为货币在市场上流通使用"。虽然如上文件仅为规范性文件，却在事实上否定了支付型通证，仅将其视为一种虚拟商品。

二是产品服务型通证，通常指产品或服务的使用权或权益证明，具有一定的资产属性，如以太币，开发者想要在以太坊上进行应用开发，需要用以太币支付购买使用权。产品或服务型通证可应用场景较多，如基于区块链技术的版权数字化，通证在版权的确权、收益的分配等方面将会发挥越来越多的作用，早在 2018 年工信部信息中心工业经济研究所发布的《2018 年中国泛娱乐产业白皮书》中就明确指出"区块链正在改变着数字版权的交易和收益分配模式、用户付费机制等基本产业规则，形成融合版权方、制作者、用户等的全产业链价值共享平台"[1]。

三是奖励型通证，通常是指平台按照既定规则来奖励用户的一定行为而给予的通证，应用场景较为广泛。

当然，本书讨论的数字货币类型是法定数字货币。本书对数字货币的分类层次如图 1-3 所示。

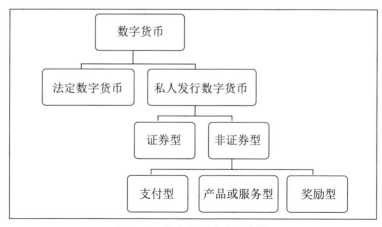

图 1-3 数字货币分类层次图

----

〔1〕 中华人民共和国工业和信息化部信息中心：《2018 年中国泛娱乐产业白皮书》（2018 年 3 月），第 37 页。

二、法定数字货币产生的契机：私人发行数字货币

在货币发展过程中存在一个有趣的现象：新的货币形式往往在民间最先产生并使用，如北宋"交子"最早出现在四川民间，由私人信用保障兑换和流通，在私人信用不足以维持"交子"流通后，国家为了稳定社会交易秩序而将其收归国有。私人发行数字货币是私人创新的成果，同样遵循货币史规律。不过，私人数字货币与历史上私人所发明的货币相比，具有特殊性。历史上，货币新形式的出现是由民间力量主导，历史上实行金属货币本位制，私人发行货币要能够保证与金属货币足额兑换；而私人发行数字货币则处于信用货币时代，无法与金属货币进行兑换。甚至，私人数字货币的出现并不是为了继续沿袭货币发展传统，而是为了打破国家对货币权力的垄断，构建自由的货币制度。究其本质，是私人货币自由与国家货币垄断之间的对峙。纵观国际上法定数字货币的发展，私人货币自由"牵引"着国家货币垄断的发展。

（一）"去中心化"私人数字货币要实现金融自由

以 2008 年 11 月区块链技术以及 2009 年 1 月"创始比特币"的出现为标志，私人发行的以去中心化为特点的数字货币诞生，可视为私人发行数字货币促进法定数字货币产生的第一阶段。去中心化的比特币有着诸多优势：一是比特币的发行不由中央银行垄断，而是"矿工"在激励程序之下"挖"出来的，这个过程既包括发行机制，也包括激励机制；二是比特币的发行也不会发生当前世界各国普遍发生的通货膨胀现象，不过比特币总量的有限性可能会导致通货紧缩的发生；三是基于比特币交易的双方并不需要通过可信任的第三方机构进行，双方之间可点对点即时完成支付；四是比特币电子现金网络并无国界，身处世界上任何地区的交易双方都可通过该网络完成匿名交易，具有安全、便捷、快速、成本低等特点。要言之，"去中心化"数字货币想要实现的是消除对国家银行系统的依赖，确保私人不可剥夺的金融自由，以及币值稳定所带来的财产保值和价值互信的货币制度，而这显然与中心化的法定货币"格格不入"。

正因为数字货币这一特性，有人自然联想到哈耶克曾提到的"货币非国

家化"理论，并把该理论作为数字货币发行的理论依据。[1]简单来说，哈耶克认为政府的权力离不开对货币的垄断，而这一垄断权滋生了政府的滥用，从而导致公众的财产权利以隐蔽的方式受到侵犯。对此，哈耶克提出了"让私人发行的货币流通起来"[2]的号召，并通过彼此之间的竞争获得公众的信任和币值的稳定。仅从表面看来，当前私人发行的数字货币似乎正在沿着这条路径发展：发行主体的非国家化、自由流通、技术可信、不受国家权力干预的数字货币之间的竞争让部分数字货币逐渐变成主流。不过，比特币能够在多大程度上真正符合哈耶克提出的货币稳定原则、数字货币的泛滥是否构成了哈耶克的货币竞争，[3]不能仅依据去中心化这一特性就直接判断其非国家化。毕竟，私人发行数字货币的去中心化的对立面是政府规制。在这个阶段，作为"初出茅庐"的私人数字货币，尽管试图挑战国家发行法定货币作为主要支付手段的地位，并可能会削弱货币政策的有效性，但私人发行数字货币的使用仍然微不足道（如多用于"暗网"[4]交易），对此不必过于担忧。

（二）"中心化"国家机构对"去中心化"私人数字货币的回应

以 2013 年比特币的价格成百上千倍上涨为标志，私人数字货币的发展已经是国家机构不能回避的问题了，可视为私人数字货币促进法定数字货币产生的第二阶段。在 2013 年前后，已有多个国家在一定程度上承认比特币等数字货币所具有的优势，却没有一个主权国家明确承认其为货币。[5]各主权国家或拒绝比特币或将其定性为"虚拟商品""支付手段"，实则都明确传出这样的信号：禁止私人发行数字货币染指国家法定货币发行权。那么，国家对

---

〔1〕　如有人认为比特币的出现让哈耶克的"货币非国家化"的理想"隐约实现"，参见李钧、长铗等：《比特币：一个虚幻而真实的金融世界》，中信出版社 2014 年版，第 41～42 页。

〔2〕　[英] 弗里德里希·冯·哈耶克：《货币的非国家化》，姚中秋译，新星出版社 2007 年版，第 49 页。

〔3〕　See Luca Fantacci, "Cryptocurrencies and the Denationalization of Money", *International Journal of Political Economy*, Vol. 48, No. 2. , 2019, pp. 105-126.

〔4〕　比特币所具有的匿名性成为"暗网"交易者乐于支付的手段，体现着崇尚自由主义、无政府主义精神，"人人都是比特币的主宰者"。参见 [英] 杰米·巴特利特：《暗网》，刘丹丹译，北京时代华文书局 2018 年版。

〔5〕　值得注意的是，萨尔瓦多共和国于 2021 年 9 月生效的《比特币法》明确规定了将比特币作为法定货币。

繁荣（泛滥）的数字货币市场采取两种直接应对策略：一是根据数字货币的不同性质（功能）进行监管，二是研究法定数字货币的发行。对私人数字货币的监管，各国监管机构大致有两个态度，一是完全禁止在本国内进行私人数字货币相关的金融活动，如中国、阿尔及利亚、孟加拉国等；二是在符合监管规定的条件下进行相关金融活动，主要是出于对金融创新的支持，如新加坡、美国、法国等。对法定数字货币的研究出现在 2013 年以后，是主权国家对私人数字货币发展的一种回应。如中国人民银行在 2014 年开始研究法定数字货币，英国央行在 2015 年公开对法定数字货币 RSCoin 的研究，荷兰央行于 2015 年秘密开始数字货币 DNBcoin 实验，加拿大银行于 2016 年开始 Jasper 数字货币项目，等等。已经发行法定数字货币的国家也逐渐增多，如厄瓜多尔于 2015 年发行"厄瓜多尔币"，突尼斯也于 2015 年发行法定数字货币，委内瑞拉于 2018 年发行法定数字货币"石油币"，等等。

有学者认为对货币创新的讨论放在社会理论的背景下强调数字货币，要么没有达到其自称的货币地位，要么反映出对金本位制"野蛮遗迹"（Barbarous Relic）的过度怀旧。[1]比特币等私人发行数字货币被"吹捧"为自由化，也不排除部分人对数字货币的理解如盲人摸象，盲目跟风与推崇，以期望能够获得更多的投机利益。至于私人发行数字货币所造成的货币非国家化假象，也不过是"有心者"为了支持数字货币的去中心化而把哈耶克的"货币非国家化"理念强拉硬拽过来，而这恰恰体现了数字货币追随者的底气不足，希冀从经典著作中寻求理论支撑。但显然是物极必反，哈耶克提出的货币非国家化是多个私人作为货币的发行主体，其虽然排除国家作为发行主体，但并没有体现去中心化的理念，而是多中心。另一方面，哈耶克认为不同私人发行货币之间的竞争可以让私人发行主体能够自觉维护良好声誉，从而获得公众的信任，并通过调整货币发行量来维持币值的稳定。而当前数字货币市场虽然有竞争，有发行数量和挖矿难度的限定以期币值的相对稳定，但实际结果却是币值的剧烈波动以及声名的狼藉。广泛的公众信任只能成为一种遥不可及的理想。

---

〔1〕 载 https://www.ucl.ac.uk/cles/sites/cles/files/summary-digital-finance-digital-currencies-conference.pdf，最后访问日期：2019 年 11 月 18 日。

（三）私人超主权数字货币挑战主权货币

第三阶段以 2019 年 Facebook[1]发布 Libra 白皮书为标志。如果说前两个阶段的私人发行数字货币对国家的法定货币发行权只是"敲打"，那么 Libra 的出现无疑是"暴击"。尽管 Libra 白皮书上表明 Libra 的使命是"建立一套简单的、无国界的货币和为数十亿人服务的金融基础设施"，[2]但这无疑是个足以撼动一国货币主权的"宣示"。Libra 有三个核心概念：一是货币。Libra 由真实资产（一篮子货币和资产）储备担保，构建人们对 Libra 价值的信任。不过，人们信任 Libra 的价值，与其背后是否有真实的货币或资产作为担保无关，而仅仅因为它是 Libra。这就意味着 Facebook 提供了一个不需要履行的兑现义务，形成事实上的货币发行权。[3]二是跨境。Facebook 有 27 亿分布在世界各地的用户，Libra 本身的数字属性让其可以在全世界范围内的用户间流转，成为一个既利用法定货币形成价值，又跳出主权货币以外的"超主权货币"。三是"世界央行"。Libra 既具有货币政策制定、执行权力，也具有支付功能，而不仅仅是一种规避国家金融监管的新的跨境支付工具。[4]可以说 Libra 的储备体系、货币体系、金融体系都对当前主权国家造成了巨大冲击。

也正是因为超主权数字货币 Libra 的出现，让国内货币制度和支付体系已经相对完善的国家，从认为当前并没有必要发行法定数字货币到已经着手研究法定数字货币。[5]国际清算银行 2020 年公布的对 66 个中央银行的调查显示，已经有大约 80%（而上一年为 70%）的中央银行正在进行法定数字货币研究，大约 40% 的中央银行已经从概念研究到实验或概念证明阶段，而有 10% 中央银行制定了试点项目。[6]可见，超主权数字货币的出现为法定数字货币的研发提了速。主权国家并不担心"去中心化"的数字货币，反而对超

---

〔1〕　Facebook 于 2021 年更名为"Meta"。

〔2〕　参见"Libra 白皮书"，载 https://libra.org/zh-CN/white-paper/? noredirect=zh-Hans-CN，最后访问日期：2019 年 12 月 19 日。

〔3〕　参见许多奇："Libra：超级平台私权力的本质与监管"，载《探索与争鸣》2019 年第 11 期。

〔4〕　参见杨东："Libra：数字货币型跨境支付清算模式与治理"，载《东方法学》2019 年第 6 期。

〔5〕　对法定数字货币是否发行态度发生巨大转变的国家以美国和日本为代表，两国在 2019 年 6 月前表示关注法定数字货币的发展，但并无研究或发行法定数字货币的打算，可一切都在 Libra 白皮书公布后悄然发生改变。

〔6〕　See Codruta Boar, Henry Holden, Amber Wadsworth, "Impending Arrival -a Sequel to the Survey on Central Bank Digital Currency", *Bank for International Settlements Papers*, No. 107., January 2020.

主权的数字货币十分上心。究其本质，超主权数字货币虽然有发行主体，是中心化的，但是发行主体并不唯一，而是由大型跨国金融公司的组合作为发行主体，既能够避免高成本、低效率的主权国家中心化银行系统，也能提供全球范围内的低成本、高效率的金融服务。更为重要的是，超主权数字货币因资金实力雄厚的发行主体所具有的信用而值得信赖，有能力保持币值的稳定，这一点是"去中心化"的私人数字货币无法比拟的，也是有机会与主权货币相抗衡的底气所在。在主权国家金融系统之上"另起炉灶"式地启动新的国际金融规则，无疑是直接冲击了各主权国家的金融利益。无论私人数字货币以何种创新来突破监管，主权国家总会采取措施将其拉回，依靠法律保障的法定数字货币就是最有利的武器。

三、法定数字货币产生的前提：国家信用

是否有国家信用作为数字货币的内在价值，是法定数字货币与私人发行数字货币的本质不同。法定数字货币在技术层面的发展，在一定程度上与私人发行数字货币"同源"；因出现的先后顺序不同，法定数字货币的发展必然汲取私人发行数字货币的技术优势。故而，法定数字货币至少具有同私人发行数字货币类似的技术优势，还有国家信用作为法定数字货币的内在价值来源。

（一）法定数字货币是信用货币

顾名思义，法定货币（legal tender 或 fiat money）是由国家法律确定的在一国境内流通使用的货币，其发行主体、发行方式、发行形式都由国家法律明确规定。因发行者不承担兑换金属货币的义务又被称为不兑换货币；因不以任何贵金属为基础而独立发挥货币职能，故而又可称为信用货币（credit money）。法定货币或信用货币的表述只是硬币的两个面，核心都是国家强制流通的、不可与贵金属兑换的货币。现在可认为，货币形式的发展经历了"商品货币—金属货币—信用货币"三个阶段。在商品货币和金属货币阶段，货币的价值来源于物品自身的内在价值，而信用货币的价值则来源于国家信用。

第二次世界大战结束后，建立了以美元为中心的金汇兑本位制，即美元与黄金挂钩，美国国内不流通黄金，但是允许其他国家以美元兑换黄金，所

以美元成为很多国家主要的外汇资产。因确立该国际货币体系的会议在美国布雷顿森林举行，故也称为"布雷顿森林体系"。不过，"布雷顿森林体系"在美国宣布停止美元兑换黄金、拒绝向国外出售黄金、取消固定汇率制度等措施后崩溃。在这一阶段，实现了黄金与纸币在国内不可自由兑换。随之而来的是 1976 年由国际货币基金组织理事会确立的"牙买加体系"，确定实行浮动汇率制度、黄金非货币化、提高特别提款权的国际储备地位等。在这一阶段，黄金与纸币在各国之间也不可自由兑换。信用货币的推行在经历了"布雷顿森林体系"和"牙买加体系"两个制度后得以实现。

也就是说，法定货币（信用货币）作为货币的价值仅以国家信用体现，法定数字货币作为法定货币的一种形式，也必将保留和传承这一最高价值信任。[1]尤其是，数字货币的出现也使得货币的本质演变成基于信用的债权记账符号，没有实体货币与之对应，这使得数字货币的价值完全取决于发行机构的信用。[2]故而，法定数字货币的币值除了需要国家调控以保持稳定外，与国家自身的信用也有着直接的关系。如已经发行法定数字货币的委内瑞拉，其虽然规定了"石油币"的价格，但是其国内高通货膨胀率让规定了稳定币值的"石油币"并不稳定。

（二）国家决定法定数字货币的发行

只有国家发行的数字货币是法定数字货币，只有国家决定是否发行法定数字货币，这正是国家货币主权的体现。至于国家货币主权，根据日本宪法学泰斗芦部信喜对主权概念的分解：一为统治权，即主权就是国家权力本身；二为最高独立性，即主权就是作为国家权力属性的最高独立性（对内最高，对外独立）；三为最高决定权，即主权就是有关国家政事的最高决定权。[3]据此可知，国家货币主权具有三种属性，一是货币权力是国家的权力，不应被私人僭越，这就决定了数字货币若成为货币，其发行主体只能是国家或经国家认可。二是国家自主决定货币政策，不受外国干预；同时表现为货币发行

---

[1]　参见姚前："理解央行数字货币：一个系统性框架"，载《中国科学：信息科学》2017 年第 11 期。

[2]　参见吴婷婷、王俊鹏："我国央行发行数字货币：影响、问题及对策"，载《西南金融》2020 年第 7 期。

[3]　参见［日］芦部信喜：《宪法》（第 3 版），［日］高桥和之增订，林来梵等译，北京大学出版社 2006 年版，第 34~35 页。

主体（通常是中央银行）一定的独立性，其独立行使货币权力不应被其他国家机关干预。三是国家有权决定是否发行货币、发行何种形式货币、如何发行货币及制定何种货币政策等。所以，在发行纸币、硬币后，是否发行数字货币由国家决定。

这也是为什么在当前世界上多个国家已经着手研究法定数字货币，甚至发行法定数字货币的同时，仍有一些国家表示并无发行法定数字货币的打算，如澳大利亚储备银行（Reserve Bank of Australia）相关负责人曾多次表示，当前的电子支付体系正在发生积极转变，即便人们对现金需求减少，但仍保持一定的需求，发行法定数字货币并不是必须的。[1]新西兰储备银行（The Reserve Bank of New Zealand）行长 Geoff Bascand 曾表示目前决定是否发行法定数字货币还为时过早，但会继续探索数字货币，期望有利于新西兰金融体系。[2]也有国家在私人数字货币发展得如火如荼时，转变最初否定法定数字货币的意愿，典型的国家是美国和日本，上文也略有提及。美国联邦储备理事会成员 Lael Brainard 承认央行数字货币存在的某些优势，但技术同样也是其风险的来源，甚至会比当前的货币体系更容易遭到攻击；不过未来在支付、清算和结算领域会找到采用分布式账本技术的方法。[3]日本银行（Bank of Japan）副行长 Masayoshi Amamiya 在 2018 年日本货币经济学会的秋季年会上也表达了类似的看法。[4]在 2019 年 6 月脸书公布发行天秤币 Libra 白皮书后，两个国家的态度似乎也发生了改变。如美国联邦储备委员会主席表示正在小规模研究法定数字货币，日本央行行长宣布央行正在研究数字货币，但目前并无

---

〔1〕 See Tony Richards, "Opening Panel Remarks on the Regulatory Landscape for Payments", available at https://www. rba. gov. au/speeches/2018/sp-so-2018-11-27. html; Also see Philip Lowe, "A Journey Towards a Near Cashless Payments System", available at https://www. rba. gov. au/speeches/2018/sp-gov-2018-11-26. html, 最后访问日期：2019 年 12 月 19 日。

〔2〕 See Geoff Bascand, "In Search of Gold: Exploring Central Bank Digital Currency", available at https://www. rbnz. govt. nz/research-and-publications/speeches/2018/speech2018-06-25, 最后访问日期：2019 年 12 月 19 日。

〔3〕 See Lael Brainard, "Cryptocurrencies, Digital Currencies, and Distributed Ledger Technologies: What Are We Learning?", *Decoding Digital Currency Conference Sponsored by the Federal Reserve Bank of San Francisco*, 15 May 2018.

〔4〕 See Masayoshi Amamiya, "The Future of Money", Speech at the 2018 Autumn Annual Meeting of the Japan Society of Monetary Economics, Tokyo, 20 October 2018.

发行计划。〔1〕无论对发行法定数字货币的态度是积极还是消极，乃至于未来是否发行，都由国家根据本国实际情况进行决定。

第三节　中国法定数字货币发行的可行性与优势

有学者曾这样高度赞誉法定数字货币的发行对金融体系变革的重要性："如果说金融是现代经济的核心，是实体经济的血脉，货币则是经济核心的核心，是流通在经济血脉里的血液。而法定数字货币堪称金融科技皇冠上的明珠，对未来金融体系发展潜在影响巨大。"〔2〕当然，法定数字货币不只会变革当前的金融体系，还会对公民的日常支付乃至整个国家的治理体系产生深刻影响。即便当前并非所有国家都准备发行法定数字货币，但法定数字货币的理念已然悄悄种在每个主权者的心里。如下将从我国国家治理的角度来看法定数字货币的发行将带来的治理变革，在这之前有必要说明发行法定数字货币的可行性。

一、法定数字货币发行的可行性

一项事关国计民生的权力，在权力设计上要具有科学性，在权力行使上要具有规范性，在权力导向上要具有利民性。在将技术应用于关乎国家财政来源上、市场交换手段上、公民财产实现上的法定货币时，要充分考虑如上"三性"。其一，发行法定数字货币要以利民性为前提，发行法定数字货币不只会给公民带来便捷，对国家机关同样如此，但给国家机关带来便捷的本质仍是为了给公民带来更高质量的公共服务、降低公民交易的成本。故而，发行法定数字货币的一个大前提就是始终要有利于人民。其二，发行法定数字货币要以规范性为保障，中央银行在行使发行法定数字货币的权力时，要严格依照法律的规定进行，而这也是认真履行人民赋予权力的要求，本质上还是为了保护公民权利不受非法侵害、确保公民权利实现。其三，发行法定数

---

〔1〕　See Adriana Hamacher, "Who is and Who isn't Working on a State-backed Digital Currency?", available at https://decrypt.co/8830/who-is-and-who-isnt-working-on-a-state-backed-digital-currency, 最后访问日期：2019 年 12 月 19 日。

〔2〕　姚前："推进法定数字货币研发，助力数字经济发展"，载《21 世纪经济报道》2017 年 11 月 8 日，第 4 版。

字货币要以科学性为基础，尤其是在运用多种技术实现多种功能的今天，能够通过更为科学的技术设计、权力设计以承载更多的功能，除了保障公民权利外还有助于实现公共福利。

（一）发行法定数字货币在技术上的可行性

发行法定数字货币所需要的核心技术主要包括安全技术、交易技术和可信保障技术。可以说，设计法定数字货币的核心技术最初来源于私人发行数字货币。私人发行数字货币作为区块链技术最早且最成功的应用，其璀璨之处自不待言。因此，在谈及发行法定数字货币的技术时，区块链技术是不可回避的话题。当然，区块链技术毕竟是发展仍不成熟的技术，关于私人数字货币的安全事件时有发生，故而，法定数字货币的发行可能会借鉴区块链技术，但不会采纳完全的去中心化的区块链技术。

1. 可借鉴的区块链技术特点

一是区块链上的数据几乎难以篡改。在物理世界与传统的信息系统中，数据的记录、读取或者修改需要身份认证与权限授予，以此留下痕迹，可以防止重要数据不被修改、删除。而区块链技术则通过技术手段确保如上过程的真实：交易数据能够被记录，在于交易双方及时将交易信息在区块链网络中公开，并由各节点参与者争夺记账权，完成交易信息的记录，用区块链的法则对交易数据的真实性予以背书。亦即，在区块链网络的参与者之间形成了一个巨大稳定的数据库，可随时查看不可被篡改的交易记录。

二是区块链新型协作机制不断演化。区块链技术诞生以来备受关注的特点便是去中心化（分布式），区块链网络中的各个参与者具有平等的地位，通过激励机制参与并维护整个系统。有学者在总结区块链技术的优势与劣势后曾做的预言正在实现：在中心化与去中心化这两个极点之间，已经存在新的领域，各种区块链系统拥有不同的非中心化程度，以满足不同场景的特定需求。[1] 根据去中心化程度的不同，区块链已发展为公共链、联盟链和私有链三种架构模式。虽然完全去中心化的公共链相对发展较为成熟，但与当今中心化的各种组织难以匹配；而部分去中心化的联盟链和私有链发展还不成熟，但更容易被应用，如联盟链就曾被认为可能是我国央行发行数字货币的一种

---

[1] 参见中国人民银行数字货币研究项目组："区块链的优劣势和发展趋势"，载《中国金融》2016 年第 17 期。

架构模式，可满足央行与商业银行的二元模式。

三是区块链与智能合约的结合。智能合约并非区块链技术首创，但是二者的结合让区块链技术的特性更容易发挥。智能合约更像是一种附条件的合同，合同双方愿意接受某一智能合约，即双方在智能合约中约定双方权利义务，待某一条件成就时，智能合约可自动执行，且无法篡改。不过，是否在法定数字货币上使用智能合约仍需考虑，如时任央行副行长的范一飞认为让法定货币承载额外的社会或行政功能有毁损人民币之嫌。[1]

2. 已采用的核心组合技术

在华泰证券研究所公布的研究报告《中国人民银行法定数字货币探索》中，提出了三个核心技术：安全技术作为发行法定数字货币的基础，交易技术则满足数字货币与纸币支付的双重要求，可信保障技术则是保障数据的真实性与可信性。

其一，安全技术。主要包括三个方面的内容。一是基础安全技术，通过加密解密技术来生成币值、加密传输与身份验证等；安全芯片技术主要是为了确保法定数字货币存储和交易的安全性。二是数据安全技术，通过安全传输、存储技术来确保传输和存储过程数据的保密性、完整性与安全性。这个过程确保了交易信息的完整性和不可篡改性，类似于私人发行数字货币每进行一次交易就形成一个区块，按照交易的时间顺序形成交易链条。三是交易安全技术，通过防重复交易、匿名、身份认证和防伪技术实现多重功能：（1）防止数字货币的重复使用，类似于纸币一经转移占有即丧失所有权；（2）保证交易人的匿名性，但对后台来说仍是实名；（3）验证交易人的身份信息，这是由中央银行的认证中心来完成的。[2]

其二，交易技术。法定数字货币所采用的交易技术包括在线交易和离线交易两类，主要目的就是确保在没有网络的环境下，仍能完成法定数字货币的交易。从这个角度来看，法定数字货币保留了与现钞同样的属性。从国内网络覆盖来看，在不能使用电子支付时，现钞是主要的支付手段，而法定数字货币的离线交易设置，可满足此种情形下的交易。

---

〔1〕 参见范一飞："关于央行数字货币的几点考虑"，载《第一财经日报》2018年1月26日，第A05版。

〔2〕 参见华泰证券研究所："中国人民银行法定数字货币探索"，载 https://www.8btc.com/article/529182，最后访问日期：2019年12月12日。

其三，可信保障技术。该技术的功能更像是为如上技术的运行"保驾护航"，为如上技术提供一个运行平台，确保安全性、可信性的实现。当然，这个平台同样要具有兼容性。法定数字货币自身以及运行需要如上技术作为保障，但技术也会更新，平台也要具备与之匹配的兼容性。值得注意的是，法定数字货币流通的范围可能并不局限于我国境内，所以平台也要与境外系统、平台等方面具有兼容性。甚至，我国法定数字货币不只要技术先进，更要具有引领国际上法定数字货币的发展，牵头制定法定数字货币的技术标准，用领先的技术和权威的地位让其他使用者或模仿者接入我们已经建立好的货币系统。

3. 已探索的技术成功应用

根据当前公开的资料，可梳理我国法定数字货币发展的脉络，具体如表1-2[1]所示。

表1-2　我国法定数字货币研究及发展脉络

时间	具体内容
2014 年	中央银行成立法定数字货币研究小组，论证发行可行性
2016 年 1 月	首次公开发行法定数字货币的目标
2016 年 7 月	中央银行启动基于区块链和数字货币的数字票据交易平台原型研发工作
2017 年 1 月	中央银行成立数字货币研究所
2017 年 2 月	数字票据交易平台测试成功
2017 年 6 月	中央银行发布《关于冒用人民银行名义发行或推广数字货币的风险提示》
2018 年 9 月	数字货币研究所在深圳成立"深圳金融科技有限公司"
2019 年 5 月	数字货币研究所开发的 PBCTFP 贸易融资的区块链平台公开，服务于粤港澳大湾区贸易金融
2019 年 11 月	中央银行发布《关于冒用人民银行名义发行或推广法定数字货币情况的公告》
2021 年 7 月	中央银行发布《中国数字人民币的研发进展白皮书》

从 2016 年中央银行公开对法定数字货币的研究后，无论是中央银行相关

---

[1] 参见吴美娜："中国研发央行数字货币这五年"，载《环球》2019 年第 15 期。

负责人在多个场合的公开讲话，还是中央银行不断公开的研究成果，无一都在表明我国正在循序渐进地研究发行法定数字货币，并通过阶段测试的形式评估法定数字货币运行状况，对此保持谨慎性的背后是对法定数字货币系统的安全、国家金融安全、公民人身和财产安全的重视。

（二）发行法定数字货币在法律上的可行性

法定货币发行权本质上是国家的一项权力。法定数字货币发行权同样如此，虽然具有国际法属性，但仍无法改变其是国家行使货币主权的具体体现。发行法定数字货币从某种程度上来说，也是国际上货币竞争的一种手段。即便如此，国家货币机构发行法定数字货币，其发行主体地位、货币发行权的范围和承担的责任都取决于一国法律的规定，是一国主权范围内的权力。易言之，就算国际法对此进行规定，而国内法律并没有赋予相关国家机构行使法定货币的发行权，那么，这项国际法上的权力在国内也是寸步难行。因而，如下将探寻发行法定数字货币在我国法律上的依据，以考察其是否在法律上具有可行性。

1. 《宪法》作为发行法定数字货币的基本依据

《宪法》是国家的根本大法，是确定国家宏观调控权和其他相关权限的基本依据。1949 年起到临时宪法作用的《共同纲领》确定货币发行权专属于国家（第 39 条），这就为国家垄断行使货币发行权提供了宪法依据。不过，之后的 1975 年《宪法》、1978 年《宪法》和 1982 年《宪法》及其修正案都没有明确规定货币发行权。但根据我国现行《宪法》序言的规定，《宪法》是国家的根本大法，具有最高的法律效力。这表明在我国法律体系中，《宪法》是其他一切法律规范的制定依据，任何与宪法精神和内容相违背的法律规范都将面临被撤销或被部分撤销、无效的命运。虽然只有《共同纲领》中明确规定了国家的货币发行权，但是根据宪法发展内在精神的一致性与延续性，货币发行权仍为国家享有。此外，《宪法》的相关条文实则也表明了国家具有这一权力：《宪法》规定"国家实行并发展社会主义市场经济"，发行法定货币是社会主义市场经济发展、运行的基础；"国家加强经济立法，完善宏观调控"，为《中国人民银行法》的制定奠定了基础，发行法定货币是国家宏观调控的手段，也是国家宏观调控的内容。可以说，无论法定货币形式如何，只能由国家依法发行；加之，随着科技的进步，产生了金融科技，丰富了市场经济内容的同时，也对国家宏观调控能力和手段提出了新的具体要求。发行法定数字货币具有《宪法》上的依据。

2. 货币基本法作为发行法定数字货币的具体依据

《中国人民银行法》是中央银行行使法定货币发行权的具体法律依据。在第 1 条中明确规定要建立和完善中央银行的宏观调控体系，是《宪法》规定的"完善宏观调控"的具体体现。作为法定货币的发行主体，中央银行受国务院领导，是特殊的行政主体。中央银行有权制定和执行货币政策，目标是保持币值稳定，以此促进经济增长（第 3 条）。根据第 4 条规定，《中国人民银行法》明确授予中央银行发行法定货币的权力，负责管理人民币（我国法定货币的名称）的流通；第 18 条再次确认了中央银行发行法定货币的权力。在决定法定货币发行量时，中央银行具有有限的独立性，即要在国务院批准后才能决定年度货币供应量（第 5 条）；中央银行独立于地方政府、各级政府部门、社会团体和个人（第 7 条）。同时为了确保中央银行垄断行使法定货币发行权，禁止私人印制、发售代币票券代替人民币在市场上流通（第 20 条）。那么，发行法定数字货币仍可以《中国人民银行法》作为依据：一是法定数字货币与纸币、硬币一样，都是我国的法定货币，三者共同的名字叫人民币，那么其依然具有法偿性，[1]即以人民币支付的债务，任何单位和个人不得拒收（第 16 条）；二是第 17 条规定了货币单位，但没有规定具体的货币形式，而且第 18 条规定的是"印制"人民币，与印刷纸币、铸造硬币相似，数字货币可以被创造出来。

3. 货币行政法规作为发行法定数字货币的执行依据

根据《中国人民银行法》的规定，国务院为中国人民银行的领导机关，中国人民银行在履行职责时也要以国务院的立法作为依据。国务院关于法定货币的行政立法为《人民币管理条例》。该条例 1999 年通过，2000 年施行，分别于 2014 年和 2018 年进行了两次修改。作为《中国人民银行法》的具体实施法规，《人民币管理条例》在法定货币发行等方面作了具体的规定。不过，根据第 2 条规定，发行的人民币有纸币和硬币两种形式。从这条规定来看，数字货币并不是当前法定货币的形式。第 7 条和第 16 条同样规定了中央

---

〔1〕 目前，我国数字人民币尚未在全国范围内发行流通，且因其技术属性对交易双方的接收工具有特殊要求，故而其是否享有完全的法偿性需要画个问号。

银行设计、发行"新版人民币"要报国务院批准，在该行政法规的语义解释背景下，"新版人民币"指的应该是纸币和硬币。此时，不宜对"新版人民币"作扩大解释，将法定数字货币作为"新版人民币"的具体设计形式。但是，中央银行仍可在国务院批准授权的前提下，设计和发行法定数字货币。根据中央银行研究局局长王信在出席 2019 年 7 月 8 日举办的"数字金融开放研究计划启动仪式暨首届学会研讨会"上所说的"国务院已正式批准央行数字货币的研发"[1]来看，在不修改《人民币管理条例》的前提下，中央银行直接获得国务院批准设计和发行法定数字货币也是一条途径。当然，我们要做好这样的准备：我国法定数字货币从试点走向全国流通，必然要对已有的法律法规进行修改完善，以满足"重大改革都要于法有据"的要求。

4. 国际法作为发行法定数字货币的正当依据

当前国际公约并不能成为我国行使货币发行权的直接依据，因为货币发行权本就属于一国主权事项，并不因国际法的规定而发生本质变更，除非是一国主动放弃特定货币主权而达成的协议，如欧盟统一行使货币发行权。但仍可从国际法上找到各国对货币主权所形成的共识。一是《联合国宪章》对会员国平等主权的尊重。第一章第 2 条第 7 款明确提出签署联合国宪章"不得认为授权联合国干涉在本质上属于任何国家国内管辖之事件"，而发行货币为一国主权之事宜，任何国家都不得干涉，联合国作为国际组织同样不得干涉。二是联合国大会通过的《各国经济权利和义务宪章》则进一步阐明了各国具体的权利和义务，第二章第 1 条规定了各国根据人民意愿选择政治、社会、文化和经济制度而不受干涉。发行法定货币事关一国的经济制度，甚至是政治制度，各国有权自主决定。三是《防止伪造货币的国际公约》惩罚伪造或变造货币行为、欺诈流通伪造或变造货币行为等对一国货币主权侵犯的行为，即便是有政治目的的伪造行为也不可免除惩罚。[2]从国际法上来看，各国不只要对其他国家的货币主权予以尊重，还不能作出危害其他国家货币主权的行为，这是国家间互不干涉内政的体现。那么，在国家发行法定数字货币时，其他国家要予以尊重，即发行何种形式的主权货币同样是不容侵犯

---

〔1〕 "央行王信：国务院已批准央行数字货币的研发"，载 http://finance.sina.com.cn/blockchain/roll/2019-07-09/doc-ihytcitm0707824.shtml，最后访问日期：2019 年 12 月 12 日。

〔2〕 参见张庆麟："论国际法中与货币相关的规则"，载《法学家》2005 年第 6 期。

的主权事项。

二、法定数字货币发行的优势

法定数字货币发行将有助于国家治理理念完善、治理工具实施和治理效果提升。

（一）在国家治理理念完善上

中国共产党的十八届三中全会发布的《中共中央关于全面深化改革若干重大问题的决定》明确提出要推进国家治理体系和治理能力现代化。法定数字货币的发行将会从如下几个方面完善国家的治理理念。

1. 数字货币环境下强调保证国家安全

国家之间的竞争早已不仅仅是船坚炮利式的军事竞赛，而是在可以波及国家每个人的金融体系上的竞争，更何况，军事竞赛的本质和基础是国家之间金融实力的较量。故而，金融安全于现代社会来说，更是占有牵一发而动全身的重要地位。习近平总书记多次在重要场合强调金融安全的重要性："必须充分认识金融在经济发展和社会生活中的重要地位和作用，切实把维护金融安全作为治国理政的一件大事，扎扎实实把金融工作做好。"[1]将金融安全置于国家治国理政的高度，既是充分说明金融安全于一国的重要性和复杂性，也说明金融安全的维护要依法进行。法定数字货币研究乃至是发行，一方面是为了应对私人发行数字货币对一国金融体系的挑战，另一方面则是利用数字货币的理念和先进技术提升国家的金融安全和国际竞争力。归根结底，就是要在这场数字货币之争中"打好防范化解金融风险这场攻坚战，坚决守住不发生系统性金融风险的底线"[2]，法定数字货币之于私人数字货币最大的优势便是国家更注重金融安全、个人安全；之于现钞的优势便是以更低的成本实现现钞功能。

发行法定数字货币在国家安全维护上的具体体现如下：一是法定数字货币自身的不易伪造性和可控匿名性让货币本身更安全。这意味着制造假币的

---

〔1〕"习近平：维护金融安全是治国理政的一件大事"，载 http://www.xinhuanet.com//politics/2017-04/27/c_129576721.htm，最后访问日期：2019 年 12 月 19 日。

〔2〕中共中央宣传部编：《习近平新时代中国特色社会主义思想三十讲》，学习出版社 2018 年版，第 258 页。

成本增加、使用假币极容易被发现；即便是发生法定数字货币被盗窃等违法行为，仍有机会通过追踪其流通路径追回财产。二是金融安全可以法定数字货币的币值保持相对稳定体现，而这又可通过法定货币的发行机制实现。保持货币币值稳定是国家货币发行主体的主要任务之一，既能确保公民的财产权利不过度流失，也是维持货币公信力的手段。三是金融安全以监管部门的有效监管为前提。从理论上来说，在法律明确授权的情况下，监管部门可监控法定数字货币的交易情况，并能据此制定更加行之有效的货币政策。当然，监管部门也可借助"外脑"来确保交易安全。如法国金融市场管理局（AMF）在2017年10月26日发布"独角兽"（Universal Node to ICO's Research& Network，UNICORN）研究计划，采用公众咨询的方式，旨在为ICO（首次代币发行）项目发起人提供一个允许交易发展的框架，确保对希望参与的交易者和购买者的保护。[1]虽然该例子针对的是私人数字货币，但国家也可采用此方法为公众答疑解惑，以此保护公众的合法权益。

2. 市场经济背景下强调提高经济效益

发行法定数字货币是政府对市场经济主动调节的具体体现，提高经济效益是相对于当前的法定货币支付清算体系来说的。有学者建立了引入利率走廊机制的DSGE模型（动态随机一般均衡模型），涵盖家庭、商业银行、厂商、中央银行四个部门，通过实证模拟的方式研究我国法定数字货币会带来的经济效益，得出发行央行数字货币对银行系统和金融结构的冲击可控，长期会有利于提高经济产出，呈现正面总体经济效应的结论。[2]第一，法定数字货币与现钞相比，其发行和流通成本更低。于现钞而言，其印刷、存储、运输、防盗、破损等都将耗费大量的成本，即便现在法定货币的数字化在一定程度上节省了成本，但实物货币依然会长期存在。法定数字货币的发行和流通都是以数字形式存在，依托于电子系统，消耗的成本主要用于维护系统的安全性和系统的迭代升级上，而这又可以建立在当前已有的法定货币电子系统上。第二，使用法定数字货币可以实现支付与清结算同时进行，不需要通过中国银行卡联合组织（银联）或非银行支付机构网络支付清算平台（网

〔1〕 参见法国金融市场管理局："关于首次代币发行（ICOs）公众咨询的答复摘要和'独角兽'计划的最新情况"，载 https://www.amf-france.org，最后访问日期：2019年12月19日。
〔2〕 参见姚前："法定数字货币的经济效应分析：理论与实证"，载《国际金融研究》2019年第1期。

联）等机构对交易信息进行清算后再传递给中央银行，[1]可以直接由中央银行统一管理支付清算。在采取"中央银行—商业银行"二元结构的设计上，法定数字货币的数字性和交易过程的可追踪性，同样有助于提高支付清算效率。

3. 数字经济背景下强调赋能实体经济

十九大报告指出："着力加快建设实体经济、科技创新、现代金融、人力资源协同发展的产业体系……不断增强我国经济创新力和竞争力。"法定数字货币在治理理念上强调赋能实体经济，这主要是相对于私人发行数字货币来说的。至于何为实体经济，有学者已经从虚拟经济的角度进行界定，其认为虚拟经济是直接以钱生钱的活动，而那些不是以钱生钱，而是可以直接创造社会财富的经济活动应该就是实体经济。[2]私人发行数字货币总是不免落入投资或投机的窠臼，作为虚拟货币，其未来发展需要"去虚拟"和"加信用"，成为"点对点+电子支付系统+央行信用"，[3]实则，这是数字货币向法定数字货币发展的另一表达。当前，各国已经迈向数字经济，法定数字货币的基本功能虽然是作为支付工具出现的，便于人们之间的交易，但其真正发挥作用的体现是既能在数字世界里完成循环，也能通过在实体经济中的应用，成为实体经济发展、增值的重要工具。

（二）在国家治理工具实施上

法定数字货币不同于现钞，虽然经过技术设定在理论上具有多重优势，但仍无法对发行法定数字货币所带来的现实影响进行完全准确的预测。不过，经过实验研究，法定数字货币作为支付工具、货币工具和监管工具将主要从支付系统、货币调控和监管三个方面带来治理上的变革。

1. 作为支付工具，法定数字货币有助于支付效率提高

法定数字货币最为主要的功能便是作为支付工具。我国央行发行的法定数字货币曾被称为 DC/EP。从名称上来看，我国法定数字货币首要功能是作

---

[1] 具体清结算安排仍要以发行法定数字货币的架构为准，不管是采用央行面向公众的直接发行，还是通过"中央银行—商业银行"的二元结构完成法定数字货币的发行和流通。不同的发行架构其支付清结算效率不同。

[2] 参见刘志彪："实体经济与虚拟经济互动关系的再思考"，载《学习与探索》2015 年第 9 期。

[3] 参见姚前："虚拟货币要'去虚拟'"，载《第一财经日报》2019 年 5 月 6 日，第 A12 版。

为一种电子支付方式，在"先行示范区"深圳主要开展的也是对法定数字货币支付功能的研究。法定数字货币作为一种电子支付工具，其与传统的现钞相比，其发行、流通效率提高。不过，仅从发行货币的形式上来说，采用数字形式的确比印刷纸币、铸造硬币的成本要低，但从整个发行货币的流程来看，发行法定数字货币的成本不见得比发行现钞更低。因为发行法定数字货币要用更多的安全程序和措施来确保法定数字货币系统的有效和安全。既要防范假币的产生，也要防范网络系统风险引发发行法定数字货币的风险。而这一切都需建立在安全级别更高、防范措施更为完备的电子系统和网络系统上，即对法定数字货币系统硬件、软件都提出了高要求。法定数字货币投入的成本不见得会更低，只不过投入成本的重心发生了转移。当然，法定数字货币的发行、流通效率必然因其本身的数字性而提高。

发行、流通效率的提高主要依托于法定数字货币所采用的分布式账本技术和点对点技术。分布式账本技术为银行间清算提供了新的支付模式，能够实现队列处理、交易隐私、清算最终性和流动性节约机制等传统实时全额支付系统的主要功能；还可用于金融资产的支付结算，能够提高结算效率。至于交易双方之间的点对点支付，可以即时支付结算，无需通过第三方中间机构，[1]无论是支付成本还是结算效率都对交易双方有利。

在当前既有的支付体系下，于公民而言，其不但要防范来自政府的不当和过多干预，由市场力量培育起来的企业成为事实上可能对公民权利造成侵害的强大力量。传统宪法构建的权利保障体系以约束政府权力为前提，而日益强大的商业帝国通过构建"商业宪法"规则维护既得利益，公众只能被动"服从"。[2]不过，在发行法定数字货币后，这一情势将会向有利于公民的角度倾斜。总而言之，发行法定数字货币将会提升"家庭—商业银行—厂商—中央银行"之间的支付效率。

2. 作为货币工具，法定数字货币有助于国家精准调控

法定货币，无论其是以何种形式发行和流通，都要作为国家的货币工具

---

〔1〕　参见姚前："法定数字货币的经济效应分析：理论与实证"，载《国际金融研究》2019 年第 1 期。

〔2〕　直接表现往往是不同意企业的规则，就无法享受其提供的服务；或者退出某一服务，再次进入面临障碍。与公众日常生活紧密相关的企业尤为如此，"要么遵守，要么出局"为公众在面对"商业宪法"规则时的真实写照。

在宏观调控上发挥作用，有助于国家实现精准宏观调控。一在促进经济增长上，国家可以根据社会对货币量的需求而调整对货币发行量的供给，数字化形式的货币有助于缩小供给与需求之间的差距。二在稳定物价上，物价大幅上涨的重要背后推手是通货膨胀，国家通过调节和控制法定数字货币的发行量将通货膨胀率控制在一定范围内，从而达到稳定物价的目的。三在国际收支平衡上，我国自实行改革开放后，一方面吸引境外投资（进钱），另一方面则对外出口（收钱），这样造成的直接后果就是我国常年处于贸易顺差状态，我国的外汇储备量也常年居高不下。采用法定数字货币作为贸易结算货币，逐渐增强我国法定数字货币在国际上的认可度，这一情形会有所改善。四在增加就业上，主要通过两个手段实现，一方面保持一定的通货膨胀率刺激经济增长，增加就业岗位；另一方面则是国家可利用法定数字货币将财政资金精准投放到特定行业或特定地区，创造就业岗位。如上，法定数字货币作为国家宏观调控的工具，主要利用的就是法定数字货币的可追踪性，既能够追踪国家投放的资金是否用于指定用途，如精准扶贫，还能对法定数字货币流通的数据进行分析以监测是否有人将法定数字货币用于非法目的，如洗钱、非法融资等。

3. 作为监管工具，法定数字货币有助于提高财政透明度

法定数字货币作为监管工具，其监管职能的发挥有赖于其他功能的发挥。

第一，国家监管"监管工具"的效率提高，这是相较于现钞的监管来说的。监管现钞流通最大的困难在于其是匿名的，无法追踪其来源和用途，但是法定数字货币的电子痕迹记录了流通过程，国家监管部门只要"按图索骥"即可。

第二，法定数字货币作为监管工具，在国家财政收支上发挥监管功能。当前，我国的财政收入主要来源于税收，法定数字货币在监管税收收入时实则有三个阶段。一是在确定应纳税额时，我国会计法规定记账本位币为人民币，那么可以将相关税收规则设定在智能合约中，通过法定数字货币的使用和流通情况确定应纳税额，将有效避免偷税、漏税的发生；二是在收取税款时，也可通过法定数字货币的流向避免征税部门错收、漏收的发生；三是在将税款收入上缴国库时，仍可通过法定数字货币的流向确保足额上缴。在监管财政支出上，也是同样原理。法定数字货币在流通过程中总会留下电子痕迹，而这恰恰是法定数字货币作为监管工具能够提高财政透明度的手段。

（三）在国家治理效果提升上

法定数字货币发行在国家治理效果提升上既是潜移默化的，也是显而易见的。法定数字货币的研究乃至发行本身就表明了国家和社会对这种新货币形式的期待和认可。无论未来具体产生何种治理效果，作为法定货币，它必将继续履行法定货币职能；作为国家金融核心，要能为公众提供更好的金融服务。

1. 维护法定货币的法偿性

一旦发行法定数字货币，将会从两方面维护法定货币的法偿性。第一，法定数字货币的发行与纸币、硬币发行同时存在，通过增加法定货币的形式来丰富货币制度内容。从货币自身发展的角度来看，其形式的变化反映了生产力的提高与生产关系的变化。在人类社会逐渐走向数字世界的时代背景下，需要数字货币这一新的货币形式来实现新的工具功能，因为其更能适应快速发展的生产关系。第二，法定数字货币的发行同时也是对当前私人发行数字货币"泛滥"的正面回应。私人数字货币本身并不具有价值，其"虚拟性"依然强劲，即便是在我国几次对其进行"一刀切"监管后。虽然私人发行数字货币的交易体量和使用场景、使用人数远不能与法定货币相比，但其所具有的匿名性、点对点即时交易等特性仍然会对当前的主权货币体系产生影响，甚至也会影响一般公众对货币概念的认知。故而，法定数字货币将可以为数字货币体系"正本溯源"。法定数字货币是国家法律授权的法偿货币。

2. 提高国家的金融服务效能

法定数字货币作为国家的金融核心，其发行也会提高国家的金融服务质量与水平。

首先，法定数字货币的发行将会提高法定货币的支付功能。这既是对私人发行数字货币的支付功能来说的，也是对当前的第三方支付平台来说的。以比特币为例，比特币系统每秒大概只能处理 7 笔交易，每笔交易的确认时间大约为 10 分钟，这显然无法应对当前日益频繁的庞大支付交易量。而以权威中心为特点的法定数字货币却能克服这个缺点，既能充分利用点对点完成即时交易，也能利用传统支付系统的中心服务器完成所有记账，不会降低已有的交易速度。当前，我国的第三方支付平台支付能力走在世界前列。以

2019 年 "双十一" 当天交易为例，网联平台处理跨机构支付交易笔数 15.4 亿笔，交易处理峰值超过 7.15 万笔/秒，[1] 这个交易速度是私人发行数字货币望尘莫及的。法定数字货币的目标之一在于保障交易安全的同时确保交易速度。不过，正是因为我国第三方支付在社会接受度和使用性能上较高，据此有人认为同为支付工具的法定数字货币的发行并无必要。毋庸置疑的是，法定数字货币可能采用的点对点交易其实是回归原始的 "本质性变化"。[2]

其次，法定数字货币的发行也会提高货币政策执行的有效性。法定数字货币的发行过程实则也包含货币政策的制定。货币政策的科学性离不开法定数字货币流通过程中对货币数量较为精准的计算或预测。在传统的货币体系下，货币政策制定是一回事，能否有效执行又是另一码事。但是，法定数字货币的发行能够促进货币政策的有效执行。具体表现在：一是法定数字货币的可追踪性，让中央银行能够监控法定数字货币的使用，能够有效防范或追查相关违法犯罪的发生；二是海量的数据能够成为监管部门大数据分析源源不断的 "养料"，从而能够更加有效地监管法定数字货币流通的各个环节，并能够对金融风险起到预测、评估、预防、化解作用，等等。

最后，法定数字货币的发行将有助于实现普惠金融，让公众都能享受到国家货币政策的优惠和有效执行效果。传统金融服务囿于地区限制、金融基础设施的不够完善，无法让处于偏远地区或相对处于数字弱势地位的公众享受到当前便捷的金融服务。但是法定数字货币的发行很可能会改善这一境况：只需要一部普通的智能手机或者芯片卡就可使用法定数字货币，并根据人群的特点提供相应的金融产品或金融服务。在获得金融产品或金融服务上实现人人平等，这也是我国人民群众共享国家发展成果的具体体现。

3. 加快人民币的国际化

之所以很多国家在发行法定数字货币上都 "跃跃欲试"，一个重要原因就是希望借此打破美元在世界货币体系中的主导地位，法定数字货币无疑是一次不能错失的良机。根据国际货币基金组织发布的关于 2018 年第四季度全球外汇储备数据，美元在全球外汇储备的比重虽下降，但仍以 61.7% 位于首位；

---

〔1〕 参见网络清算有限公司："网联平台牵头保障 '双十一'，当日交易金额超过 1.16 万亿元"（2019-11-12），来源：微信公众号 "网联清算有限公司"。

〔2〕 参见姚前："中国版数字货币设计考量"，载《中国金融》2016 年第 12 期。

人民币自 2016 年 10 月 1 日被纳入特别提款权货币篮子，储备份额虽然上升，但只有 1.9%，[1]与处于第一位的美元相差甚远，人民币国际化的道路依然道长且阻。或许原因正在于此："未来的法治中国，未来在治理体系和治理能力实现现代化以后，那个成熟定型的社会主义制度能否被世界所信赖，是最根本的问题。"[2]法定数字货币的发行或能促进人民币国际化，具体可通过在对外贸易中使用法定数字货币等方式来建立对人民币的信任，从而提高我国在国际经济中的话语权，改变当前以美国为首建立的国际经济秩序。随着中国经济实力的增强，愈发显示出社会主义制度的优越性，让更多的国家开始认同或学习我国制度。我国制度的先进性和文明性需要通过治理成效来检验，而治理成效又会成为其他国家和地区模仿的前提与考量，这又会进一步促进人民币的国际化。可以说，制度的先进性、文明性与可模仿性[3]会增强国际上对人民币的信任，人民币的国际化会进一步验证我国制度的优越性，二者是互相促进的关系。

本章小结

进入信用货币时代以来，法定货币发行权由国家垄断行使，至少在名义上并不允许私人主体染指。随着技术的发展，数字货币理论逐渐产生，关于数字货币的实践逐渐增多。尤其是 2009 年基于区块链技术产生的去中心化私人数字货币的出现，标志着货币发展进入了新阶段。随着私人发行数字货币不断发展，其承担起支付、流通、投资、贮藏等功能，大有替代法定货币在市场上流通的趋势，对金融市场产生了巨大的影响。各国货币机构和相关监管机构对该趋势都表示了谨慎的态度，在不承认私人发行数字货币具有法定货币地位的基础上进行金融监管，并开始法定数字货币的发行准备。研究法定数字货币发行权正当其时。

本章研究法定数字货币，沿袭法定数字货币是什么（概念）→法定数字货币是如何产生的（由来）→法定数字货币发行的好处（优势）的研究进

〔1〕　参见"国际货币基金组织数据显示：美元霸主地位正在遭到挑战！"，载 http://www.sohu.com/a/305505392_120096553，最后访问日期：2019 年 12 月 1 日。
〔2〕　徐显明："国家治理现代化关乎国家存亡"，载《法制与社会发展》2014 年第 5 期。
〔3〕　参见徐显明："国家治理现代化关乎国家存亡"，载《法制与社会发展》2014 年第 5 期。

路，对法定数字货币从时间、空间的双重维度进行阐述。秉持无论货币形式如何发展，货币都应由国家主导发行的基调。

具体而言，法定数字货币是一个动态性的概念，是在"由中央银行发行的面向公众或金融机构的一种电子货币形式"概念框架下，经由理论研究和实践测试不断充实和修正的一个概念。发展到当前阶段，法定数字货币可分为面向公众的零售型和面向金融机构的批发型两种，又进一步分为基于代币的（token-based）和基于账户的（account-based）两种具体类型。具体发行何种类型的法定数字货币，由一国自主决定。透过分类现象看法定数字货币的本质，笔者提出了法定数字货币概念的洋葱模型。从法定数字货币的表象到本质，将法定数字货币概念的洋葱模型依次排序为"电子货币/数字货币—虚拟货币—算法货币/加密货币—智能货币—信用货币/法定货币"。法定数字货币具有如上特点离不开私人数字货币的产生及发展，其中，"去中心化"私人数字货币和超主权数字货币是促进法定数字货币研究和发行的"导火索"。即便如此，在当前的法律制度下，数字货币的发行主体只能是国家，由国家信用背书的数字货币才是现代意义上的法定货币。当然，私人数字货币经由国家确认后，也可具有法定货币地位。

当然，发行法定数字货币需要具有可行性，既要技术上可行，尤其是满足安全性，也要法律上可行，需要一国作出与法定数字货币特点相适应的法律调整。在此基础上，不难发现法定数字货币的发行将在国家治理理念完善、治理工具实施和治理效果提升上具有一定优势。那么，法定数字货币发行权（将）作为国家权力的组成部分，要在宪法的约束下行使，而"货币宪法"理论为法定数字货币发行权的规范行使提供了基本框架。

"货币宪法" 理论下的法定
数字货币发行权

　　曾有人这样说道货币发行的重要性或者影响力："货币是一种商品，而它不同于其他一切商品之处就在于，它是一种社会中每一个行业、每一个机构、每一个人都需要的商品，对货币发行的控制是所有垄断中的最高形式！"[1]货币在社会中之所以重要但又难以引起百姓们除了赚钱之外的更多思考的本质就在于：每一个人都使用货币，却难以左右发行货币的权力。纸币虽然早在我国宋朝时以"交子"为名被发明，但纸币成为法定货币是一个逐步发展的过程，以国家之间、国家与私人之间的博弈最终确定。从历史眼光来看，货币的形式经历了"商品货币→金属货币→纸币→（数字货币）"几个阶段，商品货币和金属货币本质上是以商品的价值作为货币的内在价值，从而用于交换和流通；但是信用货币时代的到来，在以国家信用作为货币的价值后，法定货币和货币权力俨然成为国家构建社会秩序的强大工具、秘密工具、组合工具。这种涉及公民权利与国家权力分配的建构必然要以一国的宪法规范予以确认和保障。法定货币发行权的产生、发展与宪法的产生、发展有着千丝万缕的联系。

　　本章在论证法定数字货币具有的宪法学理论基础上，将主要采用历史学研究方法，从时间和空间两个维度展开：首先以世界上第一部成文宪法为起点，在经历了第二次世界大战（1939 年~1945 年）以及信用货币确立后，主要国家宪法中法定货币发行权的发展变化；其次，1962 年诞生的"货币宪

---

　　〔1〕 宋鸿兵："后记：对中国金融开放的几点看法"，载宋鸿兵编著：《货币战争》，中信出版社 2007 年版，第 271 页。

法"理论对法定货币发行权的规范；最后，法定数字货币概念出现后，其对"货币宪法"理论带来的挑战与机遇，法定数字货币发行权的正当性依据及宪法价值。因此，本章将主要以英国、美国、欧盟和我国为例，因为英国是世界上第一个将银行收归国有的国家（1946年），美国是第一个将货币发行权力写入成文宪法的国家，欧盟是发行超主权货币的区域国际组织。

第一节　法定货币发行权在宪法中的产生与发展

当前，提及法定货币发行权时，没有人否认这一权力正在被国家独享。在数字经济时代，即便鼓吹私人发行数字货币在交易中具有得天独厚优势的大有人在，但他们都深知在既有的法律框架内，法定货币发行权难以被撼动。当然，法定货币发行权在近代以来为国家所垄断并不是朝夕间形成的，恰恰是国家与国家、中央政府与地方政府、政府与人民之间的反复博弈后所确立的国家制度。为了清晰地展示法定货币发行权在近现代宪法中的产生与发展，本书将以世界上第一部成文宪法为起点，梳理诸如第二次世界大战（以下简称二战）、信用货币确立等关键时点下法定货币发行权在宪法中的确立和发展。

一、《美国联邦宪法》中的法定货币发行权

之所以以世界上第一部成文宪法作为法定货币发行权研究的起点，除了该宪法本身在宪法史上的独特地位外，也是因为1787年通过的《美国联邦宪法》是第一部规定了货币权力的成文宪法。《美国联邦宪法》所规定的法定货币发行权实则是经过了两次特殊的战争所确定的，一是在殖民地时期，与殖民统治者英国争夺货币主权；二是在独立战争时期，联邦政府与州政府争夺货币权力。正是经过从国家与国家、中央政府与地方政府之间的博弈，最终使这部货币宪法得以诞生。

（一）从铸币权到纸币发行权

"日不落"帝国英国在统治北美殖民地时期，英国国王享有货币发行权，决定北美殖民地的货币制度。在金属货币为当时贸易的硬通货时，英国国王却严格控制金属货币在殖民地的单向流通，即金属货币可以运进英国，却不可运出英国。由此导致的直接后果就是北美殖民地金属货币的短缺，而人民

也不愿意用金属货币支付。北美殖民地为缓解金属货币短缺带来的通货紧缩、经济不景气的状况，私自成立了铸币厂。不过，仅开设 30 余年（1652 年~1684 年）的铸币厂就被英国国王下令关停，这也意味着北美殖民地在铸币权之争中失败。铸币权是指铸造并发行金属货币的权力。此时的货币发行权仅指铸币权。

不过，与英国国王对铸币权严格管控相比，英国国王对殖民地使用其他形式的货币给予一定的自主权。于是，为了满足殖民地地区经济快速增长对货币的需求，殖民地政府开始发行可兑换信用债券，即早期的纸币。可兑换信用债券是居民对殖民地政府债权的体现与凭证，居民可请求殖民地政府将债券兑换为金属货币。同时，战争也是发行可兑换信用债券的重要原因。殖民地政府发行的纸币，在保障经济发展的同时，也成为巩固殖民地政府政权稳定的物质基础。

在北美殖民地政府逐渐获得事实上的纸币发行权时，英国在海外战争的失利却成为北美殖民地纸币发行权的"催命符"。英国在战争期间欠下了巨额的国债，即便是依靠高税率的税收也无法偿还。故而，北美殖民地的货币成为英国眼中的"肥肉"。1764 年英国国会通过的《货币法案》明确禁止殖民地的货币发行权，否认纸币的法定货币地位。即便如此，远在天边的北美殖民地市场上仍流通纸币，这场"闹剧"最终以英国国会于 1773 年修改《货币法案》，允许殖民地使用纸币作为支付手段收场。不过，纸币作为偿还债务的支付手段并没有用于私人债务中，英国的本意仍是保护贸易中英国商人的利益。正是在英国政府对北美殖民地货币发行权施加种种限制下，殖民地政府的自主管理权和经济发展权[1]受到了极大的阻碍，成为北美殖民地独立战争爆发的内在原因。此时，即便是英国承认纸币作为法定货币，但其法偿性受限，并不具备完全的法定货币地位。

（二）从州政府货币发行权到联邦政府货币发行权

北美殖民地独立战争胜利后，美国虽然获得了完全的货币发行权，却形成了邦联政府货币发行权和州政府货币发行权二元并存的局面。由于历史遗留原因，州政府实则具有完整的货币发行权，而仅为了获得独立而形成的松

---

〔1〕 参见王泽群："论美国货币宪法的形成"，载《学术交流》2014 年第 6 期。

散的邦联政府反而只有有限的货币权力，货币发行权也只是有名无实。《邦联条例》（Articles of Confederation）第 9 条规定邦联国会只有在获得至少九个州的同意下才能铸币，厘定货币价值、发行纸币和债券，而州政府却没有此限制。在建国初期战争不断、百废待兴的背景下，邦联政府有巨大的资金需求，在没有征税权的情况下发行债券（即纸币，可与金属货币兑换或可减免税收）是获得财政收入的主要来源；而有着完整货币权力的州政府也不断发行纸币以满足各项支出，最终造成国内通货膨胀。

正是在此背景下，《美利坚合众国宪法》最终由第一届国会通过，授权联邦政府更为广泛的权力。该法案在第一章第八节中明确赋予国会"有权制订并征收国民税、关税、进口税和货物税，偿付债务，并为合众国提供共同防御及普遍福利……为执行上述权力……（国会）制订所有必要与合适之法律"。该法案为联邦政府获得完整货币权力奠定了基本法基础。最终形成了货币权力由中央政府统一行使，而地方政府不再拥有货币发行权（包括铸币权和纸币发行权）；在美国三权分立的权力分配上，立法机关享有货币权力、行政机关有货币政策执行权等、司法机关通过司法判例来解释货币权力的具体行使。而"美国银行案"被视为美联邦权力的开源。此时联邦政府拥有的货币发行权既包括金属货币的铸币权，也包括纸币的发行权。

（三）从国会享有货币权力到美国联邦储备系统（以下简称美联储）独享货币权力

在《美利坚合众国宪法》授予国会"制造钱币并调节其与国外货币之价值，制定度量衡"（第一章第八节第 3 款），并能采取"必要与合适"的手段后，汉密尔顿建议国会成立私有中央银行即美国第一银行（First Bank of America，1791 年~1811 年）。国会通过银行法案后，第一银行于 1791 年成立，有效期为 20 年。该银行股本为 1000 万美金，联邦政府持有 20% 的股份。不过在 20 年有效期后，因为农业银行和州银行的利益阻止了第一银行的经营，国会并未授予其延期。但是因战争期间（1812 年~1815 年）联邦政府难以筹集贷款，于是催生了第二银行的诞生（1816 年~1836 年）。第二银行的股本已增加到 3500 万美元。纸币被宣布成为法定货币，是可兑换货币。[1]如果说第

---

〔1〕 参见［美］威廉·罗维特：《银行及金融机构法》（第 4 版），法律出版社 2001 年版，第 8~9 页。

一银行是联邦党人战胜反联邦党人的产物，那么第二银行俨然成为反联邦党人虽不够情愿但又是解决内外动乱主动寻求的结果。第二银行发行货币的权力走向了膨胀，造成的后果也是显而易见的：国家发行的纸币在1830年~1837年间增加了一倍多，贷款和贴现从不足2亿美元增加到超过5亿美元。[1]美国中央银行80%的股份都掌握在私人甚至是外国人手里，已然在事实上形成这样一副局面：国家垄断货币发行权的时间是短暂的，在多数时候，尤其是在中央银行存续期间，人民一直承受着私人银行家的盘剥，于是公法上的债权与债务关系发生了变异——人民不再向政府纳税，而是向私人所有的中央银行纳税。[2]

在第二银行有效期结束后，美国建立了自由银行制度，[3]国会在1863年通过的《国民银行法》（National Banking Act）也是这一制度的具体化。《国民银行法》以较为隐蔽的方式赋予国民银行货币发行权：财政部只负责统一印刷银行券，但也严格限制纸币的发行。在此背景下，国内爆发两次经济危机时，银行拒绝纸币兑现而加剧了通货紧缩。故而建立更有效的中央银行和相应的货币制度成为政府与人民之需，《联邦储备法》于1913年通过。为了避免国家银行再受到自由银行制度时期人为的影响，《联邦储备法》赋予中央银行更高的独立性：不受总统、财政部控制；联邦储备委员会是联邦储备体系中的最高决策机构，独立制定并执行货币政策；所有向联邦政府注册的商业银行（国民银行）必须加入该系统。正是在打着独立性旗号的掩护下，美国货币政策制定、货币供应量调节等公权力"大权旁落"，且不受行政权力干预，国会监督也不过是流于形式，让美联储实际上沦为私人管理国家货币发行的工具。

二、法定货币发行权在二战后宪法中的确立

二战结束后，很多国家纷纷脱离殖民统治，建立独立国家，整个世界宪法的发展迈入了一个新阶段：或者重新制定宪法以适应战后发展需要，或者

---

〔1〕 参见［美］威廉·罗维特：《银行及金融机构法》（第4版），法律出版社2001年版，第10页。

〔2〕 参见吴礼宁：《货币宪法学——知识谱系与中国语境》，法律出版社2015年版，第134页。

〔3〕 自由银行制度是指只要符合一定条件就可以申请开设银行。在此基础上，各州开设了大量的银行。

颁布宪法以表明建立独立自主的国家，或者不断完善宪法以适应新发展。但无论是新独立国家，还是老牌资本主义国家，二战的结束让国际政治格局发生了巨大的转变，从收回或巩固本国的货币权力就可窥一二：除了大发"战争财"的美国外，几乎其他老牌资本主义国家和新独立国家都百废待兴，都需要发行货币来发展本国的经济，巩固本国的政治。一方面，宪法和法律都授予特定机构发行货币的权力；另一方面，货币发行权作为货币权力中最核心的权力，与其他货币权力相互联系，在国家财政分配和国家经济调控上都占有重要地位。

（一）法定货币发行权在二战后宪法中确立的原因

二战后，无论是老牌资本主义国家还是新独立国家，都在宪法中或多或少涉及对国家货币发行权力的规定，其立法背后必然涉及各种因素的考量。但毋庸置疑的是，发达资本主义国家的确靠武力打开了相对落后国家的大门，但也打开了各国之间紧密经济往来的大门，货币作为国际金融的核心地位自不待言。故而，通过宪法或宪法性法律确定货币权力的原因无外乎是国际经济交往的需要以及国内在币值稳定下的经济发展。

1. 法定货币发行权力的确立是国家独立自主的体现

传统国际法上认为国家的三要素包括国民、领土和主权。相应地，货币权力对应的是国家的货币主权，是国家独立自主的体现。从古至今，国家都将货币权力牢牢掌握在自己手里。在金属货币时代看似并不明显，因为在信用货币时代到来前，金属货币是各国社会交换的硬通货，主要是按照金属重量进行价值交换。即便如此，主权国家仍会规定金属货币的重量、图案等内容以区别本国不同类型的金属货币以及其他国家金属货币。这就具有明显的主权色彩。而进入近代社会以来，西方资本主义国家靠武力打开别国大门的本质在于掠取财富，向殖民地输出本国货币、限制殖民地货币制度正是具体体现：他们深知货币在贸易中的重要地位，只要牢牢掌控这一经济命脉，就能控制整个国家。于被殖民的国家来说，摆脱西方资本主义国家的货币侵略，发展本国经济的前提就是建立独立自主的货币制度，掌握货币发行的权力。二战结束后建立了以美元为中心的国际货币体系，但这也是通过战争确立下来的一种制度。"布雷顿森林体系"的成员国和会员国建立起以美元为主要外汇储备的制度，可以用美元请求兑换黄金，而本国流通的纸币不可与黄金兑换。在"布雷顿森林体系"下，已经初现信用货币端倪：国内的纸币不可与黄金兑换，黄金交易由国家统一管理。从国内经济发展角度看，国家已掌控本国的货币发行权，其发行的货币可以在本国市场内流通，同时排除外国货币在本国市场自由流通，这是国家货币主权的体现。

2. 法定货币发行权力是其他国家权力行使的基础

货币发行权力从表面看来只是一国货币机构代表国家发行货币，但从货币发行的目的、过程和结果来看，会对国家各个领域产生直接或间接影响。通常，货币发行权只是向市场提供充足货币流通的一种国家权力，但随着经济发展的复杂性，货币发行权的功能也发生了改变。从货币发行目的来看，向市场提供流通货币只是最基本的目的，同时，货币机构发行货币也是为了达到其他目的的一种宏观调控手段，如在国内经济不景气需要提振时，货币发行权的行使成了提振经济的具体手段。从货币发行过程来看，货币发行不是仅"发行"这一个动作，而是通过复杂的程序进行操作，这一过程不仅能够将货币政策通过货币发行传导到金融机构，通过利率、存款准备金率等指标的调整来保证货币政策的有效实施，并进一步影响货币发行量，还能影响个人和组织的存款、消费、投资等行为的产生，而这又会进一步影响货币发行量。从货币发行结果来看，可能会起到提振经济的作用，从长期看也有可能导致物价的上升、货币的贬值等不利后果。不难看出，如上因货币发行所引起的不同市场主体的行为必然会对其他的国家权力行使产生影响。更何况，国家各项权力运行都离不开货币发行的保障。一般来讲，国家各项权力行使的经费来源于国家财政税收，但究其根源，国家的财政税收来源于货币发行，具体思路：货币发行—提振经济（或经济萧条）—市场主体利润增加（或减少）—税收增加（或减少）—财政收入增加（或减少）。

3. 确立法定货币发行权力源于经济发展的需要

二战结束后，各国之间的贸易往来日益密切，贸易体量也在不断增加，因黄金货币一方面因质量、体积不便于频繁的交易，另一方面也因黄金数量难以满足日益庞大的贸易体量需求，国际上的贸易往来对更为便捷的货币交易有着客观需求。同时，一国综合实力在国际贸易中变得愈加重要，国家综合实力代表着国家信用，主权货币反映着国家信用。在国际贸易中对一国信用认可的具体表现之一就是在贸易中使用该国主权货币。故而，从经济发展角度来看，美元充当这样的角色也是必然。但成也萧何败也萧何，美国作为世界货币的生产者，源源不断地发行美元，美国国内出现的多次经济危机与此不无关系。美国经济危机的发生是牵一发而动全身，不只让以美元作为主要外汇储备国家的国内经济受到波及，也带来了国际贸易的波动。最终，"布雷顿森林体系"以美国尼克松政府宣布不再用美元兑换黄金结束。建立了"牙买加体系"意味着信用货币时代的真正到来，国家的货币发行权主要指的就是基于国家信用发行纸币的权力。

4. 确立法定货币发行权力源于遏制通货膨胀的需要

二战期间，各国都需要庞大的财政支出，这往往以发行国债等途径实现。以英国为例，中央政府的国债在一战后达到 70 亿英镑，而二战增加了三倍，[1]这巨大的债务负担自然落到人民头上。在 1947 年~1955 年，英国完全成品的价格每年上涨超过 4%，即便是政府采取了多种政策来遏制通货膨胀，但效果甚微。[2]美国也同样如此，因生产过剩而在 1949 年降低 22% 的工业生产，完全失业和部分失业达到 1800 万人。[3]我国在新中国成立初期由于百废待兴、严重自然灾害，以及人民币的不断发行导致国内通货膨胀加剧。对此，采取如下措施来减轻通货膨胀：一方面中央财政经济委员会采取紧缩贷款措施，减少流通中的货币数量；另一方面中国人民银行公布《定期储蓄存款暂行章程》（1949 年 4 月 20 日），通过增加银行存款来回笼纸币。[4]各国都深知货币发行权对于发展经济、稳定经济，乃至特殊时期（如战争、国际或国内突发公共事件）物质保障的重要性，也深刻体会到了超发货币所引起的通货膨胀导致人民幸福感的降低和国家公信力的下降。那么，用宪法来规范这项权力的行使，才能在国民经济乃至国际金融中发挥作用。

（二）法定货币发行权在二战后宪法中确立的路径

从美国独立战争、南北战争等历史不难看出，货币发行权经由国家与国家之间、中央政府与地方政府之间的较量后确立，其重要性自不待言。法定货币发行权在二战后宪法中得到了新的发展。具体通过制定宪法、制定宪法

---

[1] 参见滕茂桐："战后英国的通货膨胀与财政政策"，载《安徽大学学报（哲学社会科学版）》1980 年第 3 期。

[2] 参见叔曼："英国反通货膨胀的考察"，载《世界经济文汇》1957 年第 12 期。

[3] 参见［前苏联］B. 西波夫："美国的通货膨胀"，郭熙译，载《世界知识》1951 年第 39 期。

[4] 参见刘章涵："试论建国初期通货膨胀治理及启示"，载《科技经济导刊》2016 年第 19 期。

性法律、解释宪法得以确立。如下分别以具体的国家做法来解释三种路径。

1. 制定宪法确定货币权力

二战结束后，世界上殖民地国家纷纷宣布独立，建立独立自主国家后制定宪法。如印度在 1950 年宪法中规定总统有提货币法案的权力；巴巴多斯岛在 1966 年宪法中规定国会有货币权力。而二战战败国德国在制定的《德意志联邦共和国基本法》中将通货、货币及铸币、度量衡的立法权授予联邦行使。

中国的情况相对特殊，在取得抗日战争胜利后，又经历了长达 4 年的解放战争。解放战争时期，仅出现在吉林省区域的货币就形成了以苏联红军票、中央银行东北九省流通券和吉林省区域的各种地方流通券为主的局面。[1]中国人民政治协商会议第一届全体会议通过了《中国人民政治协商会议共同纲领》（如下简称《共同纲领》），作为新中国的临时宪法，其明确规定了货币发行权。

第一，《共同纲领》第 39 条规定了国家享有货币发行权。该条将货币发行权列为国家金融事业。作为国家权力的货币发行权，其法律地位具体从五个方面得以确立。一是国家对金融事业严格管理，既能体现金融事业于一国的重要性，也可体现中华人民共和国初期建立金融事业的需要；二是国家发行的货币为一国的法定货币，排除外币在本国的法偿性；三是由国家银行统一经营外汇和贵金属；四是允许私人在接受国家监督和指导的前提下经营金融事业；五是严厉制裁金融投机行为、破坏国家金融事业行为。

第二，国家垄断货币发行权是出于如下目的。一是由国家享有货币发行权是建设社会主义国家（新民主主义）的本质要求，国家政权属于人民（《共同纲领》第 12 条）。二是保护公共财产、合作社财产、经济利益和私有财产，发展人民经济的需要（《共同纲领》第 3 条）。之前的货币发行体系不只会使得国家财产外流，也会因通货膨胀带来的货币贬值使得人民的财产权益流失。三是货币发行权这一事关国家经济命脉和国民生计的事业，应由国家统一管理（《共同纲领》第 28 条）。四是国家发行货币也是国家鼓励商业发展的重要手段，人民政府应当鼓励人民储蓄和便利侨汇（《共同纲领》第 37 条）。五是货币发行权归属国家是划分中央政府与地方政府职权的需要（《共

---

[1] 参见石玥："解放战争时期吉林省区域的货币发行及设计综述"，载《长春金融高等专科学校学报》2018 年第 3 期。

同纲领》第 16 条）。

第三，国家货币发行权与国家的财政制度密不可分。一是国家虽然享有货币发行权，但不可滥用，通过建立国家预算决算制度，精简节约，积累国家生产资金；二是税收是国家财政收入的重要来源，根据当时中国的特殊国情，税收用于"革命战争的供给、生产的恢复和发展、国家建设的需要"，税收与货币发行都是国家积累资金的手段（《共同纲领》第 40 条）。

2. 制定宪法性法律确定货币发行权

在此处要以英国为例，一是因为英国是第一个将银行收归国有的国家，即确定了中央银行制度，二是因为英格兰银行国有化发生在二战结束后。可以说，英国开启了由中央银行负责法定货币发行的大门，也成为其他国家学习的对象。英格兰银行于 1694 年由私人出资建立，为了满足政府财政需要而发行银行券（bank notes）；并通过 1826 年的《银行券法》（Bank Notes Act）和 1844 年的《银行特许法》（Bank Charter Act）逐渐获得垄断货币发行的权力。不过，英格兰银行真正被收归国有是在第二次世界大战后。1946 年的《英格兰银行法》（Bank of England Act 1946）规定英格兰银行为中央银行，这也是通过国家立法的方式确定英格兰银行的中央银行地位。

第一，英格兰银行是政府机构，隶属于财政部。该法规定了财政部为了公共利益的需要，可以在咨询英格兰银行行长后向英格兰银行发出指示，但与货币政策有关除外。该制度设计在客观上确保了行政权力主导下的中央银行的独立性，但显然财政部在货币政策制定上并无过多发言权。相应地，英格兰银行为了公共利益的需要，也可向其他银行索取资料或提出建议；也可在财政部授权的情况下，向任何银行发出指示以确定提出的要求或建议能够得以落实。

第二，英国的"法偿货币"概念较为特殊。根据 1954 年的《货币和纸币法案》（Currency and Bank Notes Act）规定可知，"法偿货币"是指英格兰银行发行的任何票据可在英格兰和威尔士支付任意款项，[1]而在苏格兰和北爱尔兰使用英格兰银行发行的纸币需要经过当事人约定。在苏格兰和北爱尔兰，并没有法律规定该地区银行发行的纸币具有法偿货币地位。[2]于是，在英国

---

〔1〕 英国《货币和纸币法案》（1954）第 1（2）、（6）条。

〔2〕 参见［英］查理斯·普罗克特：《曼恩论货币法律问题》（第 7 版），郭华春译，法律出版社 2015 年版，第 72~73 页。

有法定货币和约定货币之分。这是英国货币发行特殊之处。

3. 解释宪法确立中央银行的货币发行垄断地位

此处以美国为例，因为二战结束后建立了以美元为中心的"布雷顿森林体系"。对近代法定货币发行权研究，美国是不可回避的国家。经过对宪法的解释而不断使其适应新环境的变化，让美联储的货币发行权在"活的宪法"下不断发展。在二战期间，财政部为了保证战争支出而对美联储实施管制，在战争结束后解除，却导致更为严重的通货膨胀，1948年生活费用又增加了33%。不过，在1946年~1948年强大的财政约束、预算盈余和战后工业的快速转型（得益于低利率）阻止了1948年~1949年经济衰退下的通货膨胀。在战争期间，银行政策服务于战争财政与贷款需求。[1]

在"美国银行案"[2]中，马歇尔法官在1819年传达的关于国会是否有权成立银行的法院意见中，指出："宪法的完好解释应该允许国家立法机构具有选择手段的裁量权，使授予的权力得到实施，从而使立法机构能以最有利于人民的方式，履行分派给它的最高职责。[让我们]使目的合法，使之处于宪法的范围之内，那么所有合适的手段——只要清楚地适合目的，只要不受禁止、而是和宪法的文字与精神相一致，就都是合宪的（Constitutional）。"虽然该论点被人质疑和诟病，却将国会有权授权中央银行行使货币权力确定下来。美联储在二战后及之后的战争中将关于"民族幸福与繁荣"的权力行使得淋漓尽致。

第一，中央银行遏制通货膨胀，提高独立性。二战结束后，美联储采取措施以恢复货币和信贷市场的正常市场条件，摆脱以固定汇率支持政府借款的责任。于是美国联邦公开市场委员会于1951年打破了财政政策，用公开市场操作的方式折价出售了部分债券组合来提高实际利率，自此之后，美联储逐渐实现了货币政策主导上的独立性。美联储的货币管理成为宏观经济政策的重要组成部分，与国家经济政策紧密相关。[3]

第二，中央银行实施反垄断政策，促进金融市场的充分竞争。自20世纪

---

〔1〕　参见［美］威廉·罗维特：《银行及金融机构法》（第4版），法律出版社2001年版，第18页。

〔2〕　McCulloch v. State of Maryland, 17 U.S.［4 Wheat］316.

〔3〕　参见［美］威廉·罗维特：《银行及金融机构法》（第4版），法律出版社2001年版，第19~20页。

30 年代后，新银行进入银行业的速度放缓，银行并购等情形却普遍发生，国会和反垄断机构开始对此施加限制。1956 年的《银行控股公司法案》限制了连锁银行；1960 年和 1966 年的《银行合并法案》以及 1963 年美国最高法院对"美国诉费城银行案"的判决都限制了在同一城市或大都市地区的大型银行的合并。1970 年的《银行控股公司法案修正案》则严格限制银行向其他行业分散投资；但是在 1974 年最高法院关于 Marine Bancorporation 一案的判决中则放宽了合并政策，允许大银行在同一州的其他城市进行主要银行的收购。[1]

综上，无论二战后各国如何在宪法上确定国家的货币权力，都逐渐建立起了以中央银行作为最主要的法定货币发行主体，专门规定国家货币发行权力的行使，密切关注着货币发行权在整个国家权力运作、国民经济发展和国际金融地位中的影响。

(三) 国际组织货币规定的宪法化

二战结束后，国际社会亟待建立新的金融秩序，法定货币在一国境内可流通使用，但国际上日益频繁的贸易往来同样需要国际间可结算的货币，于是国际社会上召开了两次影响整个国际金融秩序的货币会议。第一次是以美国为首的主要西方国家参与的 1944 年联合国国际货币金融会议，该会议确立了以美元为中心的国际货币体系，被称为"布雷顿森林体系"；第二次是由国际货币基金组织理事会于 1976 组织的讨论《国际货币基金协定》条款的会议，会议确立了储备货币多元化、黄金非货币化、浮动汇率制等国际货币体系，被称为"牙买加体系"。看似两个体系主要适用于固定范围的成员国，但是由于成员国的国际地位以及国家间的交流日益增多，该体系在国际上已形成事实上的普遍影响力。

国内宪法、法律的规定几乎与国际组织对货币规定的发展保持同步。二战后国际组织确立的关于货币的规定有两个重要时间节点：一是在 1944 年联合国国际货币金融会议上形成的《国际货币基金协定》和《国际复兴开发银行协定》；二是在 1976 年国际货币基金组织通过的《国际货币基金协定第二修正案》。前者主要确立了以美元和黄金为基础的金汇兑本位制，是指以银行

---

〔1〕 参见 [美] 威廉·罗维特：《银行及金融机构法》（第 4 版），法律出版社 2001 年版，第 21 页。

券作为流通货币，通过外汇间接兑换黄金的货币制度。[1]美国为了确保美元的世界货币地位，国会于 1946 年通过的《充分就业法》中明确赋予联邦储备银行稳定货币和平衡国际收支的职责。后者确定了黄金非货币化、提高特别提款权的国际储备地位，自此之后确立了信用货币制度，即以不兑换黄金的纸币或银行券为本位币的货币制度。[2]虽然国际货币体系不再只采用美元作为外汇储备，但是从上文提到的数据来看，美元仍占据超过一半的外汇储备地位。以这两个时间点来观察各国宪法或法律的变化，不难发现二战后国家建立的货币制度多为金汇兑本位制，而在 1976 年后，则发行不兑换的信用货币作为本国的流通货币。暂不论国际组织的货币规定是否受到某些西方国家的操纵，但其的确使不同国家发展了与之相适应的货币制度。

三、法定货币发行权在信用货币时代的发展

经过"布雷顿森林体系"和"牙买加体系"后，我们正式迈入信用货币时代：国家发行的法定货币不再与黄金兑换，成为仅凭借国家信用、依托国家法律而发行的信用货币。主权国家既看到法定货币发行对一国财政和经济发展上显而易见的作用，也同样担心法定货币的超额发行可能会带来恶性通货膨胀的后果。因而，在信用货币时代，国家既规范货币发行权的行使，通过确立中央银行的独立性地位使其不过度受到行政权力的干涉；同时，也通过制定关于金融稳定与安全的相关法律规范，以确保为国内居民提供与货币发行量相匹配的良好的金融服务和生活环境。此处仍以引领国际货币制度发展的国家（或区域性国际组织）作出说明。

（一）欧盟发行超主权货币

在信用货币时代，法定货币发行权出现了新的发展，即欧元这个超主权货币的出现。1991 年 12 月的《欧洲联盟条约》（Treaty on European Union）提出欧洲单一货币计划，并在 1995 年的欧洲部长理事会上决定单一货币的名称为欧元（Euro）。在 1998 年 5 月，共有 11 个国家[3]加入欧洲经济暨货币

---

〔1〕　参见胡庆康主编：《现代货币银行学教程》（第 2 版），复旦大学出版社 2001 年版，第 17 页。

〔2〕　参见胡庆康主编：《现代货币银行学教程》（第 2 版），复旦大学出版社 2001 年版，第 17 页。

〔3〕　该 11 个国家分别是德国、法国、比利时、荷兰、卢森堡、意大利、西班牙、葡萄牙、爱尔兰、奥地利、芬兰。

同盟（European Economic and Monetary Union），并逐渐用欧元替换本国的法定货币流通：（1）2001年年底之前，欧元与本国法定货币同时使用，采用本国法定货币与欧元固定汇率；（2）在2001年1月1日到2002年6月30日期间，逐渐收回流通中的本国法定货币；（3）2002年7月1日后，欧元成为欧洲经济暨货币同盟内的唯一法偿货币。[1]可以说，欧盟采用统一的法偿货币，对内是为了减少欧盟国家之间的贸易成本和贸易摩擦，有助于提高各国企业的竞争力；对外则是"报团取暖"，提升该区域在国际金融中的整体地位，以获取更大的国际话语权。欧元不同于以往的法定货币，它是欧元区各主权国家让渡本国的货币发行权，接受欧盟成为统一行使货币发行权的权威主体。与欧盟其他法律制度不同的是，一般欧盟有一套法律系统，各国家也有各自独立的法律系统，但是在货币发行上，欧洲中央银行垄断了货币发行权，各成员国中央银行只是欧洲中央银行的组成部分。在欧元成为成员国唯一的法偿货币后，国家破产这一"破天荒"的事情也真真切切地发生了，而这很难说与国家货币主权毫无关联，欧洲中央银行成了一个绑架成员国货币权力的"怪兽"。[2]

更直白地说，欧元这个超主权货币实际上剥夺了各主权国家的部分货币主权。一是不同国家国情和经济发展情况并不相同，统一的货币制度能否满足多元化的需求，至今仍是未解之谜。甚至，将经济实力不同的国家绑在统一货币的"一辆马车"上，到底是为了实现一荣俱荣，还是会导致一损俱损。二是丧失货币发行权，并不只是失去发行主权货币的权力，同样失去了利用货币发行进行宏观调控、货币政策实施等重要手段。三是货币发行权固然重要，但只是企图通过统一货币的方式来巩固政治经济一体化成果还远远不够。当然，同样值得肯定的是，欧洲中央银行若发行央行数字货币，同样会获得其他主权国家发行法定数字货币所没有的先天优势，如在欧元区国家间实现法定数字货币的跨境流通。

（二）英国央行在国会下独立

英格兰银行作为中央银行，其独立性是通过相关法律的不断发展而确定的，其内涵也不断发生着变化。首先，英格兰银行的独立性从摆脱行政权力开始。1946年的《英格兰银行法案》中虽然规定了央行有权实施货币政策和

---

〔1〕 参见王文宇：《新金融法》，中国政法大学出版社2003年版，第351页。

〔2〕 参见吴礼宁：《货币宪法学——知识谱系与中国语境》，法律出版社2015年版，第98页。

控制信贷,但财政部仍有权对此进行干预或指示;不过财政部这一权力在1998年的《英格兰银行法案》发生了变化,规定建立货币政策委员会,该委员会根据财政部的指南制定货币政策,而财政部只能给予货币政策方面的指示。[1]英国央行在货币政策上独立于财政部。其次,根据1998年的《英格兰银行法案》规定,英格兰银行建立金融稳定委员会以稳定境内金融机构;除了增加金融机构的稳定性外,英格兰银行也承担维持物价稳定的职能。[2]最后,根据2009年的《银行法》规定,财政部对被授权发行货币的银行进行监管。该法案确认了已有的货币发行机制,财政部对被授权的货币发行银行的监管要求是需要银行为纸币发行准备资产,否则财政部有权终止其发行权。[3]可见,英国为了确保央行货币政策的独立性,排除行政权力对国家货币发行权力的干预;同时,因为英国货币发行制度的历史特殊性,除了英格兰银行有货币发行权外,其他银行也有权在当地发行货币,但其发行货币的权力要受到财政部的监管,也可看出英格兰银行作为央行的特殊性。

(三) 美国央行在国会和总统制下独立

在尼克松政府宣布不再用美元兑换黄金后,相当于进入了不可兑换的信用货币时代。之后,在卡特政府时期(1977年~1980年),采用了妥协的经济政策,逐渐减少了1977年~1979年间的财政赤字。美国经济增长得以改善,并在3年内增加就业900万人。但并没有充分约束工资价格的螺旋上升,美国通货膨胀率在1977年~1978年从7%上升到9%,而其他资本主义国家的通货膨胀率却下降到了1%~3%,从而使得瑞士法郎、德国马克和日元更为强势。卡特政府在1978年年底从国外借款300亿美元来保卫美元在国际流通中的地位,虽然在短期起到了一定作用,但仍无法遏制通货膨胀。到了1979年年末,通货膨胀率达到了13%。[4]故而,要求严格的货币政策以遏制通货膨

---

〔1〕 参见〔英〕查理斯·普罗克特:《曼恩论货币法律问题》(第7版),郭华春译,法律出版社2015年版,第538~539页。

〔2〕 参见〔英〕查理斯·普罗克特:《曼恩论货币法律问题》(第7版),郭华春译,法律出版社2015年版,第92、94页。

〔3〕 参见〔英〕查理斯·普罗克特:《曼恩论货币法律问题》(第7版),郭华春译,法律出版社2015年版,第74页。

〔4〕 参见〔美〕威廉·罗维特:《银行及金融机构法》(第4版),法律出版社2001年版,第75~76页。

胀成为政府和央行的主要任务。

里根政府（1981 年~1988 年）时期，以里根向国会提出经济复兴计划为始点。其中，货币政策以稳定货币增长率为中心，同时通过减税来增加生产和就业以降低通货膨胀率。[1]该计划的确起到了一定的作用，在 1983 年~1984 年美国的经济恢复了增长，失业率也有所下降。1985 年国会颁布了《格拉姆·鲁德曼法案》（Gramm-Rudman Act）以逐步减少过度预算赤字。美国利率虽然短暂下降，但在 1987 年又大幅上升。虽然高利率为美国带来了更多的外国投资和借款，能够抵消巨额的预算赤字，但也很快使其成为世界上最大的债务国。[2]

美联储在制定和执行货币政策时具有一定的独立性，但总会受到国会和总统的影响，而这从卡特政府、里根政府以及之后不同时期政府制定的货币政策和财政政策都可看出。货币政策受到如下因素的影响：预算发展、支出水平、税负和财政赤字等。毫无疑问的是，每一阶段的变化都源于政治、财政和世界市场的复杂结合。[3]

综上，法定货币发行权虽然是一国主权，但其确立和发展离不开国际社会上国家之间对货币权力的争夺，也离不开对国内物价稳定、就业保障和经济增长等因素的综合考量。

第二节　"货币宪法"理论的提出与法定货币发行权

"货币宪法"理论中的"货币宪法"不同于上文提到的《美国联邦宪法》这部货币宪法。布坎南等人提出的"货币宪法"（Monetary Constitution）本质上是为一国货币机构制定行为的基本规则，从而明确货币机构的权力和义务，目的在于通过既定的规则保护个人基于货币形成的相关权利。具体而言，"货币宪法"理论主要包括三个方面的内容。其一，货币所具有的财产属性，货币是"国家或者政治单位的创造物……对于一个试图以货币或者货币的索取

---

〔1〕 参见刘传炎："评里根政府经济复兴计划"，载《吉林大学社会科学学报》1982 年第 3 期。

〔2〕 参见［美］威廉·罗维特：《银行及金融机构法》（第 4 版），法律出版社 2001 年版，第 82 页。

〔3〕 参见［美］威廉·罗维特：《银行及金融机构法》（第 4 版），法律出版社 2001 年版，第 92~93 页。

权的形式拥有财产的人来讲,试图寻找的保护措施是针对通过国家或者集体组织进行的潜在的剥削。"[1]从这个角度看,货币既是个人的私有财产,也是个人向国家请求保护的凭证。其二,不受规则约束的国家垄断货币发行权,必然会对个人基于货币产生的财产权利造成侵害,故而要让个人货币权利能够获得来自基本规则的保障。其三,除了要保护个人的货币财产权外,通过设定规则对国家货币机构的货币权力进行必要的约束同样必不可少。

"货币宪法"理论之所以强调规制之于约束货币权力、保护货币权利的重要性,是因为研究者力求将所有相关的约束纳入分析之中。法定货币发行权在货币权力中具有核心地位,在"货币宪法"理论以及其提出的约束规则上进行研究,有助于从更为宏大的视角理解法定货币发行权。本节将采用如下路径论证:货币权力滥用为"货币宪法"理论提出的基础,究其本质是货币发行权滥用导致的恶性通货膨胀,那么,运用"货币宪法"来规范法定货币发行权是天然契合的。法定数字货币发行权为"货币宪法"理论提出了挑战与机遇,如何在"货币宪法"理论下进行法定数字货币发行权的宪法解释,并提出其宪法价值,是本书的重点。

一、法定货币发行权与其他货币权力的关系

当前,对于国家拥有货币权力这一事实,我们并不会有疑义,但对于货币权力到底包括哪些子权力却仁者见仁智者见智了。如有学者认为货币权力包括货币发行权、货币调控权、利率调控权、金融审慎稳定权等;[2]还有学者认为货币权力包括货币创造权、货币发行权、货币定值权、货币管理权等;[3]还有学者在总结其他人观点基础上提出货币权力包括货币创造权、货币发行权、货币涉外管理权、私人货币监管权、货币危机治理权和货币调控权。[4]从上述对货币权力的内容分类来看,货币发行权属于货币权力体系,而这从另一侧面也可看出货币发行权在整个货币权力体系中的核心地位。本书认为

---

〔1〕 [美]詹姆斯·M. 布坎南:《财产与自由》,韩旭译,中国社会科学出版社2002年版,第46~47页。

〔2〕 参见杨松等:《银行法律制度改革与完善研究:调控与监管的视角》,北京大学出版社2011年版,第154页。

〔3〕 参见龙骁:《国家货币主权研究》,法律出版社2013年版,第67~114页。

〔4〕 参见闫海:《货币即权力:货币调控权论》,法律出版社2015年版,第29~30页。

如上学者对货币权力内容的划分都有一定道理，但其明显更关注于货币机构具体职能的行使。如上划分避免不了一项行为可能实际上引发不同货币权力的行使，形成不同货币权力的组合。笔者认为，货币权力的内容划分应该让子权力在更具包容性的基础上又能相对独立，故而，货币权力应该包括货币发行权、货币监管权和货币调控权。

（一）法定货币发行权是货币权力的核心

有人会提出这样的质疑：有些国家并不发行主权货币，而是直接采用其他国家相对稳定的货币作为法偿货币，那么这些国家就没有货币发行权，又何来货币发行权占据货币权力的核心地位一说呢？这个疑问本身就是个伪命题。这些国家的确没有行使本国的货币发行权，但并不意味着政府没有货币发行权。有些国家由于政治或经济原因，发行本国货币反而会加剧本国的通货膨胀，便索性直接使用国际上流通的货币作为本国的法偿货币。一方面，利用外国货币的稳定性来促进本国经济稳定；另一方面，则为本国参与国际金融提供便利，减少本国货币与国际流通货币兑换的中间环节，降低交易成本，减少贸易摩擦。不过，这恰恰也反映出货币发行权的重要性：在一国政府选择使用他国货币而放弃本国货币发行权时，意味着该国其他货币权力一定程度的丧失。首先，政府无法决定创造何种形式的货币（货币创造权）；其次，政府也无法对外国货币进行有效的监管（货币监管权）；最后，即便是国内发生货币危机需要予以调控或者治理时，政府似乎除了借入更多外币或限制外币流量外，难以通过货币政策进行更为有效的调控（货币调控权）。

本书反复提到法定货币发行权在货币权力体系中占有核心地位，那么这个核心地位是从何而来？简单来说，没有货币发行权，意味着其他货币权力也将不复存在或者形同虚设。也就是说，货币发行权是其他货币权力的基础，在整个货币权力体系中占据核心地位。

（二）法定货币发行权吸收货币创造权

货币创造权是国家对货币币材、货币单位、流通货币种类、货币币值等基本制度的确定以及货币生产、流通管理等权力。[1]简单来说，货币创造权就是国家决定使用何种形式的货币以及对相关环节的管理权力。不过，没有

---

[1] 参见闫海：《货币即权力：货币调控权论》，法律出版社 2015 年版，第 29 页。

法定货币发行权的行使，法定货币的创造权也难以实现，也就是法定货币发行权的行使才让创造的货币成为流通中的货币，成为具有法偿地位的货币。同样，法定货币发行权行使的前提就是货币机构已经创造出法定货币。两个权力之间紧密联系，决定法定货币的发行数量需要创造相应数量（不同货币单位、货币币值、货币币材）的法定货币，决定发行何种形式的法定货币也需要货币机构能够设计相应的货币形式，或者说，创造出何种形式的货币也会决定发行何种形式的货币，同时，货币机构要具有管理货币流通的能力使得发行的货币能够顺利进入流通环节。可以说，法定货币发行权与货币创造权是你中有我，我中有你的关系。故本书采取货币发行权吸收货币创造权的方式，因为货币发行权的行使本身就包括货币创造权，货币创造权处于货币发行权行使过程的首端，将二者拆分出来不利于对货币发行权的理解与规范。

（三）法定货币发行权与货币监管权

此处的货币监管权作广义理解，即含有上文提到的货币涉外管理权、私人货币监管权和货币危机治理权。本书对二者关系略作说明。可以说，对私人货币行使监管权的目的之一就是维护法定货币发行权，防止私人货币代替法定货币在市场上流通；而确定法定货币发行权也是为了让公众知道市场流通的货币只能是国家发行的法定货币，私人货币即便以"货币"名义发行也不是法定货币。此外，对私人发行数字货币进行监管也是为了稳定社会秩序，保护公众财产权利免受侵害。私人发行数字货币价格不稳定，风险极大，一旦发生"跑路"等事件，不特定公众的财产权利将受到损害，极容易发生群体性事件，不利于社会稳定。而货币涉外管理权虽是管理本国法定货币与外币的兑换比价以及管理本国货币在国外流通，但本国货币与外币的兑换比价，与本国货币的购买力有着直接的关系，而本国货币的购买力又受到货币发行权行使的影响；本国货币能否在国外流通实则反映的是本国货币所代表的国家信用在国外受信任的程度，而这同样要受到货币发行权的影响。所以可以说，法定货币发行权的行使在一定程度上会对货币涉外管理权的行使产生直接影响。而货币危机治理权与货币发行权的关系更为紧密，因为在特定时期的货币发行本身就可视为一种货币危机治理行为。如2008年全球金融危机发生时，多国向市场投入"救市金"，这就是通过发行货币进行危机治理；2020年全球受新冠肺炎疫情影响，多国又向市场投入货币，既要刺激经济发展、稳定市场信心，也要为社会公众提供基本的物质生活保障。货币危机也可以因货币发行产生，货币危机发生后同样也可以通过发行货币或回笼货币达到治理目的。

（四）法定货币发行权与货币调控权

货币调控权同样是与货币发行权关系密切的一项国家权力，具有明显的目标导向，如美国《充分就业与平衡增长法》（1978年）规定了货币调控的目标是充分就业、经济增长、物价稳定和国际收支平衡。为了实现这样的目标而采用多种法律工具来调节和控制货币供应量，[1]而货币供应量是货币发行权的核心内容。从这个角度看，货币调控权是货币发行权的上位概念，货币发行权的行使就是货币调控权行使的具体体现。但二者侧重点不同，货币发行权侧重依法将货币投入流通领域，而货币调控权则侧重为了实现具体目标而采取的具体行动。

二、"货币宪法"的提出：法定货币发行权力的滥用

"货币宪法"理论最早可见于1962年出版的《探寻货币宪法》一书。"货币宪法"理论的提出有着深刻的历史根源。在二战后和"货币宪法"理论提出之间，美国经历了1947年、1951年两次较大的通货膨胀，即便是在该理论提出之后，美国仍遭遇1974年、1979年~1982年的严重通货膨胀。通货膨胀并非美国独有，同时期的其他国家也经历过。简单来说，通货膨胀是因为市场上流通的货币价值超过了市场提供的商品价值，直接表现为物价水平上升，背后反映的却是人民财富的不断流失。再进一步追根溯源，则是货币机构滥用了货币发行权，创造了市场上难以消化的货币量。

（一）法定货币发行权的本质特征

有学者总结了关于货币本质的三个理论，分别是货币国家理论、货币社会理论和货币制度理论。[2]其中货币国家理论是从国家主权的角度出发的，发行法定货币并建立相关的货币体系是一国主权事情，从这个角度来看，法定货币发行权是国家行使主权的具体体现，国家通过构建与法定货币相关的法律制度来确定国家法定货币发行权的行使。货币社会理论则从货币作为人

---

[1]　参见闫海：《货币即权力：货币调控权论》，法律出版社2015年版，第30页。

[2]　参见张西峰：《主权货币国际流通法论》，中国政法大学出版社2015年版，第37~44页。

们之间社会交往的手段出发，提出货币是一种社会产物。从这个角度来看，货币自诞生之日起就是人们为了便于交往和交换而人为赋予的一种价值表示物，所以法定货币发行权本质应该是为了便利人们的交换行为而用国家权力予以保障，国家有义务维持社会正常交易的秩序。此时可将国家发行的法定货币视为国家提供的特殊公共物品。至于货币制度理论，则是指现代货币本质是信用货币。具体是指国家通过法律制度确定的具有价值储存和支付手段等功能的法偿货币、法定货币、信用货币，货币稳定的购买力最后由国家来保障。虽然该理论认为"货币的价值主要取决于中央银行的货币政策和市场的力量"[1]，但是在信用货币时代，国家仍是决定货币价值的重要力量。从这个角度来看，法定货币发行权是法律规定货币机构发行币值稳定、清偿债务、国家作为最后债务人的货币的权力。具体而言，法定货币发行权作为国家权力，其本质特征如下。

1. 专属性

根据《中国人民银行法》的规定，货币发行的批准权在国务院，由中国人民银行具体行使货币的发行权，其他任何机关不得分享货币发行的权力。该属性具体还包括三层涵义。

一是垄断性，即指货币发行权力为国家垄断享有，具体由中央银行垄断行使。国家垄断行使货币发行权的原因包括但不限于如下几点，其一，由国家发行货币，而不是民间发行，首要目的就是维护国家权力的统一性；其二，国家发行货币由国家强制力保证，用稳定而强大的国家信用排除私人有风险的信用，从而起到维护市场稳定的作用，人民日常生活的稳定又会进一步巩固国家的权威，提升国家信用；其三，最重要的原因，即国家垄断行使货币发行权是为了巩固国家的财政权，国家能够从货币发行中获得铸币税，在信用货币阶段更是如此。当货币的面值与本身实际价值的差价越多，铸币税也就越多，这也是发行纸币较金属货币所具有的优势之一。正是这样一项关乎国计民生的权力，其权力归属必然只能由国家垄断，也只能授权专门的国家机关行使。

二是专业性，即货币发行权是关于国家金融事业的一项权力，具有高度的专业性，应由专业的机构行使。所以，包括我国在内的多数国家都将中央银行作为具体行使货币发行权力的机关。在我国，由中央银行就与货币发行

---

[1]　张西峰：《主权货币国际流通法论》，中国政法大学出版社 2015 年版，第 41 页。

相关的重要事项作出决定，经国务院批准后执行。

三是相对自主性，是指中央银行在决定货币发行权上具有自主性，但在特殊事项上要由国务院批准执行。这是因为国务院是中国人民银行的领导机关，对中国人民银行行使发行货币的权力有最终决定权。中央银行在其职责范围内，有权对货币发行事项作出决定并执行，但货币供应量等关乎全国经济发展与稳定的事项要由国务院行使最终决定权。

2. 强制性

此处的强制性可从两个方面进行解释。一是从法定货币的法偿性出发，在一国境内本国法定货币具有债务清偿地位，这是由国家强制力保证实施的。二是国家保障法定货币作为本位币的地位，违背国家货币规定、侵犯国家货币发行权的行为要受到行政或者刑事处罚。如伪造、变造货币行为，运输、持有、使用假币行为（明知），要承担行政或刑事责任；非法使用人民币图样的，印制、发售代币票券的，要承担行政责任；等等。[1]

3. 宏观调控性

国家根据经济发展的需要和世界金融市场的形势，决定货币发行的数量、时间和策略，达到宏观调控的目的，以保证国家金融安全。根据我国历任央行行长任职情况来看，国务院副总理不止一次兼任央行行长，这既可反映出中央银行作为国家机关的特殊地位，也能反映出中央银行法定货币发行职能的全局性。货币发行权的宏观调控性具体还可体现在如下方面：

一是权力行使的时机性。其实，国家行使货币发行权的时机包括多种情况，每年确定货币发行量后所行使的货币发行权不过是通常的行使时机。从上文也可看出，国家在战争等特殊时期行使货币发行权与平时不同，其行使往往是为了满足特殊时期财政供应的需要，不可避免地要受到其他行政权力的干预。除了战争这一特殊的时机外，在当今相对和平的国际环境下，充当战争这一时机角色的是经济危机，如在2008年席卷全球的金融危机爆发后，多国都制定了"救市计划"，通过向市场上投放更多的货币以稳定市场、提高就业、刺激经济发展，此时的货币发行权行使要服务于国家的政治。如果说战争和金融危机是显性的时机，那么国家经济增长缓慢或停滞则是隐性的时机。在隐性时机下，看起来人们的生活并未受到太大影响，但不利后果是逐

---

〔1〕《中国人民银行法》第42条~第46条。

渐显现的,一个直观的表现是国家 GDP 明显下滑,为了刺激消费、增加经济活力,发行货币是国家行使宏观调控权的重要手段。

二是发行量与经济实力的对应性。通常而言,货币发行量是根据商品流通中需要的货币量决定的,也就是要与一国的经济实力对应。以我国为例,具体如表 2-1 所示,从 2010 年到 2018 年的数据来看,我国每年的货币发行量、货币流通量和 GDP 都在逐渐增加,其中货币发行量要大于货币流通量,保持一定的通货膨胀以刺激经济增长。采用(本年度货币发行量/上一年度 GDP-1)＊100%得出的数值来看,2011~2014 年度的数值都在 35%以上,但数值逐年下降;2015~2017 年度的数值有所下降,但整体维持在 20%左右;2018 年则降到了约 13%。虽然该数值并不属于任何经济指标,但仍可发现,货币发行量与一国经济实力的对应性,而非对等性。

表 2-1 2010~2018 年度货币发行量与经济实力对比一览表[1](单位：亿元)

年份	货币发行量	货币流通量	GDP
2010	536 060. 22	489 767. 18	412 119. 3
2011	622 598. 41	567 497. 85	487 940. 2
2012	684 148. 04	621 282. 92	538 580. 0
2013	749 243. 44	678 768. 34	592 963. 2
2014	799 302. 30	721 335. 35	643 563. 1
2015	820 964. 76	738 879. 97	688 858. 2
2016	865 381. 11	785 823. 62	746 395. 1
2017	922 693. 91	841 562. 86	832 035. 9
2018	943 110. 15	864 032. 32	919 281. 1

三是控制发行的艰巨性。在谈及货币发行量与经济实力对应性时,虽可大致看出货币发行量、货币流通量和 GDP 之间的关系,但仍需承认,货币发

---

[1] "货币发行量"数据来源于中国人民银行年度"货币当局资产负债表"的"货币发行"数据加总;"货币流通量"数据来源于中国人民银行年度"货币供应量"的"流通中货币"数据加总,参见 http://www.pbc.gov.cn/diaochatongjisi/116219/116319/index.html;GDP 数据来源于国务院年度数据,参见 http://www.gov.cn/shuju/2017sjcs/sjxqpage.htm,最后访问日期：2019 年 12 月 20 日。

行仍难以控制。即便是中国人民银行确定每年的货币发行量，仍需要多种货币工具在货币政策实施中发挥作用，以确保我国金融秩序的稳定。《中国人民银行法》赋予了中国人民银行有作出年度货币供应量决定的权力，但决定的作出并非完全是自由裁量权，需要多种复杂的经济理论和技术手段辅助预测年度货币发行量。仅仅如此仍是不够，还需要及时的货币政策调节，利率和汇率是常用的货币工具，运用的及时性和灵活性都是对中国人民银行宏观调控能力的考验。此外，虽规定了商业银行的准备金制度，中国人民银行能直接控制的是向商业银行提供的货币发行量，而商业银行在向市场上投放货币时，因市场主体的多元性、市场行为的复杂性等原因，这一环节的控制发行同样艰巨。

4. 复合性

货币发行权除了具有行政权力的特征外，还具有反映财产储备状态、经济调节杠杆、金融市场监控等工具性的作用。可从如下几个方面具体体现：

一是货币升值或贬值的拉动性。简单来说，当货币发行数量大于市场上商品流通所需要的货币量时，意味着购买单位商品需要支付更多数量的货币，即货币贬值；反之，则货币升值。货币升值或贬值有赖于多重复杂因素的结合。通过行使货币发行权来调节货币发行量，从而调节币值，同样也是有效的货币手段。在国家普遍采取一定程度的通货膨胀率发行货币时，国内的货币实则处于贬值状态。货币的升值主要是从本国货币相对于外国货币的角度来说的。货币相对升值虽也会受货币发行量影响，但更多是依靠国家宏观调控职能的行使。本国货币对外升值，相当于购买外国商品的购买力相对提高，但弊远远大于利，首先因为本国货币对外升值，意味着本国一部分的外汇储备凭空消失，即外汇面值未变，而实际价值却减少了；此外，本国货币的相对升值，意味着其他国家的货币相对贬值，那么，出口的利润也会相对减少，不利于本国的出口贸易。

二是外部因素的掣肘性。中央银行制定并实行货币政策所欲实现的基本目标包括稳定币值、经济增长、充分就业和国际收支目标。[1]中央银行在行使货币发行权时，要充分考虑如上基本目标的实现，从这个角度看，货币发行权要受到国内经济和国外经济的影响。从国内来看，货币发行权的行使要

---

[1] 参见刘少军：《金融法学》（第 2 版），中国政法大学出版社 2016 年版，第 323~325 页。

将币值的稳定作为权力实现的重要评价标准。保持一定通货膨胀率的货币发行可以促进经济增长,创造更多就业岗位;反之,经济不断增长对流通中的货币有着更多需求,为货币机构行使货币发行权提出了货币发行量的要求。同理,为了确保国内居民的充分就业,需要国家提供或创造更多的就业岗位,这意味着国家经济要保持一定程度的活跃,同样需要更多货币供应量。在国际收支上,短期内表现出的贸易顺差或逆差都需要不断调整进口或出口,以实现长期的贸易平衡。这离不开国内经济发展以及货币币值的稳定,对货币发行权的规范行使提出了要求。故而,货币发行权的行使不只是国家权力的简单行使,而是要受到不同外部因素的直接影响。

综上,法定货币发行权首先是一种主权性权力,不受他国干预而独立行使的国家权力;其次法定货币发行权是"终极性财政权"[1]的核心,货币机构在宪法和法律的授权下行使垄断发行货币的权力,可以说这是国家财政源源不断产生的权力保障;最后法定货币发行权是一项涉及"国家—市场—个人"三方的权力,即便是国家垄断性的权力,在行使过程中也要考虑对个人财产权利的保护、对公共福利的供给以及对市场的有效调节。

(二) 何为滥用法定货币发行权

卢梭曾一针见血地指出:"我们手里的金钱是保持自由的一种工具;我们所追求的金钱,则是使自己当奴隶的一种工具。"[2]在追求货币,甚至追求货币造成通货膨胀时,公众、利益集团甚至是政府,没有一方是无辜的。他们既享受着法定货币发行,即便是货币发行过量所带来的通货膨胀所刺激的经济增长的"幻觉",也忍受着通货膨胀所带来的物价上涨等影响生存和生活不利的后果,尽管这种不利后果往往由社会公众承担。通货膨胀所带来的经济增长、保障就业让这种"幻觉"得以真实展现:既要拔鹅的毛,又要让鹅不叫。无论是政府主动滥用货币发行权,还是顺应民意而行超发货币之实,滥用法定货币发行权都是政府(或私人机构,如美联储)没有严格依照法律规定而为了特定目的而大量发行超过市场需求的货币,从而造成特定地区物价普遍持续增长,而法定货币购买力下降。

2008 年国际金融危机爆发后,多国政府提出了"救市计划",如我国提

---

〔1〕 吴礼宁:《货币宪法学——知识谱系与中国语境》,法律出版社 2015 年版,第 46 页。
〔2〕 [法]卢梭:《忏悔录》,黎星译,商务印书馆 1986 年版,第 43 页。

出的 4 万亿 "救市计划"，希望投入更多货币刺激国内的经济增长。从短期来看，的确发挥了作用，2009 年全民居民消费价格比 2008 年下降 0.7%。[1]但是从长期来看，带来的后果也是较为明显的。根据统计局的全国年度统计公报数据不难看出：到了 2010 年，全国居民消费价格每一季度都要较上一季度增长，全年平均比 2009 年高了 3.3%，食品价格更是上涨了 7.2%；[2]之后，在 2011 年上涨 5.4%、2012 年上涨 2.6%、2013 年上涨 2.6%、2014 年上涨 2.0%、2015 年上涨 1.4%、2016 年上涨 2.0%、2017 年上涨 1.6%、2018 年上涨 2.1%。[3]而全国居民消费价格在保持 2% 左右的增长还是建立在国家调控的基础上。

笔者并不否认国家通过发行货币的方式行使国家宏观调控职能，但是这项权力的行使应该受到约束和监督，因为滥用法定货币发行权造成的影响是深远的、广泛的、持续的，每一个居民都无法避免。虽然社会公众无法判断法定货币是否超发、超发多少，但是公众对通货膨胀有着直接的感受：在工资等收入基本保持不变的情况下，商品价格小幅度上涨，公众认为这在物价上涨的可接受范围内，仍会继续购买该商品；但该商品价格上涨幅度明显增大，公众已明显感到该价格上涨超出其预期，就表明物价上涨，货币贬值；或者工资等收入也有一定增长，但增长的幅度明显低于商品价格上涨幅度，让公众明显感受到物价上涨。即老百姓手里的钱 "毛" 了，这是发生通货膨胀的表现。因滥用货币发行权而导致的通货膨胀将直接降低公众对生活的满意感。

（三）"货币宪法" 规范法定货币发行权的缘由

之所以提出用 "货币宪法" 来约束法定货币发行权，是因为 "持续通胀只是货币权力与财政权力合流的产物，是政府经济权力与金融市场结合的结果，所以持续通胀所涉及的利益格局只揭示了其中的经济风险，权力的垄断

---

〔1〕 参见中华人民共和国国家统计局："中华人民共和国 2009 年国民经济和社会发展统计公报"（2010 年 2 月 25 日），载 http://www.stats.gov.cn/tjsj/tjgb/ndtjgb/qgndtjgb/201002/t20100225_30024.html，最后访问日期：2019 年 12 月 19 日。

〔2〕 参见中华人民共和国国家统计局："中华人民共和国 2010 年国民经济和社会发展统计公报"（2011 年 2 月 28 日），载 http://www.stats.gov.cn/tjsj/tjgb/ndtjgb/qgndtjgb/201102/t20110228_30025.html，最后访问日期：2019 年 12 月 19 日。

〔3〕 参见中华人民共和国国家统计局公布的《全国年度统计公报》2011 年~2018 年数据，载 http://www.stats.gov.cn/tjsj/tjgb/ndtjgb/，最后访问日期：2019 年 12 月 19 日。

与失控才是持续通胀背后深刻的政治性和制度性危机"[1]。故而，要将法定货币发行权的规范行使置于宪法背景下，从规范国家权力行使、保护公民权利、构建稳定的宪法秩序角度出发了考察法定货币发行权。

首先，将法定货币发行权置于"货币宪法"下是因为要维护宪法所要保护的宪法秩序。从上文论述可看出，政府滥用法定货币发行权可能会带来通货膨胀的不利后果，通货膨胀又以物价持续上涨、货币购买力下降为标志，一方面使得人们对稳定日常生活预期的落空，造成社会秩序一定程度的波动；另一方面持续的通货膨胀会让公众对国家调控能力信任的逐渐丧失，不利于宪法构建的宪法秩序的长期维护。此外，虽然本书反复强调政府滥用法定货币发行权是对公民财产权的侵犯，但从宪法背景上来看，滥用法定货币发行权对公民的宪法权利造成的影响范围不局限于财产权，如货币购买力的下降直接影响的是公民劳动报酬权的实际获得、就业权利的充分享有等。所以，通过"货币宪法"来约束法定货币发行权是为了维护公平、正义、可持续的宪法秩序。

其次，通过"货币宪法"来约束法定货币发行权是保障公民基本权利的前提。政府发行法定货币的权力不只会直接对公民的经济权利产生影响，还对公民的社会权利和政治权利产生不同程度的影响。政府增加市场货币供应量会在一定程度上刺激经济增长，创造就业机会，进而让公民能够获得劳动报酬，这都是与货币发行直接相关的权利。至于其他社会福利，如公民生活保障权和物质帮助权等，同样需要货币的投入。不过，法定货币的发行不只要出于正当性，既要以公共福利为目标，还要能以市场可接受的货币量作为发行基础，否则，极容易发生"好心办坏事"的不利情形。如苏联后期进行货币改革却带来愈加严重的通货膨胀和加盟共和国对货币主权的争夺是加速苏联解体的重要原因。[2]发行法定货币的权力必须受到约束，否则即便是打着为实现社会福利的口号，也会让社会福利大打折扣。

最后，法定货币发行权作为国家的权力，应该受到宪法规则的约束。在当前主权国家背景下，没有人会否认其是国家权力的事实。即便是随着社会、

---

[1] 鲁勇睿：《通货膨胀的货币宪法规制》，中国社会科学出版社2016年版，第144页。
[2] 参见富景筠："苏联末期的货币战——透视苏联解体的新视角"，载《俄罗斯研究》2010年第2期。

政治、经济、文化的不断发展，已难以在各国宪法中发现对"货币"的直接规定，但这并不意味着法定货币发行权不再受到宪法规则的约束。尤其在信用货币时代，政府有着滥用法定货币发行权的政治和利益动机，更是要将其放在宪法框架内进行规范、行使和监督。

三、"货币宪法"对法定货币发行权的规范

经过如上分析，可总结"货币宪法"理论主要从如下三个方面规范法定货币发行权，大致勾勒出法定货币发行权规范行使的路线图。

（一）法定货币发行权应在宪法框架下独立行使

多个国家出现的通货膨胀虽是货币机构滥用货币发行权的直接体现，但在货币机构行使发行权时，总会受到来自行政权力的干扰。以美国为例，其在二战后不同政府时期，都根据政治发展需要，由总统和货币机构决定如何行使货币权力和制定何种货币政策以满足其任期内特定的经济目标，或者说是政治目标。即便是二战后由美国主导建立的国际货币体系"布雷顿森林体系"也在美国总统一手的操纵下而宣布结束。显然，货币机构"被赋予发行纸币并管理建立在纸币基础上的金融体制的权力。名义上，它可以独立于政治之外，但实际上，它的活动仍受到政治压力的影响……金融决策者的地位与直接选举出来的政治家所处的地位只一步之差"[1]，从某种程度上说，货币机构沦为政府达到政治目的的一种政治手段，而货币机构也甘于成为这样的"棋子"。"货币宪法"理论的研究者早就意识到货币机构，也就是中央银行应该独立行使货币发行权，只根据市场对货币的供需情况决定发行，而不是成为行政权力的附庸——政府当局政绩的装饰。当然，货币机构的独立性似乎也只是水中明月，因为"即使是独立的中央银行，由于其不可能像金本位制那样机械式地运行，所以它都或多或少地受到公共舆论和政治压力的影响"[2]。所以"货币宪法"理论中贡献了这样一个建议：对货币当局施加宪

---

〔1〕〔美〕詹姆斯·M.布坎南、理查德·E.瓦格纳：《赤字中的民主——凯恩斯勋爵的政治遗产》，刘廷安、罗光译，北京经济学院出版社 1988 年版，第 115~116 页。

〔2〕〔瑞士〕彼得·波恩霍尔兹等："货币宪法、政治经济体制与长期通货膨胀"，载《学习论坛》2011 年第 7 期。

法限制。[1]施加限制的目的就在于让货币机构能够在宪法规定下独立行使权力,行使权力的范围也只能以宪法规定为限。

（二）法定货币发行权行使要以保护公民权利为核心

与法定货币发行权直接对应的就是公民的财产权,货币机构对法定货币发行权行使的效果亦将直接决定公民财产权的"绝对价值"。法定货币的贮藏功能本身就是财产属性的反映,即便这是国家创造出来的一种政治产物,但是只要国家信用仍在,一国的法定货币就仍有价值,仍是居民贮藏起来使用的特殊商品。货币作为财产的特殊性就在于财产的价值会变动,货币增值自然是喜闻乐见的事情,但现实往往是货币因货币当局不当行使货币发行权造成通货膨胀而贬值。这就意味着即便持币人持有货币的面值保持不变,但其实际购买力已下降,单位货币购买力被稀释,减少的部分自然从居民的口袋里转向垄断货币权力的一方。通货膨胀的承受主体是人民。和直接向个人和组织征税的方式相比,通过发行货币来隐蔽地获得财政收入同样也是国家机构之间的"心照不宣"。当发现这个秘密后,通过宪法规则来规范法定货币发行权的行使,实则就是为了保护每一个持币人基于货币形成的社会经济权利。不过,即便是保持一定时期的物价稳定,公众会容易陷入到"看不清自己在政府服务总成本中的份额的最后一种手段"的"财政幻觉",[2]最终会陷入周而复始的货币史:"货币史揭示了两种十分可信的趋势。人们在近期感受到通货膨胀,就会珍惜稳定的价格,在经历长期价格稳定后,又对通货膨胀的风险漠不关心。"[3]因此,将约束货币发行权的规则宪法化,常态化,通过"货币宪法"为公民构筑起财产保护的高墙,防止在公民警惕性降低时,货币发行权的滥用再一次"反扑"。

限制法定货币发行权力的行使,尊重和保障公民权利,看起来是在遏制通货膨胀过程中将货币权力与公民权利都考虑其中,但其实仍不过是将所有责任都推脱给货币机构,让所谓的规范货币权力的"货币宪法"在货币机构

---

〔1〕 参见 ［澳］杰佛瑞·布伦南、［美］詹姆斯·M. 布坎南:《宪政经济学》,冯克利等译,中国社会科学出版社 2004 年版,第 105 页。

〔2〕 ［美］詹姆斯·M. 布坎南:《民主财政论 财政制度和个人选择》,穆怀朋译,商务印书馆 1993 年版,第 142 页。

〔3〕 ［美］约翰·肯尼斯·加尔布雷思:《货币简史》,苏世军、苏京京译,上海财经大学出版社 2010 年版,第 42 页。

的世界里空转。但我们都忽视了，或者是明明知道这样一个前提，却还是幼稚地认为货币机构仍是"十恶不赦""罪恶之源"：货币机构或者向财政机构负责，或者负责人由行政机关首脑提名，以法定货币发行权为核心的货币权力想不受行政权力染指似乎都不可能。所以，将目光盯住货币机构的"货币宪法"也不过是治标不治本。

第三节　法定数字货币发行权的宪法依据

法定数字货币发行权，是指货币机构（通常是中央银行）在宪法和法律授权下，通过发行数字货币以行使货币管理与宏观调控的权力。虽然与法定货币发行权仅有两字相差，法定数字货币发行权是法定货币发行权的下位概念或者是同一概念的不同表达。即便是货币形式发生了变化，但其必然会改变既有的宪法秩序：安全与效率之间的再次平衡、公民财产权利得到更好保护的同时可能会让其他宪法权利遭受侵害……是否发行法定数字货币显然是各国主权事宜，但谁都无法否认法定数字货币理念的飓风席卷全球后总会留下痕迹。甚至，是否发行一国的法定数字货币都不重要，重要的是"法定"的边界会延展到哪些边境，跨国的法定数字货币或者超主权的法定数字货币都并非不可实现。不过，无论这个"法定"的范围有多广，其基础仍是一国的宪法和法律规定；即便是超主权法定数字货币的发行、流通使用，同样需要主权国家法律予以认可。有学者中肯地说明了发行法定数字货币的一般道理："任何技术都有好坏之分。如果早期的人类因为惧怕极具危险的伤害而背弃火，那么我们也不会读这份（关于数字货币的）报告。"[1]如下，将从宪法角度审视法定数字货币发行权。

一、法定数字货币发行权的宪法价值

从宪法中国家与公民的关系上来看，对国家权力的限制与对公民权利的保障是近代宪法的基本价值取向。法定数字货币一旦作为国家法定货币进行

---

〔1〕　Alexandra Sims, Kanchana Kariyawasam, David G. Mayes, "Regulating Cryptocurrencies In New Zealand", *The Law Foundation of New Zealand*, September 2018, available at https://ssrn.com/abstract = 3340993, 最后访问日期：2019 年 12 月 19 日。

发行，将真正实现法定数字货币渗透到公民生活的方方面面，在让公民能够更便捷地使用法定数字货币外，也能够更加自主地享有财产权；除了法定数字货币发行权外，其他相关的国家权力也能在法定数字货币使用环境下更加透明，便利预算监督、审计监督、公众监督。当然，在公众对国家权力监督的同时，国家机构也有机会获得公民更多的数据。

（一）在确定权力来源上

货币机构在宪法和法律的授权下发行法定货币，通过法律强制力来保障法定货币在一国境内的交换和流通，发行法定数字货币也同样如此。从当前私人发行数字货币的市场来看，其迅速发展不乏有投机成分，但其自诞生之日起至今已走过了 10 年，仍然发展强劲，被越来越多的国家赋予合法地位。从另一个侧面不难看出，公众对便捷、安全性更高、交易成本更低的数字货币支付有着需求，这也是私人发行数字货币仍能存活的关键原因。然而私人发行数字货币毕竟不算是真正的"共识"货币，不符合一致同意的货币共识规则。[1]不同的是，发行法定数字货币既能满足公众对数字货币的需求，也能通过公众广泛的使用获得公众认可，进一步体现出人民对授予政府行使法定数字货币发行权的认可。

（二）在实现国家目标与国际战略上

从当前已发行法定数字货币的国家来看，其欲实现的国家目标主要为两类，一是为了完善国家的货币制度，二是为了摆脱美国经济制裁。具体如表2-2所示。

表2-2 法定数字货币发行国家一览表（截至 2020 年 2 月 1 日）

法定数字货币发行国家	法定数字货币特点	说明
厄瓜多尔	货币支付	停止运行
突尼斯	货币支付、身份证明管理	
巴哈马	货币支付，逐步代替现金	

---

[1] 参见姚前："共识规则下的货币演化逻辑与法定数字货币的人工智能发行"，载《金融研究》2018 年第 9 期。

续表

法定数字货币发行国家	法定数字货币特点	说明
伊朗	替代美元，挂钩黄金	
委内瑞拉	控制通货膨胀、替代美元，挂钩石油	

从研究法定数字货币的国家来看，中国、英国、加拿大、新加坡等国已早早开始，但持观望或不屑一顾的国家也不在少数。不过自 2019 年 6 月脸书将发行天秤币的计划公布后，多数国家已意识到，即便不立即发行法定数字货币，也要对这个新事物保持了解。如下为当前研究法定数字货币的主要国家简表[1]。

表 2-3　法定数字货币研究国家简表

法定数字货币研究国家	法定数字货币特点
中国	改善现有货币体系
英国	包容性，巩固金融中心地位
加拿大	国内货币支付等货币职能
新加坡	跨境支付等货币职能
朝鲜	替代美元
德国	维护欧元
俄罗斯	替代美元

从如上两个简表不难发现，各国发行或研究法定数字货币的意图大致可分为三种，一是法定数字货币提供了打破美元封锁的良好契机，可称为"反美元派"，如委内瑞拉；二是不挑战或默认美元世界货币的地位，可称为"亲美元派"，如加拿大；三是以完善金融体系、发展本国经济为研究目标，可称为"中间派"，如英国，具体情况如表 2-4 所示。法定数字货币是否发行虽是一国主权事宜，但正如上文所提的那样，法定数字货币要受到外部经济的影响，受到国际形势的影响。但不可否认的是，法定数字货币概念的出现，为除了美国之外的其他国家都提供了在国际舞台上获得新话语权的机会，因为

---

〔1〕 该简表并未充分列举，而是为了下文说明各国发行或研究法定数字货币态度的铺垫。

当前充当"世界货币"的美元不只是国际贸易中的支付货币,更是美国对其他国家施加政治压力的重要经济手段。

表2-4 发行/研究法定数字货币态度简表

态度	代表国家	目标
亲美元派	加拿大	国内支付
	巴哈马	
	瑞典	
反美元派	委内瑞拉	替代美元
	伊朗	
	朝鲜	
	古巴	
	俄罗斯	
中间派	中国	维护货币主权
	英国	维护英国金融地位
	德国	维护欧盟金融地位
	法国	

进一步观察,在法定数字货币发行和研究的事业中,有两个潜在的线索。一是对于新兴经济国家来说,其自身的货币制度和相应的金融基础设施并不完备,有相当部分的公众无法享受到现代银行系统所带来的便利。这反而为法定数字货币的发行减少了阻力,更有利于法定数字货币的发行、流通,有助于实现普惠金融,让更多的公众能够享受到技术发展所带来的可接触的金融服务,从而促进国家经济的整体发展。这也可以解释为什么当前发行法定数字货币的国家主要是发展中国家。同时,另一个发行法定数字货币的考量,则是能够规避美国的经济制裁或摆脱对美元的依赖,法定数字货币无疑能够为其提供一个可以在国际金融体系中更为自主的货币地位的机会。

二是反观国内支付系统,尤其是对于第三方支付系统较为发达的国家来说,其对发行法定数字货币的动力不足。主要是因为国内支付系统运行良好,足够满足当前的电子支付需要,没有必要再发行另一套法定数字货币,但仍会保持对这个新货币形式的关注。不过，Libra 的计划发行让各主权国家感到担忧，将国家与私人机构，尤其是与具有国际影响力的私人机构之间的矛盾放大，研究法定数字货币成为主权国家"不能输"的国际战略。法定数字货币的发行可能会重新定义国际货币秩序，没有一个国家敢掉队，更没有一个国家愿意将货币发行权力完全拱手让给私人机构。这一点已在 Facebook 为发行 Libra 所做的一系列满足监管要求的操作中看出端倪。

Facebook 充分利用了中美贸易战时美国政府的心理，采取了两个策略性手段。一是在公布 Libra 一篮子货币时，并没有将人民币作为储备货币，有避免美国政府对此进行监管之嫌；二是在美国众议院金融服务委员会组织的听证会上，Facebook 发言人更是向美国政府抛出"定时炸弹"："如果 Libra 不做这件事，中国央行数字货币将会做"[1]。Libra 不再提"去中心化"，而是"去中国化"。上文已提及，自此事件后，美国和日本等国已转变态度，着手研究法定数字货币。而日本更是提出希望与美联储合作研究数字货币以与中国的央行数字货币竞争的思路。[2]发行法定数字货币不仅关乎货币主权，更决定一国在未来国际货币秩序建构中的话语权。

（三）在保障和发展公民基本权利上

可以说，发行法定数字货币有助于保护公民的财产权。在发行纸币时，货币机构总会有超发货币的欲望，并将通货膨胀所带来的后果直接转嫁给公民承担。但是发行法定数字货币可能会带来不一样的结果：经过算法、技术和经济模型辅助的法定数字货币发行量将更贴近市场需求，可能会有效遏制恶性通货膨胀，能够避免公民财产权益的流失。而且，在法定数字货币的设计上，公民的隐私权可以得到更好的保护，让公民对自己的信息有更多的控制权，即不只是一味强调公民对自己产生的相关数据享有所有权，而是让公民能够自主决定是否授权他人使用自己的特定数据，从而确保公民对自己的数据具有使用、收益和处分的权利。形象地说，发行现钞货币乃至以前的金

---

〔1〕"Libra 听证会实录：Libra 要做全球支付系统，中国公司是主要对手"，载 https://feng.ifeng.com/c/7r1hskglfrU，最后访问日期：2019 年 12 月 19 日。

〔2〕See Omar Faridi, "Japanese Lawmakers from Ruling Liberal Democratic Party are Preparing a Proposal Recommending Issuing Digital Currency", available at https://www.crowdfundinsider.com/2020/01/156753-japanese-lawmakers-from-ruling-liberal-democratic-party-are-preparing-a-proposal-recommending-issuing-digital-currency/，最后访问日期：2020 年 4 月 1 日。

属货币,实行的都是钱货两讫,但法定数字货币发行后,作为买方除了要交付货币外,还会贡献交易的相关数据,数据成为卖方的"附加价值",而数据在网络时代已然成了创造价值的"原油"。所以,在法定数字货币发行后,对应的不只是公民的财产权,还包括数据权。

（四）在确保私人参与国家经济活动上

法定数字货币的发行将会为公民提供新的参与国家经济管理活动的途径。当前对法定数字货币的研究,我国采取中央银行与私人机构在支付等领域进行合作研究的模式。在发行法定数字货币之前,私人机构已经参与到相关经济活动中,可以说,这也是货币机构寻求私人机构创新的主动之举。未来大国之间竞争的重点之一是作为数字经济发展基石的数字货币,货币机构应该奋力直追将实物货币转化为数字货币的私人机构。[1]

二、法定数字货币发行权的宪法解释

法定数字货币虽然有可能作为货币的一种新形式予以发行,但其作为国家货币主权的具体体现,仍需要宪法的授权。即便在宪法没有明文规定的情况下,也能通过对宪法的解释达到法定数字货币发行权合宪的目的,而这一做法早有先例。或者说,也许是因为已存在国家发行法定数字货币的既定事实,并无质疑这项权力所具有的宪法依据,而是在承认该项权力存在的基础上对此进行规范与限制。

（一）法定数字货币发行权沿袭传统法定货币发行权的授权路径

几乎不见规定法定货币发行权的宪法。但可从两个解释路径来说明法定货币发行权的宪法依据。一是虽然宪法没有明确规定法定货币发行权,但对于维护宪法权威来说,却是必要的权力。上文已说过,国家各项权力的运作以及公民物质生活的来源都离不开国家货币发行权的行使,这构成了宪法权威的物质基础。二是虽然宪法没有明确提到法定货币发行权,但是从宪法的逻辑结构上可以读出法定货币发行权的存在。如我国《宪法》第15条规定了要通过加强经济立法进行宏观调控,而货币发行是宏观调控的重要内容,宪

---

〔1〕 参见姚前:"央行数字货币的技术考量",载《第一财经日报》2018年3月7日,第A9版。

法条文已暗含国家具有货币发行的权力。综观当前宪法的规定，法定数字货币发行权的授予仍可沿袭纸币发行权之路，因为不是每个国家的宪法都规定了货币机构有发行货币的权力，但这一权力仍可通过具体的法律予以确认。具体而言，当前各国宪法对法定货币发行权的规定或确认上主要采取如下形式：

其一，宪法规定国家统一货币，可解释为国家有权发行法定货币，如1998年厄瓜多尔宪法。一个有意思的现象是，厄瓜多尔宪法规定的法定货币是厄瓜多尔币，但2000年厄瓜多尔的财政系统崩溃，当局决定采用美元作为唯一官方货币。笔者在此处并不想探讨其是否违反宪法，但一个更加清楚的事实摆在我们面前：政治权力（或行政权力）直接干预货币发行权力。不过，从2015年厄瓜多尔发行法定数字货币"厄瓜多尔币"又何尝不是一次反抗官方货币美元化的尝试。这种类型是宪法直接规定国家的法定货币发行权，但并未直接规定发行何种形式的法定货币。

其二，宪法规定中央政府的法定货币发行权，而在具体规定上略有不同：（1）规定中央政府有铸币权，地方无铸币权，这是从中央政府和地方政府权限划分的角度进行规定的。以1901年的澳大利亚宪法为例，规定州政府无权铸造货币；（2）规定国会有铸币权，体现了货币发行这一关于公民基本权利的权力应由代表民意的机关行使。如1788年《美利坚合众国宪法》第8节规定了国会有制造钱币的权力；（3）规定国会有权对货币进行立法，这一做法较为常见，如1966年的巴巴多斯宪法规定国会有权通过所有关于货币的法案、1999年的尼日利亚宪法规定国会有权对货币进行立法；（4）规定中央银行有发行货币的权力，这是最明确提出授权中央银行行使法定货币发行权，如1995年的乌干达宪法直接规定授权中央银行发行货币和促进、维持乌干达法定货币价值稳定的权力。[1]

虽然可以大致总结如上两种宪法授予法定货币发行权的形式，但宪法中未明确规定法定货币发行权也同样是事实。不可否认的是，宪法都在明示或暗示国家有权发行法定货币，只不过具体行使权力的机构略有差异，发行纸币的权力是通过具体的法律予以确认的。如美国宪法规定了国会的铸币权，

---

〔1〕 See Gerhard Robbers, *Encyclopedia of World Constitutions*, Facts On File, Inc. An imprint of Infobase Publishing, 2007, pp. 53、81、275、673、958.

却没有规定国会有权发行纸币，但《联邦储备法案》规定了中央银行发行纸币的权力。那么，发行法定数字货币的权力也可通过具体的法律授予。法定数字货币作为法定货币的一种形式，可以通过修改法律的方式获得合法地位，将法定数字货币作为货币机构发行货币的一种形式。

（二）法律约束法定数字货币发行权

国家通过立法的方式授权中央银行发行法定货币，但这并不表明中央银行可以任意行使这项权力，也不能因受国际金融形势影响而掺和政治因素或受政权力干扰而沦为其他国家权力的附庸。这就意味着国家货币发行权对外要保持独立，对内则是要对其他国家权力保持"中立"。这对法定数字货币的发行来说更为重要：法定数字货币是完全数字化的货币，一旦进入流通领域，尤其在跨境支付中，如果受到国际金融形势影响会迅速传导到整个法定数字货币系统，缺少纸币这一实物屏障将会让情形发生变化；对国内流通来说，数字化的货币可能会促进消费，毕竟消费一张纸币与账户上法定数字货币数额的减少给人的直观感受并不相同，长此以往，公众的物质生活质量是否会真的提高和能否得到有效保障都是值得关注的问题。故而，有必要对法定数字货币发行权这一国家权力进行法律规制，具体表现在如下三个方面：

第一，对法定数字货币发行权的授予。法定数字货币发行权作为公共权力的一部分，其行使必然会直接影响以公民财产权利为核心的一系列权益，因此必然要在货币权力来源上具有正当性，而这就要回归宪法上。上文已提到，宪法文本中对法定货币发行权是否规定、规定详细程度不同，但不容否认的是，法定货币发行权的行使主体和权力范围乃至行使程序，实则都会在宪法中予以体现，并通过相应的法律予以具体化。正因为如此，法定货币发行权被认为是一项宪法赋予行使的权力，其合宪性自不待言。至于法定数字货币发行权，同法定货币发行权相似，仍要遵循国家对权力机构、权力范围和运作程序的一般规定，当然，法定数字货币毕竟是一种随着科技发展而出现的新事物，其具体权力的确认与行使应由法律予以明确。无论各国宪法是直接规定货币发行权由代表民意的机关行使，还是通过法律确认由行政机关行使，其本质都是人民授予国家行使的权力，这正是人民主权的体现。更何况当前法定货币发行权是由立法机关制定法律授予具体的机构行使，同样可以表明代表民意机关的授权应视为人民的授权。那么，发行法定数字货币，应由立法机关明确授权。

第二，对法定数字货币发行权的规范。法定数字货币发行权一旦被授权产生，就要严格遵循法治要求。没有规范的权力犹如脱缰的野马，要靠行使权力的主体依靠自身的道德感来约束自己，这显然是不现实的。这就是徐显明教授所说的一个人即便是有法治思维、行事依照法治方式、信仰法治，但仍然有可能违法，就是因为其缺少"法治定力"，即"法治意志"，[1]在生产货币的权力上尤为如此。故而，依靠公正无私的法律来约束权力的行使才是最行之有效且可持续的路径。对法定数字货币发行权进行规范就是通过法律明确权力行使主体、权力行使规范、权力行使范围以及法律责任，具体表现为发行法定数字货币的权限法、程序法和法律责任法，分别对应发行法定数字货币主体的权力范围、权力行使程序和违反如上规定时应该承担的法律责任。

第三，对法定数字货币发行权的监督。即便通过法律确定了法定数字货币发行权的规范，但其行使效果需要一个检验的途径，即通过多种途径对其进行监督。不受监督的权力极容易发生权力滥用，对于事关公民"钱袋子"和国家国库的重要权力更是要对其进行全方面的监督。以我国为例，在货币机构作出有关发行法定数字货币的决策时，要按照《重大行政决策程序暂行条例》的规定经过公众参与、专家论证、风险评估、合法性审查和集体讨论决定等程序作出，还要经过相关部门进行行政规范性文件的备案审查，对未按照相关法律规范行使权力的主体要追究相关的违法责任。这是从国家法律监督、国家机关相互制约的角度出发的。当然，对于这一极容易对公民权利造成侵犯的权力来讲，接受公民的监督也是监督的重要内容。法定数字货币流通的可追踪性、交易账本的透明性等特征，为公民直接参与到监督法定数字货币发行权的行使提供了便利。

三、法定数字货币发行权对"货币宪法"理论的影响

法定数字货币与金属货币不可兑换，与纸币相同，都是依托国家信用产生的一种货币形式。既然都是信用货币，都有政府滥用国家信用超发货币的

---

〔1〕 参见徐显明："国家治理现代化关乎国家存亡"，载《法制与社会发展》2014年第5期。

可能。"货币宪法"是 20 世纪 60 年代针对政府滥发纸币导致通货膨胀而提出的用宪法规则约束货币权力的理论。法定数字货币与纸币的最大不同之处，就是法定数字货币除了依靠一国信用发行外，也依靠先进的组合技术进行发行，这就意味着可能会利用先进的技术达到有效控制数字货币发行量的目的。从这个角度来看，发行法定数字货币将对"货币宪法"理论的存在发起挑战。

（一）法定数字货币发行权向"货币宪法"提出的新挑战

1. 法定数字货币的智能货币属性让发行量可控

"货币宪法"理论的立论根基就是政府滥用法定货币发行权而导致严重的通货膨胀，政府成为侵害人民财产权利的"利维坦"。通货膨胀是当前信用货币制度下超发纸币的必然结果。虽然法定数字货币也是信用货币，但法定数字货币的组合技术特性也决定了未来法定数字货币在特性探索上的发展具有多种可能。已有学者开始探索人工智能技术在法定数字货币上的应用，使得由社会共识自发地供应货币成为可能，[1]这也表明法定数字货币的发行将会越来越智能，将会提供更加接近市场需求的供应量，将通货膨胀率控制在一定范围之内。当然，法定数字货币可能会采用更加隐蔽的方式发行，纸币的发行与流通是公众可以切实感受的，而数字化的法定数字货币降低了公众对货币币值变动的敏感性。可以说，法定数字货币发行的智能性可能会动摇"货币宪法"理论存在的第一个根基：滥发货币带来恶性通货膨胀，影响公众权益。

2. 法定数字货币的可追踪性让公众有效监督政府财政

在超发纸币带来恶性通货膨胀后，很多学者都主张恢复金本位制，甚至在当前逐渐迈入数字世界后，主张恢复金本位制的声音仍然不绝于耳。金本位制固然会有效避免纸币超发所带来的通货膨胀，但是金本位制的废除是有着强烈的经济需求的：二战后各国之间的贸易往来和国内的经济发展对货币有着数量、便捷等需求，如果还需要有限自然储量、人工开采挖掘的金属货币，必然会阻碍商品经济的发展；况且，两次世界大战让老牌资本主义国家攫取了大量的黄金储备，如果继续使用黄金作为货币，对黄金储备量少的国

---

〔1〕 参见姚前："共识规则下的货币演化逻辑与法定数字货币的人工智能发行"，载《金融研究》2018 年第 9 期。

家必然会带来实质的不公平。发行以纸币为主的法定货币是有着政治、经济需求的。当然，发行纸币也有助于政府能够及时获得充足的财政收入，这无论是对战争还是经济发展都是必需的，"货币宪法"理论认为此时的政府无疑是"吞噬人民财产的利维坦"。[1]不过，在法定数字货币时代，政府欲通过发行充足的法定数字货币达到财政的目的，虽然仍能继续进行，但是数字货币所具有的可追踪性也给了公民能够监督政府货币发行权的便利，让公民也能利用技术的优势达到驯服政府这头利维坦的目的。那么，"货币宪法"理论立论的第二个根基——公民无法有效监督货币发行权力，似乎也不那么牢固了。那么，"货币宪法"理论是不是在应对这个看似完美的法定数字货币发行权上再无用武之地呢？

（二）法定数字货币发行权在"货币宪法"规范下行使

在探讨这个新问题前仍要注意一个前提，法定数字货币是否发行完全是一国行使货币主权的具体体现。有的国家认为发行法定数字货币可以为本国经济发展、国际贸易等方面带来更多优势，也有国家认为本国的货币制度乃至相关的支付、清结算制度相对完善足以满足国内和国际需求，发行法定数字货币反而会带来安全隐患。但不管是出于何种考量，多国研究法定数字货币已是不争的事实，即便自己不发行本国的法定数字货币，也不能阻碍其他国家发行法定数字货币，甚至还要考虑如何与已发行法定数字货币的国家实现支付、清算和结算等对接。

法定数字货币是法定货币的一种形式，但又不仅仅是一种简单的数字化的电子货币。因为法定数字货币与传统货币相比，某些属性设计会让其具有新的功能，甚至会超过现有法定货币理论框架。[2]故而，用旧的理论来看待新的问题就好比让十岁的孩子穿五岁时的鞋子，要么鞋子被撑破，要么脚被挤坏。虽然十岁的孩子和五岁的孩子是同一个人，但是，"鞋还是那个鞋，脚却不是那个脚"。在法定数字货币发行权为"货币宪法"提出的新问题中，有三点值得关注。

---

〔1〕 参见吴礼宁：《货币宪法学——知识谱系与中国语境》，法律出版社 2015 年版，第 7 页。

〔2〕 参见姚前："共识规则下的货币演化逻辑与法定数字货币的人工智能发行"，载《金融研究》2018 年第 9 期。

1. 法定数字货币作为信用货币，仍有超发的可能

即便法定数字货币发行会采用技术更为先进的经济模型"计算"货币供应，但是通货膨胀问题可能依然存在。当然，必要的通货膨胀率是需要的，因为"保持一定程度的货币稳定显然是一个长期政权存在所必须具备的条件"[1]。故而，"货币宪法"理论如何能在法定数字货币一经发行即能进入流通的情况下，发展新的约束政府货币发行权的宪法机制，这应该是"货币宪法"理论立论问题的新发展。

2. 发行法定数字货币仍是政府获得财政收入的手段

即便法定数字货币的发行机制可通过算法可靠计量，但发行法定数字货币行为本身仍是政府获得财政收入的手段，仍然需要"货币宪法"理论指导。上文已提及，虽然法定数字货币的发行量可控，但是只要作为信用货币，就有超发的可能，就有将财富从公众转移到政府的动机，仍是政府获得财政收入的手段，"通胀税"依然存在。同样地，即便公众可以利用数字化特点，对国家财政收支情况进行监督，但仍无法对国家发行的法定数字货币数量多少进行有效监督。这与中央银行是否公开货币发行量无关，法定数字货币发行权的专业性和全局性决定了社会公众在货币发行量上的监督是无力的。

3. 法定数字货币发行将改变公民权利保护的焦点

发行法定数字货币的"双刃剑"作用：发行法定数字货币的确可以降低对公民财产权利的侵害，从而间接实现对公民财产权利一定程度的保障；法定数字货币在给持币人带来便利的同时，实则也给了政府对公民更为全面控制的机会。法定数字货币的数字性给了政府收集公民除了财产信息以外更为全面信息的便利，如上文提到的我国法定数字货币在实名制设计上采用的是"前台自愿，后台实名"，意味着中央银行可以获得用户基于法定数字货币产生的各项数据。所以，"货币宪法"理论提出规范政府的货币权力这一基础不变，但可能要转变关注的侧重点：从保障公民财产权到兼顾保护公民数据、信息权。亦即，在金属货币、纸币阶段，货币对公民而言，更多体现的是财产属性，但在数字货币阶段，数字货币本身还将承载更多的信息，除了财产属性外还有人身属性，将打破"货币宪法"对公民财产权保护的倾向。

---

〔1〕 鲁勇睿：《通货膨胀的货币宪法规制》，中国社会科学出版社 2016 年版，第 65 页。

（三）"货币宪法"理论在法定数字货币发行后的"与时俱进"

"货币宪法"理念自提出已有近 60 年的时间，但是"货币宪法"更多停留在概念层面，并未形成完整的理论体系。我国研究"货币宪法"的学者较少，[1]研究成果多集中发表在 2011 年到 2016 年。[2]究其原因，货币权力作为国家权力一部分，固然要在宪法约束下规范行使，但货币权力行使的最大特殊性在于因其涉及社会整体利益的金融领域而更具灵活性，运用货币政策行使货币权力成为权力行使的主要形式，"货币宪法"的作用并未得到充分发挥，至今仍停留在理论阶段。但不容否认的是，"货币宪法"理念向我们描绘了良好的愿景：运用宪法规则约束国家的货币权力，防止政府过分掠夺通货膨胀利益，保护公民的货币财产权，实现货币民主。当前主权国家研究或发行的法定数字货币，将会促使"货币宪法"与时俱进，也可视为"货币宪法"内容的进一步充实。

"货币宪法"理论产生于信用货币时期，法定数字货币作为货币发展的新形式，本质上是信用货币，仍可适用"货币宪法"理论。应该承认的是，法定数字货币的诞生，变的是技术发展所带来的货币形式，即从金属货币到纸币再到数字货币；不变的是货币的内在价值始终来源于国家信用。法定数字货币为"货币宪法"的与时俱进提供了新的研究契机。

1. 国家货币形式的多元化

国家货币形式的多元化是从法定数字货币表现形式的角度出发的。从上文也可看出，货币形式每一次变化的发生都离不开经济发展的需求以及技术的不断发展。简单来说，纸币较金属货币更易携带、交易、存储，印制（制作）成本远低于金属货币；而在数字经济不断扩大、电子支付已成趋势的背景下，数字货币较纸币更易流通，成本更为低廉，直接打破了物理形态货币的限制，为支付、流通、存储都提供了更为广阔的应用空间。故而，看似只是货币形式的变化，实则背后有着交易的现实需求与更多便捷可能的探索。

---

〔1〕 主要是苗连营、吴礼宁、吴乐乐、单飞跃等学者。

〔2〕 如单飞跃、何自强："币值稳定的货币宪法分析"，载《上海财经大学学报》2011 年第 6 期；苗连营："谈货币宪法学研究"，载《郑州轻工业学院学报（社会科学版）》2012 年第 5 期；苗连营、吴乐乐："为货币发行'立宪'：探寻规制货币发行权的宪法路径"，载《政法论坛》2014 年第 3 期；吴礼宁：《货币宪法学：知识谱系与中国语境》，法律出版社 2015 年版；鲁勇睿：《通货膨胀的货币宪法规制》，中国社会科学出版社 2016 年版。

这意味着在规范货币发行权上有着更为科学、公开透明的环境，通过减少交易成本从而在事实上增加公民的货币财产。

2. 支付方式的多元化

当前的支付方式主要有现金的点对点交易和第三方电子支付的账户对账户的交易两种。点对点之间的现金交易不会留下交易痕迹，具有匿名性；而账户对账户的第三方支付交易则与实名制的账户相关，每次交易都会留下痕迹，不具有匿名性。法定数字货币有可能同时实现如上两种支付方式的优点：在小额支付时与现金支付相似，可实现匿名支付；其他场合的支付，用户可以选择是否授权第三方使用自己的个人信息，可实现对第三方的匿名，但对中央银行而言，用户其实是实名的。更为重要的是，法定数字货币与当前的两种支付方式相比，可以更灵活，避免一些纠纷的产生。中国人民银行数字人民币研发工作组于 2021 年发布的《中国数字人民币的研发进展白皮书》中提到"数字人民币通过加载不影响货币功能的智能合约实现可编程性，使数字人民币在确保安全与合规的前提下，可根据交易双方商定的条件、规则进行自动支付交易，促进业务模式创新"。采用智能合约的法定数字货币，可以在智能合约规定的条件达到时自动执行交易，如此一来，能够满足除了银货两讫之外的到期支付的时间要求。

3. 发行法定数字货币将更大程度促进诚信

对于发行法定数字货币将更大程度促进诚信可从智能合约的角度进行解释。交易双方在法定数字货币之上设定智能合约，在双方履行合约义务后，智能合约自动执行将该特定的法定数字货币支付给卖方；如果一方违反合同约定，仍可通过智能合约设定的其他条件将不诚信的一方主体进行记录，作为评价其主体诚信的依据。无论是从技术设定来确保诚信实现，还是因不诚信行为而被技术记录，都将促进交易双方在磋商阶段更能审慎地行为，一旦双方确定合同就要全面履行，这个过程既包括诚信履约，也包括履约后获得的诚信。从这个角度看，法定数字货币的发行有助于私主体之间的诚信交易，更能贯彻民法的意思自治、诚实信用原则；同样，从监管部门与市场参与主体的监管关系来看，智能合约所促进的诚信实现以及对不诚信的记录，既可以降低监管部门的监管成本，也可成为监管部门进行社会信用评价的重要依据。

4. 发行法定数字货币更易实现币值稳定的目标

将保持币值稳定作为货币机构的目标是国际上通行的做法。[1]之所以说法定数字货币发行将更有利于币值稳定，在于法定数字货币的数字特点使其发行量可控。以过去的货币发行量和流通量以及未来市场上货币流通量为基础，利用人工智能、云计算等技术辅助计算，可预测法定数字货币的发行量，并能根据市场上源源不断产生的各项数据及时调整货币政策，以通过调整货币投放量进行宏观调控，法定数字货币无疑更具有优势。从这个角度看，发行量可控的法定数字货币有助于保持币值稳定，是货币机构规范行使货币权力的体现，更具科学性和及时性。

5. 法定数字货币的发行让货币机构管理更加严密

第一，从货币形态上来说，数字货币比纸币、硬币更容易管理，在制作、管理成本上都更具优势。数字货币由技术生成，依靠货币系统进行管理，而纸币需要印刷、防伪、运输、储存、防盗防抢、磨损消耗等繁重的成本，数字货币更多需要的是系统的安全维护。而且，数字货币并无物理实体的空间移动只是字符串在网络时空意义上的流动，更容易管控。第二，法定数字货币的发行有利于监管部门对市场交易主体行为进行监控。利用法定数字货币的可追踪、可溯源的特点，可以对交易资金进行监控，一旦有类似于资金转移、洗钱等大额资金异常情况，即可发出风险警告。

6. 法定数字货币发行有助于稳定社会公众心理预期

首先，在重大公共事件发生时，可能会引发公众去商业银行大规模取现的现象，商业银行有挤兑风险。银行挤兑是存款人集中、大量提取存款的行为。在 2020 年我国新型冠状病毒肺炎防控期间，因快递、外卖等行业受到疫情影响，增加了公众对现金的需求。此次疫情的特殊之处还在于传染方式的接触性，商业银行投放可流通的现金都要经过消毒等特殊处理。但如果流通的是法定数字货币，公众不需去商业银行兑现而可直接使用，银行挤兑的风险较低；并且，法定数字货币的使用并不会出现因接触而增加被感染的风险，一定程度上会减轻公众的心理恐慌。

其次，无论是上述提到的公众因恐慌而取现"囤钱"，还是不想被监控而

---

[1] 如《中国人民银行法》第 3 条规定："货币政策目标是保持货币币值的稳定，并以此促进经济增长。"

将银行账户的存款取现而发生的"囤钱"现象,都不利于货币机构准确把握市场上货币流通量和用户持币量。加之,公众所囤的现金也会因为储存不当而发生不可逆转的损耗等,都不利于货币机构对货币流通量的整体监控。法定数字货币既不会出现"囤钱",也不会发生损耗,故而更有利于货币机构确切了解货币的持有情况。

最后,公众使用现金和使用法定数字货币进行支付时的心理感受不同。使用纸币进行支付时的心理感受相对而言更为强烈,在钱包由厚变薄、纸币面额由大变小,感官上的刺激会增强心理感受;而使用法定数字货币进行支付时,公众看到的只是支付金额以及余额的数字变化,公众心理感受并不明显。故而,法定数字货币会在一定程度上刺激公众消费,推动经济发展。

本章小结

论及法定数字货币发行权的宪法约束时,绕不过去的概念就是法定货币发行权。从本质上来说,法定数字货币发行权是法定货币发行权的一部分,做此区分无外乎是因为数字货币是一种与以往货币形式不同的新货币,具有浓厚的技术属性。不过,笔者并不否认这样一个可能到来的未来:国家将发行数字货币,而不再发行纸币、硬币。到那个时候,法定数字货币发行权其实就是法定货币发行权。立足于当下,法定数字货币在我国被认为是流通中现金的替代或补充,那么,仍有必要对法定数字货币发行权与传统的法定货币(主要指纸币)发行权做出一定区别,而这又是法定数字货币发行权研究的前提。

故而,本章为了阐述"货币宪法"理论下法定数字货币发行权的规范行使,采取如下时间和空间逻辑顺序展开论证。首先,探寻法定货币发行权在近代宪法中的规定及发展,其中暗含两条发展路线,其一是第一部成文宪法(《美国联邦宪法》)将货币发行权授予国会,奠定了由中央政府(而不是地方政府)、民意代表机关(排除其他国家机关)来行使这项权力;其二是二战结束后,从英国开始将发行纸币的银行收归国有化,即开始由中央银行行使法定货币发行权。同时,也是在二战后,经过国际组织确立的"布雷顿森林体系"和"牙买加体系"的发展,确立了不与贵金属货币兑换的信用货币制度。在经国家信用背书发行法定货币后,因为超发货币已导致多次经济危机,而经济危机的不利后果最终转嫁为社会公众承担。因为货币发行权是货币权力的核心，所以"货币宪法"理论的提出实则是因为货币发行权的滥用，从货币发行权独立行使和保护公民财产权利来约束货币发行权的行使。

最后，在做完前面两个"准备工作"后，提出法定数字货币发行权所具有的宪法依据。论证的思路是法定数字货币发行权具有宪法价值，能够在宪法上予以解释并通过具体的法律规范予以约束，那么，法定数字货币发行权能否继续适用"货币宪法"理论进行规范？值得肯定的是，"货币宪法"理论在为规范法定货币发行权行使上的确发挥了作用，但缺少实践应用。尤其在当前数字货币出现的背景下，"货币宪法"理论应该具有回应法定数字货币发行后所带来挑战和问题的能力，保持"与时俱进"。这意味着法定数字货币的发行将会进一步充实和完善"货币宪法"理论，使其保持经久不衰的生命力。那么，需要进一步论述法定数字货币发行权的性质与构成，以对该问题有更深的认识。

中国法定数字货币发行权
的本质、性质与构成

在本书第二章部分，笔者论述了"货币宪法"理论下的法定数字货币发行权，为本章的研究奠定理论基础，而本章则是进一步对法定数字货币发行权的本质、性质与构成进行分析。无论我国是否决定发行法定数字货币，其所具有的理念和功能必然为当前货币制度所采用，至于姚前博士所说的新技术与传统货币机制是采用"苹果树上嫁接梨树，还是把苹果树变成梨树"[1]，其实只是在设计发行法定（数字）货币所考虑的技术设定模式而已。法定数字货币的"数字"虽以利用技术为表现，实则是货币发行权力行使模式发生了变化。更何况，作为法定（数字）货币发行的技术，本身就不是一成不变的，即便可以利用技术实现与既有的法定货币发行相同的模式，但是具体的权力运行必然会做出相应调整以适应该变化。法定数字货币发行权所涉及的对国家权力约束与对公民权利保护始终是宪法视野研究下的主旋律。

那么，研究法定数字货币发行权而没有直接研究法定货币发行权，是否仅是为了抓住技术的噱头，只不过是新瓶装旧酒？可以说，法定数字货币肯定是"新酒"，这是货币从金属货币到纸币再到数字货币的发展变化，货币发行权力要为货币形式的变化做出适应发展，以更好地维护国家货币权力。同时，法定数字货币也是"旧酒"，法定数字货币同样是以国家信用保障发行流通的信用货币。而且，在法定数字货币与私人数字货币以及其他国家法定数字货币竞争过程中，法定数字货币的国家主权属性将更加明显。法定数字货币发行权的新与旧将具体体现在法定数字货币发行权的本质与性质上，并决

---

[1] 姚前："中国版数字货币设计考量"，载《中国金融》2016 年第 12 期。

定其权力构成。本章将在我国法律制度背景下分析法定数字货币发行权的本质、性质及构成。

第一节 法定数字货币发行权的市质

虽然第二章在"货币宪法"理论下对法定数字货币发行权的本质略做说明，但囿于章节研究的侧重点不同，并未在第二章充分展开。故而，本节将进一步对法定数字货币发行权的本质特征进行说明。法定数字货币是一种新的货币形式，但探究其本质，不能只从货币形式的角度进行分析，要从货币发展的历史规律中探寻。本节将以我国货币形式的发展为例，从货币的历史发展来分析、总结出法定数字货币发行权仍遵循历史发展规律。具体采用与传统法定货币发行权对比的方式，提出法定数字货币发行权的本质特征。

一、货币发展视角下的法定数字货币发行权

从古至今，官方与民间对货币发行权力（利）的争夺从未停止。但从货币发展史来看争夺结果，无论是官方直接发行货币，还是官方允许或默示民间发行货币，其背后体现的都是国家作为货币权力的最终享有者对经济的调控手段，而这种调控手段显然与货币自身的发展有着千丝万缕的联系。

（一）中国货币史视角下的货币形式重分类

在具体论述货币发行权力与货币形式之间的关系之前，笔者要重新对货币作出划分，即将货币形式划分为商品货币、贵金属货币、贱金属货币（不完全信用货币）和纸币（信用货币）。在数字货币出现后，将数字货币作为与纸币并列的信用货币。其中，笔者将金属货币做了具体区分：金属货币主要包括金、银、铜、铁，这四种类型的金属货币均在我国历史上发挥过作用，而贵金属货币则主要指金和银，贱金属货币指的是铜或铁。

1. 信用货币概念出现前的信用货币

值得注意的是，信用货币的概念是通过"牙买加体系"确定的，是指不与贵金属货币挂钩，而直接以国家信用作为内在价值，并经国家强制力保障流通使用的货币，但这不意味着在"信用货币"这个概念出现之前就没有信用货币的存在。虽然贱金属货币是以金属货币作为载体，但在历史发展过程

中，因为金属材料的不足等原因，贱金属货币更多的是依靠国家强制力保障流通，而不仅仅是金属货币自身的价值。从这个角度看，贱金属货币已经具备信用货币属性，但可与贵金属货币挂钩，所以将其称为不完全信用货币更为妥当。

因而，笔者将当前普遍认为的货币形式划分进行一个细节调整，即变为商品货币、贵金属货币、不完全信用货币和信用货币。做此区分则是为说明不完全信用货币的概念：金或银作为流通货币，是以金或银自身的价值作为货币的价值来源，贵金属货币是称量货币，通常不会发生通货膨胀；而铜、铁作为流通货币时，往往会因为日常交易中数量不足而被有意打造成不足值的金属货币，以满足日常频繁的流通需要。这意味着贱金属货币所代表的货币价值要大于其所含金属的价值，而多出来的部分则是依靠国家信用保障，贱金属货币会因为国家过量发行而有发生通货膨胀的可能。故而在货币信用属性更为显著时宜将铜、铁这样的金属货币划分为不完全信用货币，而不是仅凭借其所具有的金属形态之外衣进行划分。

除了贱金属货币外，我国货币历史中早期的纸币与现在所使用的纸币并不完全相同，早期的纸币与贵金属货币挂钩，属于不完全信用货币。而信用货币则是"牙买加体系"确定的不与贵金属挂钩的货币，包括纸币和数字货币。下文在论及货币发行权的时代变化时再详细说明法定数字货币的国家信用属性，此处不予赘述。不同类型货币的关系如图3-1所示。

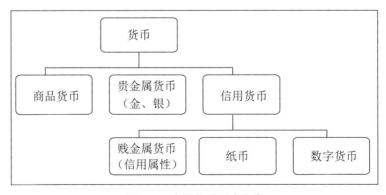

图3-1　中国货币形式分类

2. 只有信用货币才有可能造成通货膨胀

长久以来，人们存在一个重大误区，即认为纸币的发行是造成通货膨胀的"元凶"。真相却是，国家滥用货币发行权而超发的纸币只是造成通货膨胀的充分条件，并非必要条件，甚至，这个"充分条件"在历史上的例外面前也不够充分。进一步地说，造成通货膨胀与发行何种形式的货币虽有一定的联系，但并非决定性条件。在我国的历史上，也因为发行诸如铜钱、铁币这样的金属货币而发生过通货膨胀。发行纸币所带来的通货膨胀之所以让人们印象深刻或许是因为纸币本身并没有价值，当国家信用变得脆弱时，纸币也就真的是废纸一张。如第一次世界大战结束后，德国为支付巨额战争赔款而不断发行纸币，引发严重的通货膨胀，出现千亿马克（德国纸币单位）才能购买一个面包的现象。而铜钱、铁币所代表的价值与其实际价值不相符时，在铜钱、铁币上存在信用与金属价值双重属性，当信用属性明显多于金属价值属性时，超发铜钱、铁币也可能会带来通货膨胀。不难发现，造成通货膨胀应归结于法定货币的国家信用属性，即在国家信用属性面前，纸币与贱金属货币都可能引发通货膨胀。

自北宋时期出现纸币"交子"后，我国历史上的确存在超发纸币而引发的恶性通货膨胀，造成国内经济动荡。为了防止超发纸币可能带来的不利影响，历史上的王朝制定了发行纸币要遵循严格的制度，一是发行限额制度，二是发行准备金制度，三是定期界兑制度，四是流通区域限定制度。[1] 即便规定了严格的纸币发行制度，但在国库空虚而战争不止的情况下，发行纸币就成了解决燃眉之急的必需。不过，如果将超发纸币对于恶性通胀所引发的经济动荡类比于褒姒对于烽火戏诸侯所引发的西周灭亡，纸币难免过于"冤枉"。

首先，纸币的出现是商品经济发展的需要，在促进商品流通、便于携带、不受货币材质限制等方面，纸币较金属货币具有天然的优势；其次，纸币发行有着严格的回笼制度，与交易、存储过程易磨损的金属货币相比，纸币可以实现常用常新，在国家稳定的前提下，纸币币值可以保持相对稳定；再其次，纸币的超发可视为纸币在特定时期的"临危受命"，发行纸币是为了经济的发展，超发纸币同样也是为了刺激经济继续发展，在金属货币不足而又需

---

[1] 参见石俊志：《中国货币法制史话》，中国金融出版社 2014 年版，绪言第 3 页。

要货币流通以稳定社会经济秩序的情况下，纸币不得不承担特定历史任务；最后，超发纸币同样也是国家利用货币行使宏观调控职能的体现，没有哪一个国家超发纸币是为了将国家引向灭亡，超发纸币所带来的后果能否为一国所控制同样也是国家执政能力的体现，如南宋也曾有超发货币但没有引发恶性通货膨胀的事例，原因就在于王朝做了发行准备，并允许百姓可用纸币缴纳税款，从而保证了纸币价值的稳定。[1]故而，不宜将超发货币与恶性通货膨胀直接等同。

上文也提及当贱金属货币的信用属性与其本身的金属价值属性并存时，而金属价值属性不值一提时，也有引发恶性通货膨胀的可能。即王朝可以通过减少铜钱重量来增加铜钱的铸造数量，扩大货币流通量，到了铜钱重量没有再减少的空间时，就发行虚币大钱，将铜钱减重与大钱铸行交替使用，从而使得铜钱的信用化过程可持续。如果过度利用货币手段从民间敛财，恶性通货膨胀乃至社会经济衰退甚至社会动荡就会不可避免地发生。[2]如汉武帝时期为了满足战争支出，发行虚币引发了严重的通货膨胀。[3]从我国货币史来看，造成恶性通货膨胀与货币形式本身并无直接联系，纸币并非引发恶性通货膨胀的唯一源头，金属货币在信用属性增强时，也会成为恶性通货膨胀的导火索。故而，只有信用货币（包括不完全信用货币）才有可能引发通货膨胀。

（二）货币发行主体视角下的法定数字货币[4]

从法定数字货币发行主体的角度出发，根据直接发行对象的不同将法定数字货币分为面向公众发行的法定数字货币和面向金融机构发行的法定数字货币。虽以概念设计的不同为具体表现，实则体现了两种完全不同的法律关系。

1. 面向公众发行的法定数字货币

面向公众发行的法定数字货币，是指国家授权某个机构直接面向公众发行的可用于日常支付的数字货币，体现的是该货币发行机构与公民之间基于法定数字货币产生的法律关系。这种类型的法定数字货币以厄瓜多尔、委内

---

[1]　参见石俊志：《中国货币法制史话》，中国金融出版社2014年版，第143页。
[2]　参见石俊志：《中国货币法制史话》，中国金融出版社2014年版，绪言第6、7页。
[3]　参见石俊志：《中国货币法制史话》，中国金融出版社2014年版，第2页。
[4]　关于法定数字货币分类内容可参见李晶：《数字货币与日常生活》，上海人民出版社2021年版，第174~180页；李晶："论法定数字货币的法律性质及其监管"，载《上海政法学院学报（法治论丛）》2022年第2期。

瑞拉等国家发行的法定数字货币为例。

该类型法定数字货币的特点如下：一是货币发行机关直接面向公众发行，属于一元发行流通体系。这表明货币发行机关能够根据市场上公众的需求直接调节货币发行量，有利于国家宏观调控权的实现。同时也意味着该主权国家的经济体量通常相对较小，在处理大量、复杂的交易时能力相对薄弱。二是货币发行机关发行的法定数字货币为零售型货币，也就是指能够替代纸币流通使用，将直接对公民生活产生影响，属于双方法律关系。三是可直接基于区块链技术发行，虽可利用区块链技术，但也要承受因区块链技术冗余所导致交易速度较慢、无法满足大量交易需求的缺点。从侧面也可解释个别国家直接采用区块链技术而能够较早发行法定数字货币。[1]

2. 面向金融机构发行的法定数字货币

面向金融机构发行的法定数字货币，是指货币发行机构向金融机构发行数字货币。根据金融机构是否继续面向公众完成法定数字货币的流通使用，可进一步划分为面向金融机构发行的批发型法定数字货币和面向金融机构发行的零售型法定数字货币。从当前我国法定数字货币（DC/EP）的试点和应用情况来看，我国采用的是面向金融机构发行的零售型法定数字货币，即用于公众日常支付，可替代现金使用。

该类型的法定数字货币的特点如下：一是货币发行机构面向金融机构发行数字货币，属于二元发行流通体系。采用该模式的内在考量在于利用先进技术对当前运行良好的电子货币系统进行改良，而非彻底颠覆。一方面，发行法定数字货币仍沿袭"货币发行机构—金融机构—（公众）"的发行流通路径，既可减少新类型的货币发行阻力，也可充分利用完善的金融机构及制度规则分散一元发行流通体系的风险；另一方面，采用二元发行流通体系为私人机构创新提供空间，肯定私人机构在数字货币创新发展中积极作用的同时，将其纳入国家货币发行体系中，确保国家垄断货币的发行。二是货币发行机构发行的法定数字货币可以是批发型货币，即货币发行机构直接向金融机构发行的主要用于大额清算的数字货币；还可以是零售型货币，即公众可用于日常支付的货币。虽然主要由三方主体参与其中，但直接表现的仍是以货币发行机构与金融机构之间，金融机构与公民之间的双方法律关系。三是

---

〔1〕 如厄瓜多尔在 2015 年发行法定数字货币，委内瑞拉于 2018 年发行法定数字货币。

在法定数字货币的测试中，区块链技术显示出效率和安全性不高，而国家对交易效率、安全性、实名制有着更高需求时，区块链技术就不是被唯一考虑的底层技术了。[1]

（三）　向货币使用主体视角发展的法定数字货币

如上对法定数字货币类型的划分是从货币发行主体的角度出发的，体现的是一种从上到下的思想。这种思想除了体现在"法定数字货币是由国家授权机构发行的一种货币形式"的概念表达上，也体现在国际相关研究成果当中。如国际清算银行 2017 年发布的"央行加密货币"一文中首次提出了"货币之花"的概念模型，根据中央银行面向发行对象的不同，将法定数字货币分为零售型（普遍通用和分散式支付）和批发型两种。[2]而去中心化的区块链技术不能适应中心化的货币发行需求，2018 年该作者提出了修订版的"货币之花"概念模型，不再将分散式作为零售型货币的主要属性，而是用基于代币（token-based）和基于账户（account-based）作为一种属性。[3]虽然在技术细节上完善了对法定数字货币的类型划分，但本质仍是以货币发行主体的角度进行的"小修小补"。不过，基于账户的法定数字货币以通过验证账户所有人身份来保证安全性的变化已隐约有了向使用者角度转变的迹象。

国际清算银行在 2020 年第一季度的研究报告中直接提出了从使用者角度出发的法定数字货币类型的设计——法定数字货币"金字塔"的概念模型，即从消费者需求出发设计零售型法定数字货币。在"金字塔"最底层是消费者对实时支付、点对点支付功能的基本需求，而与此相对的是法定数字货币应该如何设计架构和角色；目前已经研究到的顶层需求是跨境支付，对应法定数字货币的批发和零售类型。该模型对消费者需求来说是开放的，并没有直接设定"金字塔"的"塔顶"。[4]该模型开始了法定数字货币从发行主体

---

〔1〕　如加拿大、新加坡等国采用的是基于区块链技术的二元发行流通体系，而如瑞典、中国等国采用的是借鉴包括区块链技术在内的先进技术的二元发行流通体系。

〔2〕　See Bech M L, Garratt R, "Central bank cryptocurrencies", *BIS Quarterly Review*, 2017, available at https://www.bis.org/publ/qtrpdf/r_qt1709f.htm, 最后访问日期：2019 年 12 月 19 日。

〔3〕　See Bank for International Settlements, "Central Bank Digital Currencies", 2018, available at https://www.bis.org/cpmi/publ/d174.pdf, 最后访问日期：2019 年 12 月 19 日。

〔4〕　See Raphael Auer, Rainer Böhme, "The Technology of Retail Central Bank Digital Currency", *BIS Quarterly Review*, 2020, available at https://www.bis.org/publ/qtrpdf/r_qt2003j.pdf, 最后访问日期：2019 年 12 月 19 日。

到使用者视角的方向转变,体现了从下到上的思想。

法定数字货币的概念向使用者角度发展,实际反映的是法定数字货币研究过程中对三种价值的重视:其一是在数字货币背景下以使用的便捷与安全作为法定数字货币研究的出发点,强调对使用者权益的保护,保护重点从财产权到兼顾财产权与数据权;其二是对私人机构的电子支付中介地位和数字货币创新发展贡献权益的保护,法定数字货币的研究与发行并非抛弃业已成熟的第三方支付模式以及埋没私人数字货币的技术贡献;其三是对货币发行主体法律地位的维护,在一元发行流通体系中是为了维护中央银行的法律地位,在二元发行流通体系中是为了维护中央银行与商业银行等金融机构的法律地位。

无论是从发行者还是使用者的角度来看待法定数字货币的发展,这只是一个"国内"视角。而无论从数字货币自身的数字特性来看,还是各主权国家对法定数字货币的设计,已经向我们清晰描绘出一幅未来货币发展的"国际"地图:以是否直接使用区块链技术作为法定数字货币设计的底层技术作为国际货币发展的第一个"分叉",而在使用用途上是作为批发型还是零售型法定数字货币又会成为第二个"分叉"……不难看出,法定数字货币是复杂的,既不同于私人数字货币,也会因为主体视角的不同而呈现不同的发展特点,不同主权国家研究的重点更是不同。这意味着对法定数字货币法律属性的分析必然不是容易的,但这又是分析相关法律关系的基础,因而有必要将法律属性的分析作为研究法定数字货币的起点。在本章第三节将会对法定数字货币的法律属性作出分析。[1]

二、法定数字货币发行权的国家垄断性

从中国货币发展来看法定数字货币发行权的本质,可以纠正我们两个错误认识,一是认为通货膨胀是近现代超发纸币特有的现象,二是认为只有国家才是发行货币的主体,忽视私人主体在货币发展中的作用。而这能为解释法定数字货币发行权的本质奠定基础:法定数字货币本质是信用货币,由国家垄断实施,有引发通货膨胀的可能;法定数字货币的产生源于私人数字货币的发展。

---

〔1〕 参见李晶:《数字货币与日常生活》,上海人民出版社 2021 年版,第 174~180 页。

（一）法定货币发行权在垄断与打破垄断中确立

简单来说，货币发行权是由国家垄断行使发行法定货币的权力。该权力具体包括如下几个内涵：一是货币发行权由国家专门行使，具体由特定货币机构负责；二是货币发行权由国家强制力保障实施，任何侵犯国家货币发行权的行为都将受到法律制裁；三是国家明确规定发行的货币形式，在信用货币确立前，我国的货币形式主要是金属货币，早期的纸币是在与金属货币兑换的前提下发行流通的；四是货币发行权是相对灵活的权力，通常来说，国家定期会发行一定数量的货币，但在特殊情况下（如战争、经济衰退等）则不受此限。

当前我们认为货币发行权由国家垄断行使是理所应当的，但在我国漫漫的货币史当中显然站不住脚。有学者敏锐地指出："国家及其货币主管部门央行在对货币形态演进方面从未处于领先地位，每一次货币形态的变革最先都由私人部门发起，并历经了一段相对混乱的时期，再由国家进行统一完善并稳定下来。"[1]也就是说，无论是金属货币还是纸币，最初的发明者或者说发行者都来源于民间，最初的货币发行实则是私人主体发行货币的权利，不同于国家发行货币的权力。在此处，笔者想要强调或者是重申几个关于货币发行权的论断。

一是在一国国内局势相对稳定的情况下，由国家垄断发行货币还是国家授权私人发行货币，无不表明货币发行权属于国家。即便新的货币形态最初起源于民间，但该种形态的货币如果想要获得合法流通的地位，仍然需要国家授权，亦即，国家垄断着货币发行权。反之，这也可以解释在古代王朝建朝初期乃至末期，容易发生民间货币代替官方货币流通的现象，也就是民间发行的货币打破了国家垄断发行货币的地位。即在国家局势不稳，人民对国家并不信任的情况下，容易发生民间货币打破国家垄断的情形。

二是在国家主权还不够稳定或者是仅有象征意义上的国家存在时，可能会在事实上形成民间货币发行流通，而国家为了经济发展或者维护国家主权，采用默认、承认或鼓励民间发行货币。从这个角度看，民间发行货币在得到主权国家授权或认可的前提下，获得了与国家发行的法定货币同等法律地位，

---

〔1〕　周陈曦、曹军新："数字货币的历史逻辑与国家货币发行权的掌控——基于央行货币发行职能的视角"，载《经济社会体制比较》2017 年第 1 期。

仍可视为国家垄断行使货币发行权的具体表现。

三是在王朝更替或者国家象征意义几乎不存在的情况下，民间会自主发行货币以满足日常交换的需要，此时实际上已不是民间发行货币对国家货币发行权力的挑战，只是货币在经济意义上功能的体现。

四是新的货币形式的出现更多是因为经济发展对更便利货币形式交换的需要，如"交子"的出现是为了满足局部地区经济发展的需要，数字货币的出现是为了满足数字经济下对日常数字支付、跨境支付等的需要。

无可辩驳的是，历史上的各王朝都要垄断货币发行，差别在于其是否有足够的执政能力以确定并维持货币发行权。历史上，秦朝第一次实现了国家统一。为了实现国家统治，秦朝统一度量衡，即在秦朝统治区域内行使统一的货币制度，发行统一的货币。国家对货币发行权垄断的体现之一就是对私人主体铸造货币的严厉惩罚，目的在于防止私人发行货币打破国家对货币发行权的垄断，从而损害国家利益。在北宋纸币"交子"出现之前，各朝代的货币以金属货币为主，政府所要维护的是其铸币权。在纸币出现之后，只有元朝短暂地将纸币作为唯一流通货币，其他时期一般都并行流通纸币与金属货币。

纸币最早只是在特定区域由私人主体负责发行，由私人信用保障纸币与金属货币的可兑换。在私人信用破产后，为了确保当地经济的稳定和人民的财产权利，朝廷掌握纸币发行的权力。[1]从另一个侧面也可表明，相对稳定的政府垄断着货币发行权，只不过其有权决定是自己发行还是允许私人发行。同样也可表明，国家是否垄断货币发行与货币形式并无直接的关系。私人主体发行的货币只有在政府无力统治时才会打破国家的垄断发行，即民间货币在流通过程中充当一般等价物时比官方货币更能获得社会认可。这种情形与上文所提的官方货币与民间货币并行发行并不相同，此时私人发行货币有代替官方货币流通的可能，可视为民间货币打破国家垄断货币发行的地位。而官方货币与民间货币即便并行发行，只要政府有能力确保官方货币的法偿地位，就意味着政府也有随时将民间货币发行权利收回的权力。

综上，在金属货币时期，国家的货币发行权以铸币权具体体现，同时不允许私人铸币。在纸币与金属货币并行时期，因为纸币的价值要以贵金属价值和国家信用体现，所以纸币可兑换成金属货币。此时，国家的货币发行权

---

〔1〕 参见石俊志：《中国货币法制史话》，中国金融出版社2014年版，第133页。

既包括铸币权，也包括特定机构发行纸币的权力，只不过发行纸币的权力受到严格限制。在只发行纸币，且纸币不可兑换成金属货币时，纸币的价值完全以国家信用体现，国家的货币发行权仅由国家特定机构行使。在纸币出现后，纸币代替金属货币行使流通职能。因此，放眼我国古代的货币史，货币发行权在政府垄断发行与私人打破垄断发行中被确立；但只聚焦于某一朝代来看，政府都是有垄断货币发行的欲望，只要国内形势相对稳定，这一垄断欲望直接转化为垄断货币发行的权力。从历史发展来看，一旦国家对货币发行权的垄断被打破，也就意味着这个朝代气数已尽，必将有新的王朝建立，而后由新的王朝逐渐恢复对货币发行权的垄断。

（二）法定数字货币的完善与稳定

当前各国流通的法定货币形式为纸币，随着技术的发展，私人主体创新发展出了新的货币形式，即数字货币。上文对我国货币史分析总结的目的在于，无论货币形式发生何种变化，只要主权国家存在，主权国家都有垄断货币发行的权力，仍遵循上文提到的规律：即便是在民间首先出现了新的货币形式，但能否合法化取决于主权国家的态度。所以即便是以去中心化为核心特点、以点对点支付为表现形式、以匿名性为安全保障的数字货币，在未经国家承认或者以法定数字货币完善稳定之前，都不可视为信用货币时代的货币。当然，这并不影响承认私人数字货币具有合法地位的国家中，私人数字货币可具有部分货币属性。

在可预见的数字货币的发展中，数字货币将沿袭纸币的发展路径。不过，由于数字货币自身的特点，在发展路径上也会具有自己的特点。究其本质，私人数字货币与法定货币所具有的信用基础不同。只从私人数字货币自身的发展来看，私人数字货币具有的信用实则具有两个极端。第一个极端是数字货币的去中心化。亦即运用区块链技术的去中心化、去信用化特点确保数字货币的信用，并不依靠任何主体的信用而仅依靠代码设定的经济激励机制来确保数字货币平稳地发行与流通。在这个极端中，只有比特币的去中心化属性最强。由于越来越多的人接受比特币，比特币的价值得以确定，但仍避免不了价格剧烈波动，这是任何称为货币的"货币"都不能容忍的弊病。第二个极端是数字货币的中心化。为了确保数字货币价值的稳定性，除了利用先进技术与经济激励机制外，与法定货币等真实财产锚定也可以让数字货币的价值保持相对稳定。此时，可将与法定货币等真实财产锚定的数字货币看作是与贵金属货币挂钩的纸币，都是为了维持币值稳定的一种手段。之所以将这种数字货币作为另一个极端，是因为此时的数字货币已与数字货币诞生之初所欲实现的去中心化理念不同，如脸书发行的 Libra 已然中心化。

除了如上两个极端的情形外，处于中间的数字货币将会利用区块链技术、以发行主体自身信用来保障数字货币的发行和在有限范围的流通使用。其实，三种信用程度不同的私人数字货币未来的发展，可以从当前法律制度内找到类似功能的法律概念。如可将中间情形的数字货币视为公司的股票，不过，数字货币的功能和范围将远大于股票，总的来说数字货币可作为权益证明。而与法定货币等真实财产挂钩的数字货币可视为票据，只不过这个票据将随着锚定的法定货币的不同可在更大范围内流通，并且根据数字货币的可分性，这个"票据"也可划分为更小的单位，而不只是"大额票据"。而去中心化的比特币，当前主要用于投机以及作为灰色交易的支付手段，未来能否获得比特币追捧者认为的类似于黄金的地位有待于其进一步发展。

如上只是数字货币中私人发行部分的发展。数字货币的另一发展方向则是法定数字货币，也就是私人发行数字货币虽名义上或者说习惯表达上被称为货币，但其在法律框架下通常只能作为财产存在。只有法定数字货币才是主权货币。也就是说，即便私人数字货币为了解决内在价值问题，直接将信用取消，运用技术来确保双方交易顺利进行，与私人数字货币是否具有内在价值似乎并无直接关系。但这恰恰直接向世人展示出，某事物越缺少什么（信用）越宣扬什么（信用）。

即便我们可以预测到未来私人数字货币的财产属性，私人数字货币在不同国家监管措施不断完善的背景下而不断规范发展，但我们仍需承认这样一个事实：去中心化越强的私人数字货币，越容易获得人们认可，所以比特币即便价格波动，仍被广泛接受。故而，无论是因为技术优势还是技术投机而让更多的人认识或认可私人数字货币，其已经开始代替法定货币在一定市场上流通。那么，主权国家为了维护货币发行的垄断地位，必然要对私人数字货币进行监管，而最直接的表现就是鲜有主权国家直接承认私人数字货币为货币，但多认可私人数字货币的技术优势。

数字货币是技术发展、商品交换、国际贸易发展的时代产物，当前已有国家发行法定数字货币，没发行的国家也在积极研究法定数字货币。可以说，当前正处于货币新形式出现后，国家"统一完善（数字货币）并稳定下来"的阶段。数字货币未来的发展趋势正在逐渐明朗：国家发行并确保数字货币的流通，数字货币是法定货币的一种形式，为了与私人数字货币相区别，可称其为法定数字货币。故而，无论法定数字货币是否发行，货币发行权仍为国家享有，只不过除了依靠国家信用确保权力行使外，先进的技术组合同样也可成为权力行使的保障。

三、法定数字货币发行权的动态发展性

（一）法定数字货币发行权是传统法定货币发行权的延伸发展

从货币发展的角度出发来看法定数字货币发行权与传统法定货币发行权，二者都是国家行使的货币发行权，只是发行的货币形式发生了变化。即便只是货币形式发生了变化，也会带来货币发行权力的变化以及货币发行权力与公民财产权利之间关系的变化。导致这些变化的原因看起来是货币所使用的技术发生了变化，实则反映了国家利用不同的货币技术实现特定的治理目的。正是基于此，为法定数字货币发行权打开了一道不同于传统货币发行权的大门。

法定数字货币发行权最大的特点在于利用技术组合实现货币发行权，从发行成本、流通效率、便捷安全、可跨境流通等方面都将更具优势。同样，传统法定货币发行权也有技术性的存在。[1]不过，因二者使用技术所要实现效果的倾向不同而让二者自此发生改变。传统法定货币发行权的技术性以纸币的防伪造技术为主，这与纸币自身的物理特点直接相关。为了防止假币在市场上流通而干扰国家法定货币发行权的正常行使，国家对发行的法定货币采用了一系列不断加强的防伪技术措施。

纸币防伪机制具有两个特点：一是防伪机制成本高，纸币的防伪技术要不断提高以应对不断提高的伪造技术，也要有核心防伪技术以防被假币使用；二是对制造法定货币的模板等器具以及发行基金[2]进行安全性保护，库存管理成本同样昂贵。为了满足纸币的防伪要求，防止假币的产生，在法律上也采取了两种应对思路：一是通过专门的法律规范进行保护，如《人民币管理

---

〔1〕　此处仅以纸币为例作出说明。
〔2〕　发行基金是指未投入流通使用的人民币票券。

条例》《中国人民银行假币收缴、鉴定管理办法》等对纸币的防伪和安全管理作出了明确规定以及需要承担的行政责任；二是刑法上明确规定了与伪造、变造货币相关行为的罪名，如禁止伪造、变造人民币，禁止出售、购买伪造、变造的人民币，禁止运输、持有、使用伪造、变造的人民币。从纸币制造到发行流通，防伪理念贯穿始终，用惩罚措施最为严厉的刑法对与假币相关行为进行打击，是为了维护法定货币的信用性，防止对国家法定货币权力的权威带来挑战，更是通过维护正常的货币市场秩序实现国家的金融安全，以保障每个公民的货币财产权利。

而法定数字货币发行权的技术性则以数字可控为主。从发行数字形式的货币来看，具有安全加密技术特点的数字货币本身难以被伪造，并不存在创造每张纸币的成本，也没有对创造纸币器具等进行安全管理的成本。发行法定数字货币，防伪造技术已不再是核心技术，而是对数字形式的货币如何进行更好地管控。

简单来说，从传统货币发行来看，市场上流通的货币数量是多是少，我们可以通过直接观察物理形态的纸币即可进行判断。但是发行的法定数字货币，市场上货币流通量的变化直接以数字变化，没有纸币对应，我们无法直观地感受到货币数量的变化。那么，一旦法定数字货币发行失控，可能直接产生两个后果：一是在市场上商品数量一定，而法定数字货币发行数量增多时，会面临"有钱无市"的现象，最终不利后果的承受主体是社会公众；二是各国一般对可以携带纸币的出入境数额有着严格规定，但是法定数字货币的数字性让其不受此限，那么可能发生资产转移到国外的情形，更为严重的情形可能是境外势力通过买卖法定数字货币来试图操作或影响一国的货币市场，从而引起国家金融安全危机。那么，如何防止法定数字货币发行的失控，是在行使法定数字货币发行权时应予以考虑的重点。

（二）法定数字货币发行权是人民币国际化的延伸发展

我国的进出口贸易额在全球总贸易中占据较大比重，为了进一步促进我国与全球的经济往来，人民币国际化成为我国全球贸易战略中的重要目标和手段。人民币国际化过程中需要处理的一对核心关系便是国家的货币主权与其他国家货币主权之间的关系，而这要放到国际背景中去考察。当前，国际形势发生了巨大变化，一方面是经济全球化要求参与国家既能够"走出去"，也能"引进来",其中重要的就是国家的主权货币在国际贸易中能够发挥作用,减少贸易摩擦;另一方面是民族经济保护主义不断拓展,试图改变经济全球化发展趋势,这对人民币国际化进程形成巨大障碍。无论全球经济是沿着全球化的方向发展,还是沿着民族保护的方向发展,都隐含着一个线索:主权货币跨境流通的程度。

与美国逆经济全球化形成鲜明对比的是,人民币在全球各经济体中央银行持有的外汇储备比例在上升。我国综合国力的提升让人民币的价值更加稳定。正是在美国等国家与我国在贸易等方面摩擦不断的严峻国际环境下,人民币"走出去"成为我国重要的应对策略。不过,人民币国际化进程中所面临的阻碍日益强劲,一是美元作为世界货币在全球贸易中仍占据首位,二是美国 Facebook 以发行 Libra 向全球提供金融基础设施的方式,充分利用传统法定货币和数字货币继续在全球贸易中占据有利地位,这对我国人民币国际化来说无疑是更大的挑战。但同时也为我国带来了新的发展契机:我国在法定数字货币的设计和研究上处于国际领先地位,利用双边或多边协议不断扩大我国法定数字货币的使用范围。从比较的眼光来看我国人民币国际化进程与美国货币发展,可发现我国人民币国际化并非没有发展空间。

在传统法定货币领域,美元虽然仍是主流世界货币,但人民币的影响力也在不断提升。尤其在新冠肺炎疫情常态化防控中,我国政府在保障人民群众生命健康安全、不断提高执政能力、全面恢复经济与加速经济转型中都展现出了巨大的领导力与生命力,这为人民币保持价值稳定提供了良好的群众基础和经济基础。

在数字货币领域,美国虽改变了对法定数字货币的态度,着手研究法定数字货币,且 Facebook 的 Libra 以美元作为主要的抵押财产来保持价值稳定。Libra 已于 2021 年发行,将成为保持美元世界货币地位的巨大私人力量。而且,由于 Libra 的发行主体是私人而非国家,这同样可降低 Libra 在跨境流通中遭受来自维护货币主权的强大阻碍力量。与此相对应,我国法定数字货币的发行计划和试点测试时间表与 Libra 的时间表多有重合也并非仅仅是巧合。更为重要的是,我国人民群众对政府的信赖决定了法定数字货币价值的稳定性,这是其他国家法定数字货币乃至传统法定货币所不具有的优势。

当前我国强调法定数字货币只是对现金的补充,同样含有另一层含义,这对人民币国际化同样大有裨益。即我国法定数字货币虽然是通过商业银行等金融机构向公众发行，但直接体现的是我国中央银行与公众之间的关系，公众对自己的法定数字货币享有直接的所有权。这意味着公众在获取、使用法定数字货币时，不再过于依赖商业银行，拥有更多自主权。即便法定数字货币钱包在使用时要与特定的商业银行关联，但公众放入钱包的法定数字货币的所有权完全属于本人，不同于当前法律规定的公众存储在银行账户内的货币在银行破产时作为破产债权。[1]这对公众而言，发行法定数字货币将有助于公众维护财产权。除了本国居民外，境外居民也可不开立银行账户，只需要注册法定数字货币钱包即可使用法定数字货币。在我国法定数字货币跨境流通时，除了要保证境外居民在获得和使用上便捷外，也要充分尊重外国的货币主权，在双边协议或区域协议的明确约定下促进法定数字货币的跨境流通。

第二节　法定数字货币发行权的性质

十分遗憾地说，当前对法定货币发行权领域颇为关注的学科是经济法学和国际法学，虽然这个问题也引起了宪法学者的注意，但明显声音薄弱且未形成法定货币发行权的宪法学领域话语体系。从权力角度对法定货币发行进行研究，学者们似乎都陷入了这样一个怪圈：一面承认货币发行权对于国家经济发展和百姓安居乐业的重要性，对其不当行使所带来的通货膨胀表达着深深地忧虑，另一面却没有专门对这个"始作俑者"的法定货币发行权进行专门研究。

尤其是在数字货币出现后，人们意识到私人发行数字货币对法定货币发行权带来严峻挑战，但究竟会带来什么挑战似乎没人真正能说得清楚，以至于当前对法定数字货币发行权的研究不仅是初步更是浅显的：既无法在法学研究中立足，更无法跟上国际对法定数字货币的前沿研究。在对法定数字货币发行权国家垄断性本质分析基础之上，继续分析法定数字货币发行权的性质。

---

〔1〕《中华人民共和国商业银行法》第71条："商业银行不能支付到期债务，经国务院银行业监督管理机构同意，由人民法院依法宣告其破产。商业银行被宣告破产的，由人民法院组织国务院银行业监督管理机构等有关部门和有关人员成立清算组，进行清算。商业银行破产清算时，在支付清算费用、所欠职工工资和劳动保险费用后，应当优先支付个人储蓄存款的本金和利息。"

一、法定数字货币发行权属于货币主权

法定数字货币发行权属于货币主权，是法定数字货币发行权的首要定位。货币权力于一主权国家的重要性再怎么表述都不为过，卡尔·波兰尼甚至说出这样的论断："只有那些拥有受控于央行的货币体制的国家才被认为是主权国家。"[1] 该论断中有几个隐藏的含义值得注意：一是世界上各国都有自己的货币体制，其完善和行使程度如何取决于一国的法治情况、经济情况等综合国力，但是货币体制不见得都受控于央行；二是受控于央行的货币体制是在二战后普遍建立起来的，一般情况下央行为国家所有，但在个别国家，央行被私人控制；三是即便央行归属于国家所有，也不意味着央行能够行使完整的货币权力，其中货币发行权就不是每个国家都在行使，如列支敦士登使用瑞士法郎作为官方货币；厄瓜多尔虽然行使名义上的货币发行权，但实际上国内流通的是美元；欧元区国家甚至直接将货币发行权交由欧洲中央银行统一行使。从这个角度看，货币权力与主权国家之间似乎出现了某种程度的剥离。

但无论如何，一般情况下，一个国家独立行使货币权力是主权国家的表现。主权国家可以不行使某一货币权力，并不意味着其丧失该项货币权力，可认为是行使该货币权力的特殊形式，主权国家认为有必要的时候仍可恢复行使法定货币发行权。在货币权力属于国家主权的基调下，法定数字货币发行权属于货币主权这一性质仍有讨论的空间。

（一）对法定货币发行权属于货币主权的认知

1. 宪法学者对法定货币发行权性质的认知

法定货币发行权是国家货币权力的重要内容，尤其是其行使对整个国家权力运行提供"原生动力"，对每个公民，更确切地说对每一个持币人权利的实现产生根本性的影响，这样关乎国计民生的权力应该被宪法学者关注。但可能就是这项与我们日常生活越是息息相关的权力越是让我们习以为常，越是让我们忽视了对它的研究。就好比是，我们都知道空气对我们生存的重要

---

〔1〕 ［英］卡尔·波兰尼：《大转型：我们时代的政治与经济起源》，冯钢、刘阳译，浙江人民出版社 2007 年版，第 265 页。

性，但是每天都可以呼吸空气却让我们忘了它是最基本的生存条件，直到空气污染威胁到我们的健康乃至生存时，我们才后知后觉地意识到保护空气的重要性。法定货币发行权就处于如空气一般的尴尬地位，明明重要到都可以通过货币引发国际摩擦。我们对此记忆犹新：中美贸易战期间，因人民币汇率"破7"，让美股市值凭空蒸发超过 7000 亿美元，我国遭受美国财政部部长提出的"中国是汇率操纵国"的无端指责。[1]可能正是因为货币所具有的经济（金融）属性，让宪法学者不敢或不屑于"染指"。

在文献综述部分已说明国内学者从宪法角度研究货币权力的著作并不多，笔者选取吴礼宁的著作《货币宪法学：知识谱系与中国语境》对货币权力的货币主权行使略作说明。在吴礼宁一书中，其认为一国的货币主权内容广泛，除了包括狭义上的货币发行权、决定币值权和货币流通调整权外，还包括货币立法权、货币政策制定权和执行权、货币发行监督权、货币本位的选择权、货币增量和存款准备金率的确定权、货币争议裁决权等。[2]同时，他更是强调货币发行权在货币主权中的地位："只要控制了一国的货币发行，便会忍不住对该国的民主政治指手画脚，并且会通过开动印钞机不断攫取人民的劳动成果，货币俨然成为操控民主、侵吞财产、攫取收入的机器。"[3]因而，他还提出了一国在国际交往中，凡是损害一国货币发行权等核心权能的条款，政府不可签字同意。因为一旦签署，政府让渡的是人民财产所有权和财产自由。[4]从吴礼宁的观点来看，法定货币发行权是与人民财产所有权和财产自由对应的国家主权，是人民通过宪法授予一国政府行使的，而人民未授予国家有权让渡。我国"货币宪法"理论研究队伍的另一代表人物直接从主权性权力的性质出发提出了货币发行权的内涵，国家行使货币发行权有助于捍卫统治的合法性、稳固性和连续性。[5]

---

〔1〕 参见卢祥勇："美国 25 年来首次认定中国为汇率操纵国，中央银行：损人又害己"，载 http://baijiahao.baidu.com/s? id=1641103623268528292&wfr=spider&for=pc，最后访问日期：2019 年 12 月 12 日。

〔2〕 参见吴礼宁：《货币宪法学：知识谱系与中国语境》，法律出版社 2015 年版，第 51 页。

〔3〕 吴礼宁：《货币宪法学：知识谱系与中国语境》，法律出版社 2015 年版，第 48 页。

〔4〕 参见吴礼宁：《货币宪法学：知识谱系与中国语境》，法律出版社 2015 年版，第 51~52 页。

〔5〕 参见苗连营、吴乐乐："为货币发行'立宪'：探寻规制货币发行权的宪法路径"，载《政法论坛》2014 年第 3 期。

2. 经济（金融）法学者对法定货币发行权性质的认知

如果说宪法学者对法定货币发行权的研究是"浅尝辄止"，那么经济（金融）法学者则是"如鱼得水"，是关注法定货币发行权的主要法学研究群体。当前国内关于法定数字货币进行法学研究的著作并不多，其中的主力军是经济（金融）法领域的学者。同上文思路相同，仍是在经济（金融）领域中考察法定货币发行权的货币主权性质，选取直接与货币权力相关的法学著作。大致可从如下三个视角来看法定货币发行权的货币主权性质。

其一，从国际流通视角来看法定货币发行权。以张西峰的著作《主权货币国际流通法论》为例。在该书中，张西峰指出探讨货币主权性要限定在特定的时空范围内，即货币财产的主权性是政府基于主权而创设信用货币。[1]由此不难看出，货币权力所具有的主权性内涵实则也在不断发生着变化：一是信用货币是经"牙买加体系"而确立，既是历史产物，也是时代发展所必需；二是货币主权是一国的权力，需要经由一国宪法法律予以确认并授予特定机构行使；三是货币主权本身就是历史发展的产物，货币的发展经过了从"约定货币"到"法定货币"阶段。因而，货币主权、信用货币和法定货币三个概念是不可分割的整体。张西峰用一句话完整地说明了法定货币发行权的货币主权性质："货币财产权是一种主权财产权，任何主权国家都有权发行自己的信用货币，有权按照属地主义原则，禁止其他货币区域的信用货币在本国内部流通，从而实现自己国家的货币主权。"[2]

其二，从宪法规制的角度看法定货币发行权。以鲁勇睿的著作《通货膨胀的货币宪法规制》为例。该书虽然是从宪法规制视角进行研究，但其将经济分析贯穿始终，故而笔者将其归入此类。鲁勇睿从通货膨胀历史来看货币权力与政权的关系：当政府财政赤字达到一定比例时，必然需要新增货币弥补，从而产生通货膨胀，引发社会动荡；进一步增加政权开支，从而会诱发进一步的货币权力滥用，最终可能会以政权被推翻结束。[3]于是提出通过确立货币宪法规范来对货币权力进行约束，以防止通货膨胀对人民权益的侵害。

其三，从国家宏观调控权的角度看货币发行权。以闫海的著作《货币即

---

〔1〕　参见张西峰：《主权货币国际流通法论》，中国政法大学出版社2015年版，第98~99页。
〔2〕　张西峰：《主权货币国际流通法论》，中国政法大学出版社2015年版，第104页。
〔3〕　参见鲁勇睿：《通货膨胀的货币宪法规制》，中国社会科学出版社2016年版，第65页。

权力：货币调控权论》为例。国家宏观调控权本质是宪法授予的权力，是货币调控权的上位属概念。在论及货币调控权与通货膨胀的关系时，明确提出将物价稳定作为货币调控权的首要目标。闫海还梳理了物价稳定的"名义锚"：货币供应量已不能为货币调控权行使提供足够的信号，以货币供应量为"名义锚"的货币量盯住制被放弃，转而使用通货膨胀率作为名义锚。[1]这也意味着法定货币发行量影响通货膨胀，但又不能完全反映通货膨胀。

3. 国际法学者对法定货币发行权性质的认知

货币主权是一国主权的具体体现，但其亦可作为国际法上的对象而被探讨。从国际法上探讨货币主权问题，其更关注的是国际货币金融领域的问题。以龙骁的著作《国家货币主权研究》为例。龙骁认为国家货币主权是国内货币权力和国际货币权利的综合体，其中，国内货币权力包括货币发行权在内的共十项权力。龙骁对货币主权研究的另一重要贡献是梳理了国家货币主权的让渡：一是国际货币基金组织（IMF）体制下的让渡，二是欧洲经济货币同盟（EMU）体制下的让渡。[2]可以说，龙骁在本书中较为全面地介绍了国家货币主权可以有条件地让渡，包括货币发行权。

（二）审视法定数字货币发行权的货币主权性质

笔者认为一学者对法定货币或者说是信用货币作出了最为简单却十分精到的解释：在国家货币时代，无论构成货币的物质是什么，只有法律才能造就货币。[3]所以，到了数字货币时代，构成货币的即便只是字符串，但只要法律赋予其法定货币地位，其就变成了法定数字货币，是一国行使货币主权的具体表现，这也意味着法定数字货币发行权是货币主权的一部分。虽然发行法定数字货币并不会改变其货币主权的性质，却会让当前货币主权的内容更为丰富。如下将从上面三个学科学者的观点对此作简要说明。

1. 法定数字货币发行权是货币主权的重要内容

法定货币发行权对一国的民主政治产生影响，而发行的法定数字货币可能会更有利于人民，降低通货膨胀的影响，具体体现在法定数字货币可能会减少财政支出或减少人民的交易成本等上。亦即，发行法定数字货币可以降

---

[1] 参见闫海：《货币即权力：货币调控权论》，法律出版社 2015 年版，第 23、59、60 页。

[2] 参见龙骁：《国家货币主权研究》，法律出版社 2013 年版，第 59、66~111、193~243 页。

[3] 参见张西峰：《主权货币国际流通法论》，中国政法大学出版社 2015 年版，第 101 页。

低管理成本，而这相当于降低了国家在管理货币过程中的财政支出。根据财政赤字等于财政支出大于财政收入的部分，即"财政赤字＝财政支出－财政收入"，那么假设财政收入不变，而财政支出减少，财政赤字也会减少，也会减少因弥补财政赤字而发行的法定数字货币数量，从而可能遏制通货膨胀的发生或降低通货膨胀的程度。

2. 发行法定数字货币有助于国家货币调控权的实现

发行法定数字货币有助于普惠金融的实现。如在农村地区，当地的金融机构和金融基础设施可能相对落后，但是法定数字货币的发行可能会不基于银行账户，那么可减少用户在金融机构消耗的成本，可视为人民的收入提高，从而增加了财政收入。同理，假设在财政支出不变，而财政收入增加的情况下，财政赤字也会减少。此外，发行法定数字货币也是为了增强货币支付系统的稳定性。中央银行发行的法定数字货币与当前私人的支付平台相比，在提高支付的安全性、降低用户的交易成本上具有明显优势。因为在使用私人机构的支付平台交易时，支付平台会收取相应的交易费用，而使用法定数字货币支付，只是点对点之间发生法定数字货币所有权的转移，不涉及金融机构等第三方机构的参与，节省交易成本。该过程也可视为间接增加财政收入，减少财政赤字。而这同样也是发行法定数字货币带来的另一个好处，即提高市场的竞争性，防止私人机构支付平台形成事实上的垄断地位，以维持国内的货币秩序。

3. 发行法定数字货币本身就是为了维护货币主权

此处笔者仅从三方面对此进行说明，一是发行法定数字货币有为了应对私人发行数字货币挑战之目的，私人发行数字货币种类和数目繁多、发行程序简单，目前难以获得有效监管，发行法定数字货币以排除私人发行的数字货币，是维持货币秩序的体现。二是私人发行数字货币以外国法币计价，私人发行数字货币在本国流通，是外国货币间接在本国的一种流通形式，无疑会对本国的货币主权造成一定程度的影响。三是私人发行数字货币最重要的特点就是可以跨境支付、流通，绕过主权国家货币体系施加的条框与束缚，这也是私人发行数字货币除了炒币外另一大功能。那么，基于国家主权发行的法定数字货币，必然也要在跨境支付上努力。与私人发行的数字货币不具有主权性来说，法定数字货币在跨境支付上的最大障碍也就暴露无遗了，那就是"主权货币"的身份。货币主权不只是对本国的法定货币说的，同样也是其他国家法定货币所具有的权力。

故而，要想实现法定数字货币的跨境支付，笔者认为有两条途径，一是签订双边或多边协议，约定在双边或多边贸易中以某国的法定数字货币作为支付方式，这样在协议国之内进行贸易往来，使用法定数字货币可以实现数字货币本身所具有的优势；二是在国际组织或区域组织内使用一种法定数字货币，这可以通过制定相关条约，由成员国自主决定是否参与其中，凡签署条约者，均可认为其同意在经济往来中使用该法定数字货币。此时的法定数字货币可以是倡议国的主权货币，也可以是类似于欧元的一种超主权数字货币。可见，法定数字货币发行权作为货币主权的具体表现形式，一方面在国内行使要严格依照法律授权，另一方面在国际或区域往来中，发行的法定数字货币实现跨境支付要在其他主权国家同意的基础上进行。

从国际法角度来看，由国家垄断行使发行货币的权力，既有不受他国干涉的权力，也要在行使货币发行权时遵守国际上的基本原则。从"布雷顿森林体系"确定的美元与黄金挂钩，"牙买加体系"确定的信用货币体系，都表明了国际货币秩序需要各国维护，也需要各国在获得共识的情况下推动发展。未来制定关于法定数字货币的国际规则同样重要。

二、法定数字货币发行权属于中央事权

十九届四中全会通过的《中共中央关于坚持和完善中国特色社会主义制度 推进国家治理体系和治理能力现代化若干重大问题的决定》中明确指出要"理顺中央和地方权责关系，加强中央宏观事务管理，维护国家法制统一、政令统一、市场统一"。关于中央与地方事权的科学设置在十九届三中全会通过的《中共中央关于深化党和国家机构改革的决定》中出现，而这也足以说明在新时代下中央政府与地方政府之间事权的合理划分依然是重要课题，其划分要以服务于新时代发展为依据。法定数字货币是时代发展的产物，即便具有浓厚的技术属性，但其本身的权力属性才是其根本属性。在依法治国时代，只有法律能够确认其法定货币地位，否则只是数字货币。

通常情况下，由我国宪法和法律对地方事务或地方事权进行原则性规定，与中央事务同构。[1]但是，在法定货币发行权这一关乎国际战略、国家发展、

---

[1] 参见叶必丰："论地方事务"，载《行政法学研究》2018 年第 1 期。

人民生活，需要国家层面统一设计的权力必然只能属于中央事权。如下将探讨法定数字货币发行权的中央事权属性。

（一）法定数字货币发行权属于中央政府的宏观调控权

中央政府的宏观调控权是国家综合运用各种手段对国民整体经济进行调节与控制的权力，权力的配置要以合法性和有效性为前提，[1]而宪法应该是中央与地方"财权事权匹配的一种重要的终极保障"[2]。现代宏观调控权起源于美国罗斯福新政，宏观调控权的生成有赖于国会贸易调控权的扩张，以强调行使主体的特殊性来实现：宏观调控的主体应当是国家的最高政权机构，否则不能说是"宏观"。[3]我国《宪法》将"完善宏观调控"的权力授予国家行使，宏观调控权以具体经济立法来保障实施，经济立法既是行使宏观调控权的前提，也是宏观调控权的合法来源。

《中国人民银行法》的立法目的之一是"建立和完善中央银行宏观调控体系"，这一目的向我们传达出几个信号：一是中央银行具有宏观调控权力；二是《中国人民银行法》是授予中央银行行使宏观调控权的合法依据；三是中央银行的宏观调控权只是国家宏观调控权的一部分，可视为国家宏观调控权在不同主体之间的分配。那么，这就意味着中央银行行使的包括法定货币发行权在内的货币权力属于宏观调控权，即便是发行法定数字货币也不会改变其宏观调控权的性质。

法定数字货币发行权是中央政府的宏观调控权，而不是地方政府的，是中央银行运用货币手段和措施进行的宏观调控。这从上文提到的美国宏观调控权由最高政权机构行使也可得到佐证，也可从《中国人民银行法》确立的宏观调控机制看出。

第一，行使宏观调控权的中国人民银行是我国的中央银行，这一法律地位的确认将直接决定了法定数字货币发行权属于中央政府的宏观调控权。第二，中国人民银行在国务院的领导下行使宏观调控权，中国人民银行是国务院的组成部门。从这个角度来看，中国人民银行行使的宏观调控权在性质上

---

〔1〕　参见黄亮："中央宏观调控权力配置理据刍议"，载《天府新论》2013 年第 3 期。

〔2〕　谭波："央地关系视角下的财权、事权及其宪法保障"，载《求是学刊》2016 年第 1 期。

〔3〕　参见陈承堂："宏观调控权是怎样生成的——基于罗斯福新政的考察"，载《中外法学》2011 年第 5 期。

具有一定程度的行政性，但中央银行也会行使非行政性公共独立决策行为。[1]第三，中国人民银行设立派出机构并不基于行政区划，而是行使职权的需要；值得注意的是，中央银行的派出机构接受中央银行的统一领导和管理，这意味着即便是这个分支机构设立在具体的地方政府辖区范围内，但其并不受地方政府的领导。这一方面表明了中央银行行使的只是中央政府的宏观调控权，发行法定（数字）货币也只能是中央政府的宏观调控权；另一方面则表明中央政府具有一定的独立性，这个独立性要以不受来自地方政府权力干预的方式实现。第四，国家对中国人民银行提供财政支持，中国人民银行是国有银行，中国人民银行所具有的公共财政属性自不待言。

以上对法定数字货币发行权属于中央政府的宏观调控权是从法定货币发行权的一般理论进行论述的，除此之外，法定数字货币作为一种新的货币形式，法定数字货币发行权所具有的特点将更有利于宏观调控权的行使。其中，重要的两个技术手段或者说是法定数字货币所具有的不同于纸币的特点是智能合约的应用和法定数字货币的可追踪性。利用智能合约，可将宏观调控计划写入智能合约，一旦相关经济指标达到智能合约所设定的条件，就会自动调整法定数字货币的发行等，从而实现对宏观经济的有效调控。此外，将法定数字货币定向投放特定领域时，智能合约的可编程性和法定数字货币的可追踪性可一同发挥较大功效，即可将特定资金定向投入特定领域，防止资金浪费以及贪腐的产生等。

不过，即便不是以发行法定数字货币的方式，也能通过多种手段，如资格审查、审计监督等方式确保发行的纸币资金能够在特定领域或者在特定情形下得到使用。那么，发行法定数字货币较纸币这样的传统货币在行使宏观调控权的优势究竟在哪里？透过现象看本质，利用发行法定数字货币进行宏观调控的关键在于调控主体。在传统法定货币发行权行使过程中，行使宏观调控权的主体与法定数字货币发行权的行使主体都是中央银行，但前者需要与商业银行共同发挥作用，而后者则主要是中央银行独立行使职权。这意味着中央银行在进行宏观调控时将具有更多的自主性，降低宏观调控过程中的不确定因素。

---

[1] 参见徐澜波："我国宏观调控权配置论辨正——兼论宏观调控手段体系的规范化"，载《法学》2014年第5期。

（二）法定数字货币发行权属于中央政府的财政权

货币权力作为一种最具统治力的社会力量和政治工具，堪称终极性的财政权。[1]中央银行行使的法定数字货币发行权实则是通过国家立法垄断国家货币供给的权力，每个人在获得货币的能力上都有差别，但国家货币发行权行使效果如何，每个人都无一例外地受到影响，至于能否有平等的承受能力暂且不论。财政权是对资源进行配置的公共权力，财政是维系国家运转的经济基础，还是国家与公民和谐关系发展的政治基础。可以说，法定货币发行权是国家运转所需经济基础的基础：没有法定货币发行权，一国的公共财政没有了实现的载体；同时，发行了法定货币，也意味着国家财政的产生，甚至是源源不断地产生。历史上恶性通胀的发生，总是与发行货币用来支持或弥补财政相伴而生。

如果说货币权力是终极性的财政权，那么法定货币发行权则是这终极财政权的始点。法定货币发行权是国家财政收入重要来源的垄断权力，也在一定程度上反映了公民财产权利，其扩张性行使必然会给公民的财产权利带来损害。故而，强调中央银行地位的独立性和行使权力的独立性，除了从法定货币发行权这一权力的规范出发外，还可从其财政权的性质出发，通过财政宪法将其纳入宪法框架下进行约束，[2]而不局限于法定货币发行权只是中央银行行使职权这一狭隘视角。究其本质，即便是从广义上的国家财政权出发，包括人大财政权、政府财政权和司法财政权在内的所有财政权，其行使必然都要以发行的法定货币体现。如果法定货币所代表的购买力下降，必然会影响如上国家财政权的行使效果，这是不言而喻的。

可以预见的是，法定数字货币发行权的行使将会让货币权力这项终极财政权充分发挥社会力量和政治工具的作用。首先，法定数字货币是对现钞的补充或替代，我国虽然强调法定数字货币的发行主体只能是国家货币机构，但在法定数字货币功能设计上则从使用主体出发，满足持币人日常支付需求。在我国电子支付十分普遍的情况下，使用法定数字货币并不会有明显感官上的变化，可减少公众使用法定数字货币的抵触心理。但同时，需要注意的是，法定数字货币的发行在短时间内并不会让公众无差别获取。从这个角度看，

---

〔1〕参见吴礼宁：《货币宪法学：知识谱系与中国语境》，法律出版社 2015 年版，第 46 页。

〔2〕参见全承相、李玮："政府财政权及其控制"，载《求索》2009 年第 4 期。

法定数字货币的发行有违公民财产权享有和行使的公平性。其实不然，使用法定数字货币的确需要特定的电子设备，这对于我国经济发展不平衡的不同地区以及公众的货币使用习惯来说，都是不现实的。所以，在法定数字货币发行初期，采用法定数字货币与纸币并行发行的方式以保证公众对货币无差别获取的权利。

其次，发行法定数字货币能够反映出我国综合国力的提高，具体体现在我国财政实力的提高。从观念上接受到日常生活中使用法定数字货币，一方面体现了我国科技的应用可以让公众习以为常，科技兴国不只是国家战略，更是公众的生活方式；另一方面则体现了我国已（初步）具备发行法定数字货币的基础设施条件，这是面向十几亿人口的巨大工程。综合国力提升能够在一定程度上反映我国政府在行使财政权时更加高效和便民。即便在当前阶段，我国只是在特定领域与金融机构进行合作，开展法定数字货币发行和应用的试点工作，但"润物细无声"才是法定数字货币发行权作为具体的财政权最大力量体现。

最后，发行法定数字货币必然要服务于我国的政治安排。从法定数字货币发行权的权力配置上来看，明显是将这项权力完全收归中央银行，体现了中央集权。与此同时，法定数字货币发行权的配置又体现了国家力量与私人力量之间的平衡，即中央银行对法定数字货币发行有着更强垄断性的同时，法定数字货币发行仍保持中央银行与商业银行二元发行结构，并没有完全将商业银行排除在法定数字货币发行体系之外。更进一步，在法定数字货币发行权行使过程中引入更多私人力量的参与，从当前试点工作中可以看到除了商业银行外，还有其他金融机构参与其中。其中不乏暗含"任人唯能"理念对私人力量竞争的激励。总结说来，法定数字货币发行权是在中央银行垄断行使并引导私人力量参与发行的财政权，这是一种效率高、动员能力强、风险分散的权力行使方式。

综上，发行法定数字货币会有助于货币政策的实施，通过传递效率更高的法定数字货币系统，能够及时将货币政策传导到需要调控的具体领域。至少在效率上，发行法定数字货币有助于宏观调控职能的实现。随着法定数字货币因需要而不断发行，将会对发行的现钞产生冲击，现钞的使用数量和流通数量会减少，这会减少发行现钞的成本，也就意味着需要投入的财政支出会减少。更为重要的是，发行法定数字货币将会更加考虑财政民主，通过法定数字货币这一媒介在国家与公民之间架起了经济联系的桥梁，能够实现财政民主的权利构造，既没有走出公权力的运行轨道，国家也能够在双方互动这一动态过程中，通过发行法定数字货币行使财政权，以实现公民财政利益和公共财政利益双重目标。[1]这是发行法定数字货币可能为我们描绘的新图景。

第三节　法定数字货币发行权的构成

曾有学者给出我国法定货币发行权的定义，精炼但较为全面地总结出我国法定货币发行权的权力归属、权力行使的过程性、权力行使的国家所需性："货币发行权集中于中央，是社会主义国家组织货币流通的首要原则，同时也是国家银行实行集中统一的重要内容。"[2]即便是将概念放到40余年后的今天，该概念也并未过时，这足以说明即便是法定货币形式变化，甚至是货币权力内容因政治、经济、社会发展的需要而发生变化，但其本质不变。这也是为什么虽然研究的是法定数字货币这一所谓的当前新兴事物或者是货币的新形式，即便其发行的确会让货币权力的行使和公民财产权利的实现上发生与之适应的变化，但其依然会在原有的基础上发展，真正实现社会主义国家发展过程中制度的传承。

根据何盛明主编的《财经大辞典》对货币发行的解释来看，其从两个视角四个维度对货币发行进行了全面界定。第一个视角是从发行货币的行为出发，具体划分为两个维度：一是从过程出发，认为货币发行是中央银行的发行库通过商业银行的业务库向社会流通货币；二是从结果出发，认为只要从央行流出的货币数量大于从流通中回笼的货币数量即是货币发行。第二个视角是从货币发行的性质出发，第一个维度是一般情形下为了满足商品流通需要而发行的货币是经济发行，第二个维度是为了弥补财政赤字而超发的货币是财政发行。[3]从狭义上来说，货币发行只是货币从中央银行的发行库调入到商业银行业务库的过程。但货币发行实则包含了比这一过程更为广泛的

---

[1]　参见胡伟："财政民主之权利构造三题"，载《现代法学》2014年第4期。

[2]　施明义："严格按照货币流通客观规律办事 坚持货币发行权集中于中央原则"，载《吉林财贸学院学报》1979年第0期。

[3]　参见何盛明主编：《财经大辞典》（上卷），中国财政经济出版社1990年版，第442页。

含义。

据此，笔者结合上文提到对货币权力划分的说明，在此依照"货币创造—货币发行—货币回笼"整个过程来对法定货币发行权的构成作全面剖析。从过程性视角对货币发行权进行拆分，也是为了说明发行法定数字货币可能会对某一具体的法定货币发行权产生影响。这无疑是一次大胆的尝试，因为已有的研究向来都是对货币权力进行划分，对法定货币发行权这一决定整个货币权力体系的权力却鲜有权力构成研究，加之发行法定数字货币必然对整个法定货币发行权力体系产生变更。那么，对法定数字货币发行权的构成进行分析也将成为本书的一个特色。

一、法定数字货币发行权行使范围的界定

确定法定数字货币发行权行使范围，就是为了厘清法定数字货币发行权行使的边界，这是国家货币机构行使法定数字货币发行权的前提条件。从本质上来说，法定数字货币发行权的行使边界以宪法法律授权或最高权力机关授权为限。具体而言，可从授予权力的目的、货币的财产属性和相关权力辨析这三个角度厘清法定数字货币发行权的行使范围。

（一）从授予权力的目的上来界定

世界上最早的纸币诞生于中国的宋朝，这取决于当时我国发明的印刷术发达，加上宋朝经济繁荣。除了金属货币外，纸币自此也逐渐开始流通起来。当然，历史上因发行纸币来弥补财政亏空导致的通货膨胀也并不少见，如元朝末期、明朝初期都发生过通货膨胀。历史上发行货币的权力（利）并非总是被国家垄断，私人在特定时期也有发行货币的权利。但总体上来说，法定货币发行权由国家垄断享有，国家可以授权私人行使。第二次世界大战后经牙买加体系所确定的信用货币，完全是通过国家宪法法律确定并保障发行流通的。可以说，货币虽是经济上的概念，但这个经济概念只有经由宪法法律确认才是法律上的概念，即法定货币。除此之外，即便是与之相同或相似的"货币"，在一国主权范围内也不可称为货币。

正是因为法定货币在宪法法律上所具有的独特地位，与一国的政治、经济、社会，甚至是文化发展都有关，故而，法定货币既是一国政权稳定的政治基础，也是国家经济发展的承载与体现，还是社会稳定的标志，同样也可

反映一国的文化。如我国不同面值纸币的设计图案能反映出我国的民族文化，如第五套人民币各面额的纸币正面都是中华人民共和国初期毛泽东同志的头像，而背面则选取人民大会堂、布达拉宫、桂林山水、长江三峡、泰山、杭州西湖等具有民族特色的图案，不得不说是民族文化在货币上的体现。为了能让法定货币在一国稳定地发挥其功能，应该首先在授予法定数字货币发行权的目的上进行界定。

我国宪法中明确宣示要"集中力量进行社会主义现代化建设"，现代化建设必然少不了财政的支持，简单来说，货币推动着我国现代化建设稳步前进。正如有学者所言，"宪法序言价值构造的未来趋向"[1]，我国的现代化建设既是一个时间概念，也是一个结果概念，但这个过程离不开国家对法定货币发行权的垄断。不妨说，当前发行法定数字货币这一行为也是推进我国现代化建设的一个内容，还是现代化建设的保障。

宪法正文确定的"完善宏观调控"是以"实行社会主义市场经济"为前提，实施宏观调控也是为了社会主义市场经济发展。社会主义市场经济必然是以公有制企业为主要供给主体的市场经济，社会主义市场经济理论从属于社会主义生产理论，[2]这就决定了我国的法定数字货币发行权不同于国外的法定货币发行权的制约理论，而是更多以人民的集体权利为出发点和落脚点。这是我国宪法所具有的积极机制："分析中国宪法文本结构，可以看出中国宪法的积极特质。国家权力条款的表达与内容表明，中国宪法旨在驯化权力如何作为，而非掣肘权力不能如何作为。基本权利条款的表达与内容表明，中国宪法并不将国家权力理解为恶，设置基本权利条款的目标首先不是防止国家侵犯，而是设定国家要努力实现的对公民的承诺。"[3]这在《中国人民银行法》中体现得淋漓尽致。《中国人民银行法》第1条的立法目的反映出立法对法定货币发行权的授予，在本质上是实现对公民的承诺。

一是确定中国人民银行的中央银行地位，由其作为法定（数字）货币发行权的主体，是让人民知道只有中央银行发行的货币才是法定货币，其他数字货币即便被称为货币，也不是我国的法定货币。

---

〔1〕　宁凯惠："我国宪法序言的价值构造：特质与趋向"，载《政治与法律》2019年第6期。
〔2〕　参见王今朝："社会主义市场经济理论的创新发展"，载《人民论坛》2019年第29期。
〔3〕　刘连泰："中国合宪性审查的宪法文本实现"，载《中国社会科学》2019年第5期。

二是中央银行要保证国家货币政策的正确制定和执行。注意此处的"正确"二字，体现了对货币政策的价值判断。对中央银行明确提出货币政策的正确性，本质上是因为货币政策一经制定并执行后，将会对人民的权利产生广泛的影响。故而中央银行在确定关于法定数字货币发行的政策时，要将正确性摆在重要位置。

三是中央银行行使法定数字货币发行权时，要将其纳入到国家宏观调控体系内进行考量。不过，当法定数字货币在以100％准备金抵押发行，并用于银行间的支付时，其对货币供应量的影响是"中性"的，并不会影响宏观经济，[1]可视为是法定数字货币在特定场景使用而不影响宏观经济的方式，可以实现完善宏观调控的目的。

四是中央银行行使法定数字货币发行权有助于维护金融稳定。上文提到的法定数字货币在银行间支付的应用表明，发行法定数字货币对金融稳定有一定作用。概言之，法定数字货币发行权从授予权力的目的上来看，其权力行使的边界应限定在货币政策制定权和执行权、宏观调控权、履行维护金融稳定义务上。

(二) 从法定数字货币的财产属性上来界定[2]

关于"货币财产"的文字表述，可具体见于《中华人民共和国公司法》对"出资方式"的规定。当然，该规定并没有直接将货币直接表述为财产，而是使用了"非货币财产"的表述。传统财产理论是以物权和债权作为分类，无论将货币作为物还是债，都是从民商事法律关系的角度确定其法律性质，但对货币法律性质作出界定时不容忽视的便是其发行主体的特殊性，即由国家专门货币机构行使货币发行权力。这意味着在货币之上存在货币权力和货币权利，仅从权力视角对货币进行定性，不免以偏概全，难以解释货币在不同法律关系中的地位和作用。当前我国法定数字货币的定位是用于日常支付，作为流通中现金的补充，但未来并不排除有替代存款货币的可能，那么法定货币和存款货币将在法定数字货币上统一。

---

〔1〕 参见姚前："法定数字货币的经济效应分析：理论与实证"，载《国际金融研究》2019 年第 1 期。

〔2〕 参见李晶："论法定数字货币的法律性质及其监管"，载《上海政法学院学报（法治论丛）》2022 年第 2 期。

1. 法定数字货币是主权性财产

根据《中国人民银行法》第 8 条的规定，中央银行的全部资本属于国家所有。而《中华人民共和国民法典》（以下简称《民法典》）第 246 条规定了属于国家所有的财产即为全民所有，由国务院或法律规定的主体代表国家行使。简言之，国有货币财产属于国家财产，由国家行使所有权。法定数字货币作为主权性财产，体现着国家货币权力的行使。有学者从主权财产权的角度出发，认为国家货币财产具体包括三个方面的内容，一是国家主权的组成部分，二是本国财产权的一般性代表，三是独立进行货币立法的国际法依据。具体包括货币立法权、货币发行权、货币调控权和外汇管理权。[1]

货币作为财产的特殊性具体表现在货币由专门的法律规范体系进行规定和保障。通常，一国的货币权力由国家宪法予以明确规定或授权制定专门法律予以实施，如我国《宪法》第 15 条第 2 款规定"国家加强经济立法，完善宏观调控"，《中国人民银行法》就是国家通过货币进行宏观调控的经济立法。同时，《中国人民银行法》确定中央银行在国务院的领导下独立行使货币发行权。该法律并没有规定货币的具体形式，对法定货币有纸币、硬币形式规定的是《人民币管理条例》。故而，我国在发行法定数字货币上的法律阻力并不大。

但是，发行法定数字货币会对我国当前的货币发行结构带来一定影响。上文已提及，我国当前货币发行采用的是中央银行和商业银行二元结构，而在法定数字货币发行上，为了维护当前货币发行结构的稳定性以及充分利用商业银行在创新和维护金融稳定中的作用，短期内我国法定数字货币的发行仍会采用二元结构。此外，从当前试点情况来看，私人机构也会参与到国家法定数字货币发行机制中，这表明我国会扩大当前的二元结构，充分利用私人机构在数字货币的创新应用。亦即，我国法定数字货币发行将采用中央银行主导，商业银行和其他金融机构参与，体现的是国家对公众利益的维护和私人创新的鼓励。法定数字货币的发行将有助于提升中央银行对货币体系的管控能力。

一是法定数字货币设计采用"前台自愿，后台实名"的设置，[2]在保护持币人个人信息的同时，为监管机构管控法定数字货币系统提供可操作途径，

---

〔1〕 参见刘少军编著：《金融法学》，清华大学出版社 2014 年版，第 103～104 页。

〔2〕 参见姚前、汤莹玮："关于央行法定数字货币的若干思考"，载《金融研究》2017 年第 7 期。

即法定数字货币是集透明性和匿名性于一身的法定货币。在此基础上，中央银行在创造和发行法定数字货币时可直接根据市场上的流通情况进行决策，提高了货币调控的精确性。

二是确保国家货币政策传导、执行的一致性和有效性。法定数字货币的发行和流通都处于数字环境之中，便于国家货币权力触角及于每一个持币人。如上两个优点是法定数字货币相对于纸币而言的，因为纸币在流通过程中会被持币人储存、丢失、磨损等，不利于中央银行全面、及时了解市场上的货币流通量。

三是法定数字货币的使用将会提升支付结算效率。因为当前商业银行或者第三方支付的结算最终都要通过中央银行统一的清结算机制进行，而法定数字货币的使用相当于省略这一环节，法定数字货币可以实现支付即结算的功能。

四是法定数字货币有助于对违法犯罪行为的监控，既可对特定的持币人进行监控，也可对法定数字货币的异常变动行为进行监控。

五是通过提升中央银行的管控能力来实现我国金融的相对稳定，这对于保护持币人权利和提升我国法定数字货币的国际地位而言，都具有重要意义。

2. 法定数字货币具有三重财产属性[1]

在法定数字货币上存在货币权力和货币权利两种代表不同利益主体的权利（力），究其本质，货币权力的存在是为了确保货币权利更好实现，即货币权力要为货币权利服务，货币权力要体现公共利益。这决定了法定数字货币不同于代表私人利益的私人数字货币。具体而言，法定数字货币具有的三重财产属性分别是公民财产权利、国家财产权利和国际财产权利。法定数字货币所具有的三种财产属性来源于上文提到的法定数字货币所具有的主权性财产权属性，法定数字货币发行对外可体现人民币国际化发展，对内可维护货币主权。即国际财产权利强调人民币的国际发展，公民和国家财产权则是货币主权的具体体现。

（1）法定数字货币可作为公民财产

法定数字货币作为公民财产权利的客体，具有不同于物权、债权的特点。

---

[1] 参见李晶："论法定数字货币的法律性质及其监管"，载《上海政法学院学报（法治论丛）》2022 年第 2 期。

其一，对于持币人来说，无论法定数字货币是基于账户的（银行账户）还是基于代币的（通证），持币人都可通过相应的实名认证和私钥对自己的法定数字货币进行独立支配，不受包括国家在内的其他主体的不当干预。

其二，法定数字货币不同于物权，但持币人可对所持有的法定数字货币行使占有、使用、收益和处分的权利。于纸币而言，持币人不能损害[1]或污名化处分纸币，而法定数字货币因不存在实体形态，故不存在损害处分一说。

其三，当前，我国中央银行为了保护商业银行的利益，对法定数字货币的使用作出了限制，即只作为流通中现金的补充，用于小额、日常支付。现金与存款货币之间发生转换，是持币人将现金存入银行，持币人即发生了身份上的转变和现金所有权的转变。如果按照法定数字货币是为了补充或替代现金的初步计划，也应有将法定数字货币存入银行后相应的利息。值得注意的是，法定数字货币的字符串虽然是唯一的，但出于对货币流通秩序和效率的保障，不对持币人的法定数字货币作出特定化处理，存款人在转账或支取时，金融机构只要提供"名义数量金额"的法定数字货币即可。

其四，法定数字货币作为公民财产权利通常没有期限，只要持币人没有处分或丧失该法定数字货币，该法定数字货币所有权仍为持币人享有。

其五，持币人主要在法律的强制性规定下行使货币财产权，可约定的内容较少。

其六，法定数字货币财产权是具有一定人身属性的财产。当前法定数字货币被限定替代现金使用，在日常支付中具有匿名性，对持币人的额度作出一定限制。持币人想要获得更高额度的法定数字货币，可以通过提高实名认证程度进行。这就意味着需要达到当前在银行柜台进行实名认证的程度，就可以获得更高额度。也就是监管机构对小额支付不做过多监管，对超过一定数额的法定数字货币，要通过实名制进行监管。

（2）法定数字货币可作为国家财产

法定数字货币作为国家财产权利的客体，具有特殊性。《中国人民银行法》第8条规定了中国人民银行的全部资本属于国家所有，这意味着货币权利

---

[1] 《人民币管理条例》第26条："禁止下列损害人民币的行为：（一）故意损毁人民币；（二）制作、仿制、买卖人民币图样；（三）未经中国人民银行批准，在宣传品、出版物或者其他商品上使用人民币图样；（四）中国人民银行规定的其他损害人民币的行为。前款人民币图样包括放大、缩小和同样大小的人民币图样。"

具有国家财产所有权的属性。国家财产所有权由《宪法》明确予以保障,[1]为全民所有,具体由《中国人民银行法》予以规定,赋予中国人民银行中央银行的法律地位,并在国务院的领导下履行职权。宪法的功能一方面是建构合法的政治权力,另一方面是驯服这种权力,使它接受规则的约束并服务于公共利益而不是政府官员的私人利益。[2]中央银行通过对法定数字货币监控而与公众之间的联系更为直接,某种程度上中央银行按照公众需求行使与货币有关的国家财产权利。与其他类型的国家财产权利相比,法定数字货币财产权利直接体现公共利益,中央银行既可根据法定数字货币的流通情况进行调节,也可通过法定数字货币传导有利于市场发展的货币决策。无论是自上而下还是自下而上,公共利益都是中央银行进行货币决策的出发点和目标实现的终点。

(3)法定数字货币可作为国际财产

法定数字货币作为国际财产权利的客体,要有一个前提:本国主权货币在其他国家使用,要与其他国家进行协议约定为前提,否则法定数字货币只能是主权货币,不可进入他国流通、侵犯他国货币主权。

具体而言,法定数字货币作为国际财产,首先要处理好与他国主权货币关系。本国法定数字货币不是对他国主权货币的替代关系,而是为了便于两国之间贸易往来的支付结算,通过采取两国货币兑换的方式以本国法定数字货币作为支付结算货币,既维护双方货币主权,又可享受成本降低、支付效率提升、贸易摩擦阻力减少等便利。

其次,以我国为例,我国法定数字货币在国际贸易中的使用,会对充当世界货币角色的美元与欧元造成一定影响,可能会遭到来自既得利益国家的排斥。为了让我国法定数字货币成为更为广泛的国际财产,初期要在不影响美国等国家既得利益的情况下,利用"一带一路"倡议、上合组织和亚投行等平台,不断扩大人民币的国际化进程。

最后,法定数字货币在国际化过程中,除了面临主权国家的压力外,另一竞争压力则是以比特币、Libra为代表的私人数字货币。从Libra 2.0白皮书来看,Libra具有符合相关监管要求、无主权货币属性、有主权货币等

---

〔1〕《中华人民共和国宪法》第12条规定:"社会主义的公共财产神圣不可侵犯。国家保护社会主义的公共财产。禁止任何组织或者个人用任何手段侵占或者破坏国家的和集体的财产。"

〔2〕参见郑戈:"美国财政宪法的诞生",载《华东政法大学学报》2015年第3期。

真实资产抵押、已形成基于 Libra 的货币联盟等优势，具有国际支付功能。从这个角度看，我国法定数字货币的国际化进程应采用"团结可以团结的力量"，不断扩大基于人民币形成的货币共同体，进而影响国际货币标准体系的构建。

二、法定数字货币发行权的具体构成

在本节之初，笔者就提到要从发行法定货币的过程来对法定数字货币发行权的权力构成进行具体分析。通常学者们只将法定货币发行权作为一项独立的权力，但既缺少充足的论述，也缺少对法定货币发行权的内容探索。借由法定数字货币这一新货币形式，来具体分析法定数字货币发行权的权力构成。当然，法定数字货币发行权必然是动态性权力，其所具有的过程性是解析权力构成最简单、最直接的依据。

（一）发行法定数字货币的筹备权

发行法定数字货币的筹备权是法定数字货币发行权的前置权力，是个有限的权力。作为法定数字货币发行权的前置权力，发行法定数字货币的筹备权主要体现在三个方面。首先，中央银行有权设计主币和辅币。根据《中国人民银行法》第 17 条规定，主币的单位为元，辅币单位为角、分，主要用于小额支付和找零使用。其实这一权力在不同国家略有不同，如美国是中央银行发行纸币，财政部门发行硬币，而我国的纸币和硬币都是由中央银行发行。当前，我国对法定数字货币的设计是作为现金替代或补充，以满足日常支付需要。无论是日常支付还是银行间的支付，虽然法定数字货币理论上可划分为无限小的单位，但其依然要与一国已有的法律规定和交易习惯保持一致。

其次，中央银行有权设计货币的面额、图案、式样、规格（《中国人民银行法》第 18 条）。不过，这一规定对法定数字货币来说，可能更多指向的是法定数字货币自身的设计。而且，法定数字货币应该没有面额、图案、式样和规格一说，于持币人而言，法定数字货币以字符串的形式体现，每次交易只会带来数字上的变化，这一点同私人发行数字货币和电子支付相同，并不需要如上内容的设计。不过，发行法定数字货币的同时，并不会不发行现钞，也就是该项筹备权仍会存在。

最后，中央银行有权决定年度货币供应量。我国通常采用的是根据市场

货币的供需情况而确定货币供应量，属于经济发行。只有在特殊情况下才会
用发行货币的方式来弥补财政赤字，将通货膨胀程度控制在一定范围，如
2008 年金融危机后，我国的全国居民消费价格持续上涨，直到 2014 年左右才
逐渐稳定。具体如图 3-2 所示。[1]不常采用财政发行，并不意味着不会采用，
而且一旦采用，其带来的通货膨胀恶果需要多年才会逐渐化解，而为此承受
代价的是每一个普通的百姓。法定数字货币在设计时，在人工智能模型和经
济模型等机制的支撑下，在确定货币供应量上可能会发挥比以往发行现钞更
多的优势，而且，法定数字货币的数字性提高了计算供应量、流通量和回笼
量的准确性。

图 3-2 2012.01~2019.11 居民消费价格变化情况

　　虽然中央银行有权行使发行法定数字货币的筹备权，但这个权力是有限
的，即一切权力的行使最终要以国务院批准才能真正进入发行法定数字货币

---

　　[1] 该图来源于国务院的政府信息公开，载 http://www.gov.cn/shuju/index.htm，最后访问日
期：2019 年 12 月 20 日。

环节，否则只能处于发行法定数字货币的准备环节。但是，发行法定数字货币的筹备权只能由中央银行垄断行使，实则是其行使狭义上法定数字货币发行权的衍生权力。

（二）发行基金管理权

发行基金管理权是指中国人民银行及其分支机构有权管理发行库的基金，由中央银行统一调拨使用。发行基金是法定货币的前期状态，是"发行库保存的未进入流通的人民币"（《人民币管理条例》第20条第2款）。发行基金存储在中国人民银行的发行库和分支机构的分支库中。将发行基金与发行的法定货币比喻成蛹和蝴蝶：蛹内的虫子可视为发行基金；蛹为发行基金的存储场所，即发行库和分支库；破茧成蝶，其实就是发行基金进入流通环节，成为狭义上的法定货币的发行。根据《中国人民银行法》第22条和《人民币管理条例》第20条的规定，中央银行及其派出机构履行发行基金的管理权，而分支库在调拨发行基金时，只能依照中国人民银行的规定进行。法定数字货币的发行基金并不需要这样的物理空间，但是需要存储容量大、安全级别高的数据存储空间。

（三）法定数字货币的投放权

法定货币的投放权是指商业银行将中国人民银行的发行基金调入业务库后，再通过支付给单位和个人完成法定货币的流通，此时的货币投放形成了法定货币的狭义发行，即通常意义上的法定货币发行。这一投放过程可具体分为两个阶段：一是发行基金从发行库或分支库中投放到业务库，二是通过支付从业务库流向市场。从当前已有的对我国法定数字货币的设想来看，"中央银行—代理投放的商业银行"可能是法定数字货币发行的双层投放模式。行使法定数字货币投放权的主体有两个，分别是中央银行与商业银行。商业银行需要向中央银行缴纳100%全额准备金，以防止法定数字货币的超发。[1]从这个角度看，可认为商业银行具有部分创造货币的权力。在约束法定数字货币发行权时，不只要考虑中央银行，还要对商业银行在发行法定数字货币过程中所形成的权力予以规范。

---

〔1〕参见范一飞："关于央行数字货币的几点考虑"，载《第一财经日报》2018年1月26日，第A05版。

（四）法定数字货币的回笼权

从法定货币发行的结果来看，法定货币的发行是央行投放的货币数量大于商业银行回笼的货币数量。法定数字货币的回笼权同时针对商业银行和中央银行，当商业银行从市场上回收的法定数字货币总额超过业务库规定的限额时，要将超出的部分再交回发行库。行使回笼权的目的是将市场上多余的流通货币收回中央银行，使得市场上的货币流通量能够适应市场上对货币的需求量，这也是避免因市场上流通的货币数量增多而引起物价上涨。即便法定数字货币在发行设计时已考虑发行数量问题，但在市场上流通本就处于不断变化之中，设计好的发行量不见得会满足后来的市场需求量，故而仍然需要投放机制和回笼机制来维持市场上对货币需求的动态平衡。

本章小结

第二章从"货币宪法"的角度分析了法定数字货币发行权，提出法定数字货币发行权对"货币宪法"理论所带来的新问题与新挑战，明确表明"货币宪法"理论要随着法定货币形式的发展而"与时俱进"。第三章则是在第二章的基础上进一步从法定数字货币发行权的本质、性质与构成进行分析。

首先，从我国货币历史发展脉络的角度出发对法定数字货币发行权的本质进行分析。将法定数字货币这一新的货币形式放置整个货币历史当中，可以更加清晰地观察到法定数字货币发行权的本质，即无论货币形式如何变化，只要主权国家存在，法定货币都是由国家垄断发行的，法定数字货币也概莫能外。同时，法定数字货币作为信用货币时代一种新的货币形式，其动态发展性既体现在对传统法定货币发行权的发展，也为人民币国际化创造了新的发展机遇。这对我国保持国内经济平稳发展、应对国际挑战都有积极意义。

其次，在确定了法定数字货币发行权本质的基础上，自然可以得出法定数字货币发行权两个基本属性。其一，法定数字货币发行权属于货币主权。虽然从不同法学学科的角度来看法定数字货币发行权的主权性各有侧重，但无外乎都包含如下关键词：民主、财产、国家信用、通货膨胀，向我们勾勒出法定数字货币发行权的货币主权属性。其二，法定数字货币发行权属于中央事权。与"直接面向基层、量大面广、与当地居民密切相关、由地方提供更方便有效的基本公共服务"的地方事务[1]截然不同的是，法定数字货币发行权是关乎国计民生的、需要国家统一行使的包含政治、经济、文化要素在内的国家权力，具体体现在法定数字货币发行权属于中央银行行使的宏观调控权和财政权。

最后，本书尝试对法定数字货币发行权的权力构成上作出具体划分，以界定法定数字货币发行权行使范围为前提。授予特定货币机构行使法定数字货币发行权是国家为了实现社会主义现代化履行的对公民的承诺，这决定了法定数字货币作为主权性财产具有三重属性：公民财产、国家财产和国际财产。在此基础上，以"货币创造—货币发行—货币回笼"的过程来分解法定数字货币发行权：筹备权、基金管理权、投放权和回笼权。在对法定数字货币发行权的内容进行分解后，需要在宪法法律制度上建构法定数字货币发行权。

---

[1]《国务院关于推进中央与地方财政事权和支出责任划分改革的指导意见》（国发〔2016〕49号）。

国际视野下法定数字货币
发行权的中国建构

鲁勇睿在《通货膨胀的货币宪法规制》一书中认为恶性通货膨胀的发生是因为在约束货币权力过程中宪法缺失。其实，宪法一直都在，只是未得到良好实施。故而，本章在建构法定数字货币发行权时仍会从"货币宪法"理论出发。笔者认为，法定数字货币虽然是一种新事物，但其发行与当前法定货币的发行保持一贯性，在尽量保持当前法律制度稳定的前提下，仍能发挥数字货币的优势。

正如刘连泰教授在提出网约车合法化对出租车牌照持有人损失补偿的建议中所指出的那样，"制度革新的动能来自技术革新的经验世界。法律也应该尊重建立在传统制度逻辑中的财产权，将技术革新和制度革新的成本降到最低……这是技术的胜利，也是制度的胜利。"[1]相应地，一方面，法定数字货币既要为公民日常支付、存储升值等方面带来切实好处，又不影响公民对传统法定货币或数字支付的体验感，这样法定数字货币发行后才能够被广泛接受，而不是一而再再而三地被质疑当前的电子支付方式已经十分便捷，发行法定数字货币没有必要。另一方面，发行法定数字货币必然不是将其流通局限在本国内，我国奉行改革开放政策，积极参与全球经济治理，法定数字货币的发行必然也是我国在国际战略安排上的重要手段。

当前，世界大国都在积极研究法定数字货币，却都保持长时间"按兵不动"，究其本质，法定数字货币技术仍有待攻坚，应用场景仍需反复试验。提

---

[1] 刘连泰："网约车合法化构成对出租车牌照的管制性征收"，载《法商研究》2017 年第 6 期。

出进行法定数字货币的研究并适时公布相关研究成果，都充分表明了研究法定数字货币是各国在新一轮的技术革命中不甘落后的国际战略手段。甚至，每一次关于法定数字货币研究成果的公布都是有意在相关领域建立声誉，以期未来能够在法定数字货币的技术标准制定或法律规则制定上"先声夺人"。既然本章是要论述法定数字货币发行权的建构，那么，首先要确定发行法定数字货币应遵循的基本原则。

第一节　法定数字货币发行权建构应遵循的基本原则

可以说，私人发行数字货币的不断优化发展，让越来越多的国家对发行法定数字货币有了新的看法，甚至是改变了并无必要发行法定数字货币的初衷。不得不说，私人发行数字货币在一定程度上助力了法定数字货币的研究。法定数字货币的数字性的确给人一种浓厚的技术迷雾的幻觉，法定数字货币作为法定货币发展一定阶段所具有的新形式，具有一定的技术特性和优势是历史发展必然。但更为关键的是，法定数字货币的本质仍是货币，是以一国信用支撑的法偿货币。故而，在具备多重技术优势表象下的法定数字货币，依然保留货币的本质属性。这意味着从国家权力运行的角度来看，法定数字货币发行权要受到约束，其所具有的技术性能够成为权力约束的内在机制；从公民权利行使的角度来看，法定数字货币本质上与现钞并无不同，但其使用应该更便捷、安全。如下将分别从法定数字货币的设计和发行两个部分的原则进行说明，以为建构法定数字货币发行权进行指导。

一、法定数字货币设计的基本原则

之所以在说明发行法定数字货币所遵循的基本原则之前，先行介绍法定数字货币设计的基本原则原因有二：一是法定数字货币的设计是法定数字货币发行的前一阶段，法定数字货币如何设计将直接决定法定数字货币发行权力的配置与发行模式；二是法定数字货币的设计与法定数字货币发行的关系是规则设计与规则运行的关系，为了保障规则合法有效运行，需要确保规则设计的合法性和合理性。本书直接采纳在2016年1月20日举办的"中国人民银行数字货币研讨会"上所提出的法定数字货币设计的原则，即经济、便民和安全。[1]

（一）基本原则之间的逻辑关系

不过在对三个原则进行具体说明前，笔者按照三个原则之间的内在联系，重新对三个原则进行排序。

首先，法定数字货币的设计要满足安全原则。法定数字货币不同于纸币，纸币最大的安全威胁来自假币，纸币需要不断提高防伪技术并建立安全的储存环境以保证纸币的安全性；而法定数字货币是数字形式的法定货币，其发行和流通都在电子系统中，中央银行不只要防止法定数字货币不易被伪造，也要确保整个法定数字货币系统的安全性，一旦出现安全漏洞，将会出现巨大的财产安全危机，甚至是威胁国家安全。在无法保证法定数字货币安全的前提下，其他两个原则更无从谈起。

其次，法定数字货币的设计要满足便民原则。法定数字货币的设计虽是国家权力的行使，但货币权力的本质在于人民的授权，这就表明法定数字货币的设计要代表并反映人民的利益，在既有货币法律制度能够满足人民需求的情况下，法定数字货币的设计、发行和流通要更加便民，否则法定数字货币也无存在的必要。

最后，法定数字货币的设计要满足经济原则，即发行流通成本要降低、效率要提高，能够为人民和国家带来更多经济效益，乃至政治、文化等方面效益。综上，法定数字货币的设计要遵循安全、便民和经济原则。

（二）安全优先原则

法定数字货币设计首先要遵循安全原则，该原则可从两个维度、三个层次进行理解。国家金融安全和公民财产安全应是发行法定数字货币予以考虑并保障的两个维度。理解的三个层次：一是发行的法定数字货币要安全；二是整个法定数字货币发行、流通、流转、清结算过程要安全；三是法定数字货币流通环节中用户之间的交易要安全。

不过，与确保发行法定数字货币安全原则处于同等重要位置的便是便捷原则。发行法定数字货币的目的之一就是让支付更便捷，而这建立在市场认

---

〔1〕 参见"中国人民银行数字货币研讨会在京召开"，载 http://www.pbc.gov.cn/goutongjiaoliu/113456/113469/3008070/index.html，最后访问日期：2019 年 12 月 19 日。

可与接受的程度之上。不过，商业机构在权衡二者时，可能倾向于前者，只要利润可以覆盖安全风险的损失。[1] 从当前商业机构频发的泄露用户个人信息、不当利用用户个人信息等便可窥一斑。甚至可以说，当前用户"无可奈何"地让商业机构垄断收集、使用个人信息来换取支付和管理财产的便捷性。长远来看，如果继续以牺牲信息安全性来换取使用的便捷，那么每一个用户都将成为这样庞然大物成长的"垫脚石"，甚至，成为循规蹈矩却难以反抗的"提线木偶"。发行法定数字货币的重要任务就是既要在便捷性方面超过当前的第三方支付平台，有国家信用和权力约束的法定数字货币发行更能注重安全性，又能通过法定数字货币的流转对商业机构进行监督，要求其兼顾便捷与安全性。

（三）以便民来发展原则

在法定数字货币的设计遵循以安全为首要原则的前提下，要尽可能方便人民的使用。法定数字货币方便人民的使用，意味着法定数字货币的设计要符合人民当前电子支付的习惯，甚至是更便捷。用户无需在商业银行开立银行账户就可以拥有自己的法定数字货币钱包，从这点来看，法定数字货币无疑已经起到了便民的效果。但很明显的是，在第三方支付日益发达的今天，这样的设计并不符合当前用户的使用习惯以及商户的收款要求。因此，在法定数字货币的便民设计上，要摒除"想当然"的是为人民便利的设计，而是选择在基本保持当前支付习惯和使用习惯的基础上让人民接受法定数字货币——既能不对私人机构的既得利益造成过大损害，也能起到激励私人机构在法定数字货币应用上不断创新的作用。

1. 发行法定数字货币应方便公众支付

正如上文提到的那样，用户可以不开立银行账户就能获取法定数字货币，并将其存储在私钥完全由自己掌控的法定数字货币钱包中。但仔细分析，其中隐藏了多个问题。

法定数字货币钱包能够"装"多少法定数字货币是有限额的，是由用户本人实名等信息来决定的，这就表明用户想要获得更高数额的法定数字货币，仍需要在银行柜台进行实名认证或达到与此效果相同的实名认证。虽然这个

---

[1]　参见姚前、汤莹玮："关于央行法定数字货币的若干思考"，载《金融研究》2017 年第 7 期。

设计是为了满足法定数字货币使用的安全性以及方便监管机构对相关货币行为进行监控，但本质上与当前的法定货币和存储货币的理念并无过大差异。法定数字货币钱包是有限额的，并非无限空间，那么，用户在存储法定货币上，还是要伴随开立银行账户行为的。

从用户的使用习惯以及市场上商户的收款要求上来看，目前第三方支付比较普遍，甚至出现有些商户拒绝接受现金的情形。那么，用户在使用法定数字货币进行支付时，是使用某个商业银行的法定数字货币钱包还是通过第三方支付中选择法定数字货币，需要设计者予以考量。

当然，我国当前法定数字货币的设计是为了维持既有货币制度的稳定性，保护商业银行等金融机构的权益而做出的一种折中性的设计方案。所以，当前的法定数字货币只是现金的替代，而不是完全替换。

2. 法定数字货币能够方便公众管理自己的财产

当前，无论是将货币存入银行账户还是经由第三方支付平台进行支付，用户对自己的财产并非拥有完全的控制权。在两个平台上，除了用户拥有自己账户的密码外，银行和第三方支付平台也能够控制该账户，最简单的例子就是商业银行可以利用用户的存款货币进行贷款，第三方支付平台也有类似的操作。风险也是显而易见的，如果商业银行或者第三方支付平台破产，用户可能面临不能完整取回自己财产的风险。更极端地说，曾发生过商业银行工作人员挪用用户存款账户资金的严重侵害用户财产权益的行为。[1]而法定数字货币钱包的所有权属于持币人，这可有效保障用户管理自己的财产。并且，只要用户保护好法定数字货币钱包的私钥，同样可以防止上述侵犯财产行为的发生。

3. 法定数字货币能够方便公众管理自己的信息

法定数字货币能够方便公众管理自己的信息，能够自主决定个人信息的使用。发行法定数字货币后，用户的财产信息和其他个人信息都将是数字形式，只有在用户授权的前提下，其他主体才能使用用户的个人信息，这就有效避免了个人信息在每个平台上分别被泄露一次，尤其是关于个人财产的隐

---

〔1〕 参见"210万存款被农行员工私自划走挪用放贷？警方已介入调查"，载 https://finance.sina.com.cn/money/bank/bank_ hydt/2020-05-07/doc-iircuyvi1877225.shtml，最后访问日期：2020年5月20日。

私信息。虽然法定数字货币的发行需要充分的数据进行分析，以更好发挥调控作用，但是，中央银行在使用个人数据的时候也只是统计学意义上的使用。而且，我国国家机构在使用个人信息上采用了严格的审查标准，能够有效保证个人信息不被泄露。但个人信息的泄露往往都发生在其他平台。在用户授权其他第三方机构使用自己的法定数字货币相关信息时，要对第三方机构使用或者存储个人信息作出严格限定，除了提供必要的信息用于验证外，不应存储个人信息。

（四）低成本高效率的经济原则

对于法定数字货币设计的经济原则，笔者不妨从词性的角度作出说明。

首先，从形容词的角度来看经济原则，法定数字货币的设计要经济，也就是法定数字货币的设计要讲究"性价比"，既要降低法定数字货币的发行、流通成本，还要提高法定数字货币的发行流通效率，有利于国家宏观调控权的实现。

其次，从动词的角度来看经济原则，法定数字货币的设计要提高经济效益、促进经济增长。发行法定数字货币应有助于提高经济效益，这是相对于发行现钞来说的。纸币的设计、印刷、防伪、存储、运输等都需要消耗相当的成本，而法定数字货币明显不需要物理实体和地理空间，将会节省成本。发行法定数字货币应促进经济增长。促进经济增长应从两个维度理解：（1）发行法定数字货币能够促进数字经济的发展。后互联网时代让人们走向更为广阔的数字世界，法定数字货币既是数字经济发展的载体，也是进入数字经济的"通行证"。（2）发行法定数字货币能够促进实体经济的发展。党的十九大报告强调"建设现代化经济体系，必须把发展经济的着力点放在实体经济上"，发展数字经济最终也要落在实体经济上。在新冠肺炎疫情防控期间国际之间的贸易往来中，私人数字货币也发挥了一定作用。未来法定数字货币在非接触式、可跨境流通等方面的优势将会在实体经济中凸显。

最后，从名词的角度来看经济原则，法定数字货币的设计要有助于我国经济。货币形式的不断变化以及国际经济的不断发展，货币基本职能的侧重点也发生了变化。货币作为支付手段虽然依旧是货币的基本职能，但现代货币还具有融资属性，是金融学的核心。而且，我国是社会主义市场经济，与资本主义市场经济并不完全相同，在国际贸易中，货币是能够沟通不同性质市场经济的媒介。法定数字货币虽然具有主权性，但也具有跨境流通性，如何让法定数字货币对内成为我国经济建设中的基础设施，对外能够成为经济全球化的重要推动力，需要持续研究与实践。

二、法定数字货币发行的基本原则

在法定数字货币设计阶段，为法定数字货币提出了安全、便民和经济三大原则。从法定数字货币发行权行使的角度来看，法定数字货币发行权的行使也要满足安全、便民和经济原则。除此之外，在发行法定数字货币阶段需要遵循一些特定原则，分别是捍卫主权、立足长远、可进可退、谨慎操作、分步实行原则。其中，捍卫主权原则是法定数字货币发行权行使的首要原则。虽然法定数字货币已无物理形态，但主权色彩反倒增强。如下将分别介绍五个原则。

（一）捍卫主权原则

法定数字货币若作为法定货币的一种形式得以发行，那么，法定数字货币发行权本质上与法定货币发行权并无区别，都是一种主权性权力，是不受他国干预而独立行使的国家权力。私人数字货币因具有去中心化特征，似乎验证了哈耶克的"货币非国家化"的理论主张，[1]不过，比特币能够在多大程度上真正体现哈耶克提出的货币稳定原则、数字货币的泛滥是否构成了哈耶克的货币竞争，[2]不能仅依据去中心化这一特性就直接判断其非国家化。故而，法定数字货币发行首先要警惕的就是私人数字货币所带来的货币"非国家化"思想。

这是从法定数字货币发行主体的角度来说的。即法定数字货币只能由国家发行，具体表现为法律授权货币机构发行。货币发行权作为国家的一项权力，发行数字货币是该权力顺应时代发展的应有之义。故而，数字货币在既有的法律话语体系下，只能由国家垄断发行。进一步表明，私人发行的数字货币并不是法律意义上的货币，私人数字货币具有何种法律地位，由一国法

---

〔1〕 如有人认为比特币的出现让哈耶克的货币非国家化的理想"隐约实现"，参见李钧、长铗等：《比特币：一个虚幻而真实的金融世界》，中信出版社 2014 年版，第 41~42 页。

〔2〕 See Luca Fantacci, "Cryptocurrencies and the Denationalization of Money," *International Journal of Political Economy*, Vol. 48, No. 2., 2019, pp. 105-126.

律具体规定，名称为"货币"并不是法律意义上的货币。国际上对私人数字货币的态度不同而采取不同的监管措施，同样表明主权国家即便是认可数字货币所具有的多种优势，也不愿意主动放弃对法定数字货币发行的垄断权，无论未来是否发行数字货币。

此外，法定数字货币的特殊之处就在于从技术角度来看，法定数字货币在跨境流通、支付成本上更具优势。Diem 的超主权数字货币属性，同样需要我们警惕法定数字货币主权属性被弱化。虽有欧元作为超主权货币的存在，但是未来是否会有超主权法定数字货币存在我们不得而知，但超主权法定数字货币存在的前提仍是以一国的货币主权为前提。"货币宪法"作为一国宪法的组成部分，即便是面对新兴的法定数字货币，仍要以捍卫主权为首要原则，其他原则都要以此原则为前提。

当然，无论法定数字货币现在以及未来采用何种技术组合，都改变不了法定数字货币是法定货币的一种形式，本质仍是在商品交换中作为一般等价物。从这个角度看，数字货币与纸币相比，并无明显差异。不过，同样作为一般等价物，数字货币较纸币（包括数字化的纸币）有更为广泛的应用空间。一般来讲，各国在本国境内强制流通本国货币，禁止外国货币流通。我国人民币国际化程度不高，有在岸人民币和离岸人民币之分。我国境内交易的人民币为在岸人民币，受政府宏观调控，要确保币值稳定；而在境外交易的人民币为离岸人民币，价格由市场决定。法定数字货币具有天然的可跨境支付优势，这也是各国研究法定数字货币的重要内容。于我国而言，法定数字货币所具有的跨境支付功能可能会有助于人民币的国际化，会改变在岸人民币和离岸人民币的现状。这也是为什么说虽然只是货币形式发生变化，但其一旦发行极有可能会改变当前的货币制度。

（二）立足长远原则

法定数字货币发行权的行使要立足长远原则，一是要意识到当前已经迈向数字经济时代，法定数字货币是将现实世界与数字世界融合的催化剂；二是法定数字货币的数字性会给公民和国家带来使用上的"幻觉"，即数字钱包或账目上数字的变化不易有主观感受，国家发行法定数字货币可以保持一定的通货膨胀率来刺激经济增长，但要立足于国家的长远发展。

第一，适应发行法定数字货币所带来的数字经济的发展。随着第三方支付的普及，各国或多或少都迈向了数字支付时代。与互联网诞生初期所形成的现实世界与虚拟世界二分相比，当前的数字支付所形成的数字世界日益模糊现实世界与虚拟世界的界限。数字货币也被称为虚拟货币，与其加密数字特性、不同于日常交易的线上匿名支付直接相关，亦即数字货币对交易者的匿名保护赋予其网络世界的虚拟身份，与我们在现实世界的唯一身份证明并不完全相同。[1]法定数字货币既要承袭数字货币的匿名特性，也要满足国家监管与保护的要求，故而，我国法定数字货币设计考量的一种可能便是前台匿名、后台实名，就是为了确保数字货币一定的虚拟性。不过，在技术愈加先进的今天，除了身体这个物理形态外，每个人都是"数据人"，现实世界和虚拟世界重叠，当我们习惯于数字货币支付后，便不会认为其具有虚拟性。

第二，法定数字货币发行可控的同时要保持一定的通货膨胀率。从理论上来说，法定数字货币的发行量可控，这是货币机构为了稳定币值可以采取的相对直接有效的方法。各国政府对通货膨胀率有着一定程度的偏爱，意味着政府的货币发行量并非与市场流通的商品所需货币保持一致，而是会超发货币，这对一国经济的发展有着重要的意义。因此，即便是发行量可控的法定数字货币也要立足长远，以国家经济需求作为立足点。

首先，超发货币也有稳定币值的作用。如我国受 2020 年爆发的新冠肺炎疫情影响，股市开市时间为 2 月 3 日，截至收盘，A 股三大指数都出现大幅下跌，国内实体经济受到较大冲击；[2]而中国人民银行于同日公开市场操作投放 1.2 万亿资金后，第二天又继续公开市场操作逆回购投放资金 0.5 万亿，以稳定市场预期，让我国实体经济得到了喘息与恢复的机会，起到了稳定人民币币值的效果。

其次，超发货币可以促进就业，这是保障经济稳定与社会稳定的重要因素。不同国家的货币机构都将稳定币值和促进就业作为货币政策目标，而一定程度的超发货币将会投放到实体经济中以提供更多的就业岗位，让普通民众能够获得生活来源，起到稳定民心的作用。

最后，超发货币可防止经济萧条或衰退。超发的货币一方面可以投入到

---

〔1〕 参见李晶："元宇宙中通证经济发展的潜在风险与规制对策"，载《电子政务》2022 年第 3 期。

〔2〕 参见辛继召："首席经济学家谈 2020 开市：经济向好趋势未变 股市长期影响有限"，载《21 世纪经济报道》2020 年 2 月 3 日，第 4 版。

基础设施建设等实体经济领域，创造更多的就业岗位；另一方面获得收入的公众才有能力去消费，进一步促进经济的繁荣。如此，形成动态循环，刺激经济发展。因此，"货币宪法"将通货膨胀所造成的公民财产利益流失作为理论基础的同时，也要注意到即便是发行量可控的法定数字货币，能够控制通货膨胀率，但也要立足长远，从经济稳定和社会稳定的角度出发，认识到保持一定的通货膨胀率是必要的。

（三）可进可退原则

发行法定数字货币将会面临多少风险我们不得而知。任何新兴事物的探索往往都伴随着风险，但尝试从未停止。发行法定数字货币，尤其对我国这样人口众多、国内经济形势复杂的国家来说，必然不可能贸然全国同步推广。我国向来有改革措施在试点率先应用的经验，无论是作为"先行示范区"的深圳开展数字货币支付等领域的研究工作，还是处于长三角经济区腹地的苏州都成为法定数字货币发行流通的试点。

法定数字货币发行所遵循的可进可退原则是指在试点内，在特定领域发行法定数字货币以观察其使用效果，如果其发行流通在权益保护、规范权力运作等方面更为有效，可以进一步在试点内其他领域推广。首先实现试点范围内的逐步推广，再有序向全国其他地方推广；反之，如果在试点内特定领域或者在试点内更多领域流通使用时未发挥如期效果，甚至出现了金融风险，那么，要退回发行法定数字货币，视情况再决定是否在试点内继续推行。可进可退原则考虑的是发行法定数字货币的安全性，即从国家货币权力行使的权威性以及公民财产的安全性出发。

（四）谨慎操作原则

之所以强调法定数字货币的发行要谨慎操作，是因为当前无论对法定数字货币进行发行还是研究的国家，都不可避免地受到了外部经济的压力。简单来说，比特币虽在 2009 年出现，但在 2013 年因为价格的剧烈波动而广为人知。在此背景下，中国在 2014 年开始研究法定数字货币，英国央行在 2015 年公开宣布研究法定数字货币 RSCoin，荷兰央行于 2015 秘密开始数字货币 DNBcoin 实验，加拿大银行于 2016 年开始 Jasper 数字货币项目；已经发行法定数字货币的国家也逐渐增多，如厄瓜多尔于 2015 年发行"厄瓜多尔币"，突尼斯也于 2015 年发行法定数字货币，委内瑞拉于 2018 年发行法定数字货币"石油币",等等。

但真正让各主权国家担忧货币发行权的重要事件便是2019年Facebook发布Libra白皮书。尽管Libra白皮书中表明Libra的使命是"建立一套简单的、无国界的货币和为数十亿人服务的金融基础设施"〔1〕,但这无疑是个足以撼动一国货币主权的"宣示"。一国的法定货币通常只在主权国家范围内流通使用,而Libra具有全球性,Facebook希望跳出主权国家的范围而放眼整个世界,旨在建立一个"超主权货币"。在推动各国对法定数字货币的研究上,脸书无疑发挥了关键作用。从这个角度看,法定数字货币的发行不只是一国权力的行使,更是与国际形势密切相关。

在人命关天的医药行业,在新药投入市场前,需要进行试药;在事关国家安全的金融领域,在法定数字货币正式发行前,同样需要试验,这体现的就是对新生事物要保持高度的谨慎性。新药的试验包括临床前试验和临床试验。不妨采取相似思路,不过因为法定数字货币的特殊性,其"临床前试验"和"临床试验"均应在试点内进行。如2019年新加坡金融管理局与加拿大央行所进行的互相发送法定数字货币的试验可视为"临床前试验",即验证法定数字货币的某一功能,以对其安全性和性能作出评价。在试点内进行"临床试验",可在试点内的商业机构和企业中进行,以测试发行的法定数字货币在银行系统和非银行系统内的流通使用情况,以发现是否有金融风险存在的可能。这个过程需要在识别风险—化解/控制风险—识别风险过程中反复进行试验。在后文对法定数字货币发行权的规制中会进一步对此进行论述。

(五)分步实行原则

基于发行法定数字货币的谨慎操作性,法定数字货币发行应采取"由点及面"的分步实行原则。

首先,法定数字货币的发行流通应在试点内的支付领域先行实行。这与法定数字货币作为货币所承担的支付功能以及国家的电子支付产业较为发达直接相关。在支付领域先行试验法定数字货币,既可确定法定数字货币的使用能否达到当前电子支付水平,也可由此树立信心以进一步推广。

其次,法定数字货币的发行流通在试点内的实行。这建立在法定数字货

---

〔1〕 "Libra白皮书",载https://libra.org/zh-CN/white-paper/? noredirect=zh-Hans-CN,最后访问日期:2019年12月19日。

币在不同领域应用后效果良好的基础上，可在试点内进行全面推广。

再其次，法定数字货币的发行流通在全国范围内的实行。当然，因为不同地区的经济发展及基础设施的不同，在全国推广时要从经济较为发达的城市进行，而后在农村等地区基础设施逐渐完备的情况下再全面推广。

又次，法定数字货币的发行流通在区域性组织内实行。如在"一带一路"沿线国家内推广使用，可扩大人民币的国际影响力。

最后，法定数字货币的发行流通在国际上的实行。人民币虽作为国际储备资产之一，但当前储备比例远不及美元。法定数字货币可能会有助于人民币的国际化，提升人民币的国际储备比例；反过来，人民币国际储备比例的提高，也会促进法定数字货币在国际上的流通。

当然，法定数字货币发行的分步实行毕竟是个漫长的过程，"货币宪法"理论要能够不断充实完善以为其提供指导；即便是在试点内发行的法定数字货币仍要符合宪法规定；而法定数字货币在国际上流通要以本国政治经济稳定为基础，而这需要宪法的贯彻实施。

第二节　"货币宪法"理论下法定数字货币发行权的中国建构

法定数字货币本质虽是货币，保留了其内在价值属性，但是多重技术的使用让法定数字货币呈现出与传统法定货币迥异的特性。看似通过技术改善社会、经济的背后，实则在重构国家权力和公民权利之间的关系。因而，本书将从"货币宪法"理论框架下分别从宪法和法律两个层面来构建法定数字货币发行权。在此所欲强调的是，"货币宪法"应是构建法定数字货币发行权的理论基础，法律依据是具体解决问题的前提，公民权利保护是解决问题的核心。

一、宪法层面法定数字货币发行权的建构

法定数字货币发行权本质是国家行使货币权力的具体表现。国家发行法定数字货币的目的考量或者说是契机，与私人发行数字货币的繁荣发展和我国电子支付行业迅速发展有着直接的联系。甚至可以说，是国家权力对正在蓬勃壮大的商业权力的一种制衡。传统宪法理论基础是限制国家权力，保护

公民权利，而在数字社会中，除了国家这一"利维坦"外，商业机构已然成为侵犯公民权利的另一"利维坦"。公民的权利对应的是国家权力和商业权力。"货币宪法"就是为防止现代社会民主制度的价值演变为独裁政府和少数金融寡头操纵民主、奴役人民的工具，通过规范政府的货币发行权，以期将对人民的侵害降到较小的程度。[1]在发行法定数字货币时代，"'货币的宪法化'或许是一种趋于保守但更加理性、抑或是更具可操作性与有效性的路径选择"[2]。在宪法层面主要从法定数字货币发行权的享有主体、权力性质以及服务对象三个方面进行具体建构。

（一）确立法定数字货币发行权主体的宪法地位

1. 货币发行权力已由宪法确立

之所以强调确立法定数字货币发行权的享有主体，原因在于根据我国的宪法法律规定，在法定数字货币发行权上既有决定主体也有行使主体。我国所有的宪法文本（包括具有临时宪法角色的法律文件）中除了 1949 年通过的《中国人民政治协商会议共同纲领》中规定了"货币发行权属于国家"之外，再没有关于货币发行权的规定。这当然不意味着国家不再享有货币发行的权力，当时在临时宪法中作出这一规定是因为中华人民共和国初期要将国家金融权力收回国有。在我国逐渐创建了国家银行体系后，这一"常识性"的权力已经不是当前国家建设的阶段性目标后，就将其作为中央政府的一项权力，具体通过国家的宏观调控权得以体现。

我国现行《宪法》（1982 年通过，2018 年修正）将国家宏观调控权规定在"总纲"中，而非规定在"国家机构"中，这也足以说明宏观调控权在我国整个宪法体系中的地位和作用。这也意味着中央银行所行使的宏观调控权不只由宪法保障，还在宪法中占据重要地位。至于有学者提到的"央行的法律地位应当在宪法层面予以明确，也只能在宪法层面予以明确"[3]，本书认为中央银行在行使货币发行权的地位已经由宪法确定，无论是从历史解释，

---

〔1〕 参见吴礼宁："货币权力与西方民主的吊诡"，载《华北水利水电学院学报（社会科学版）》2012 年第 1 期。

〔2〕 苗连营、吴乐乐："为货币发行'立宪'：探寻规制货币发行权的宪法路径"，载《政法论坛》2014 年第 3 期。

〔3〕 鲁勇睿：《通货膨胀的货币宪法规制》，中国社会科学出版社 2016 年版，第 152 页。

还是体系解释，都能得出如上结论。更何况，在既有的宪法体系下，中央银行正在行使宏观调控权，没有必要再通过复杂的修宪程序将宪法条文中已有的内容再写一次。

2. 货币发行权力在国务院领导下行使

应当承认的是，法定数字货币发行权是一项专属性的国家权力，但在这项权力之上存在两个主体，一个是国务院作为发行法定数字货币的决定机关，另一个是中央银行作为发行法定数字货币的执行机关。除此之外，任何其他机关都不得分享法定数字货币发行权。无论制度设计如何，在政治改革中要减少社会代价，首先必须防止出现权力真空，防止各种政治机关的角色错位引起混乱。[1]有人会质疑中央银行行使货币发行权的独立地位受到行政权的干预。这个观点本身就是错误的。中央银行是近代资本主义国家首先确立的，但因国家制度和权力配置结构不同，不可将国外关于中央银行的制度设计直接对照我国，认为与我国不同之处即为我国中央银行需要完善之处。

需要强调的是，我国实行的是人民代表大会制度，人民代表大会代表人民行使国家权力，这意味着无论是货币权力还是行政权力，本质上都是人民授予的权力。《宪法》第 89 条规定了国务院领导各部委工作，领导和管理经济工作等，包括货币发行权在内的权力由国务院领导是《宪法》赋予的权力。不存在行政权力对中央银行独立性的干预，因为中央银行本身就具有行政属性。有学者认为中央银行在行使法定货币发行权受到行政权干预，是担心行政机关利用中央银行超发货币而满足特定政治目的。该担忧不无道理，不过，我国国务院领导下的中央银行行使法定货币发行权制度，是我国社会主义法律制度的组成部分，始终代表的是人民利益，要受到人民监督。

3. 法定数字货币发行权由中央银行专属行使

中央银行为法定数字货币发行权行使的唯一主体。"人们信任政府时也同样信任政府发行的货币，而人们信任货币时也客观上表达了对政府的支持和信任。"[2]这意味着中央银行的货币发行主体资格需要法律明确，中央银行作为国家货币权力机关的法律地位需要法律授权。当前，《中国人民银行法》确定了中央银行的法律地位。之所以仍对此进行强调，是因为英美等国家虽由

---

[1]　参见季卫东：《大变局下的中国法治》，北京大学出版社 2013 年版，第 27 页。
[2]　鲁勇睿：《通货膨胀的货币宪法规制》，中国社会科学出版社 2016 年版，第 63 页。

所谓的中央银行发行货币，但美国联邦储备系统是私人机构，英格兰银行虽国有化但实际仍由私人操控，国会的监督也流于形式，这是用国家权力变相为金融寡头谋利。当国家权力与金融寡头狼狈为奸时，受压榨的就只能是持有货币的社会大众了。

如此，引出强调的第二个原因，数字货币最早是私人发明并发行的。虽有人认为数字货币试图挑战国家发行法定货币作为主要支付手段的地位，并可能会削弱货币政策的有效性，但数字货币的使用仍然微不足道，对此不必担忧。[1]本书却认为对此仍要保持警惕，即使私人发行数字货币既无价值属性，又无国家信用背书，但是其去中心化、匿名性等特征仍然让其有生存空间。概言之，法律确认和保障法定数字货币发行权由中央银行行使。

4. 发行法定数字货币所带来的货币权力与义务

中央银行虽然行使多项权力，但各项权力都围绕着货币发行权来行使。货币权力具体包括货币发行权、发行收益权、系统管理权、授权经营权、规章制定权和监督管理权，中央银行需要承担的义务有系统维护义务、费用支付义务、币值稳定义务、损失赔偿义务和隐私保护义务，[2]尤其在法定数字货币发行后，中央银行行使权力的效果将直接作用于公众，要保护公民所具有的财产权利和个人信息权利，并承担起侵犯公民权益的责任。

第一，货币发行权。虽然当前我国法律规范只规定中央银行有发行纸币和硬币的权力，并未规定发行数字货币的权力，但这可以通过修改相关法律规范或制定专门的法律法规实现。

第二，发行收益权与费用支付义务、损失赔偿义务。发行法定数字货币行为本身就是发行收益的体现，增加了流通中的货币总量。此外，通货膨胀也会带来收益，这个收益以人民财富流失为对价，被认为是货币发行权不受制约的后果。[3]不过，通货膨胀并非一无是处，需要防范的是高通胀。必要的通货膨胀可以刺激经济发展。更何况，法定数字货币将会让有效负利率政

---

[1] See Digital Currencies, Digital Finance and the Constitution of a New Financial Order: Challenges for the legal System, available at https://www.ucl.ac.uk/cles/sites/cles/files/summary-digital-finance-digital-currencies-conference.pdf, 最后访问日期：2019年11月18日。

[2] 参见刘少军："法定数字货币的法理与权义分配研究"，载《中国政法大学学报》2018年第3期。

[3] 参见吴礼宁："通胀治理与货币宪法的提出"，载《郑州大学学报（哲学社会科学版）》2012年第3期。

策成为可能，理论上目标通货膨胀率可降至 0。[1]那么，社会公众的财富（几乎）不会因通货膨胀而流失。在发行法定数字货币过程中，中央银行要承担发行与流通的费用；而且，因中央银行系统故障等非因持币人发生的财产损失，中央银行也应该承担相应的赔偿责任。

第三，系统管理权与系统维护义务。法定数字货币不同于现钞的运行系统，其只能在特定的网络环境中流通。故而，中央银行要对法定数字货币系统具有管理权，这也是其货币发行权的衍生职能；当然，这个系统对安全性、效能性要求更高，中央银行同时承担系统维护义务，要兼顾安全性与效率性。

第四，授权经营权、监督管理权与隐私保护义务。授权经营权是中央银行授予商业银行或其他商业机构经营管理法定数字货币的权力。从当前中国人民银行与我国几大商业银行、支付机构就法定数字货币合作研究来看，未来中央银行将会采取授权经营的方式共同运行我国法定数字货币系统；中央银行授权商业机构经营权的同时，也保留对商业机构的监管管理权，这一权力不只需要保留在中央银行手中，还要能够对商业机构合法、健康经营真正起到监督管理作用；在商业机构有违法犯罪行为时，与其他行政机关、司法机关进行分工合作进行监督。除此之外，在授权商业机构经营法定数字货币流通系统过程中，依然有必要强调对个人信息和隐私保护，对隐私保护的成效也应作为中央银行监督管理的重要内容。

第五，规章制定权与币值稳定义务。中央银行是隶属于国务院的特殊国家机关，在职权范围内可以进行行政立法，即制定确保法定数字货币发行和流通的部门规章。其中，保持币值稳定也应该是中央银行行政立法予以确认的。保持币值稳定不是账面价值的稳定，而是其所代表的购买力稳定。

（二）明确法定数字货币发行权权力复合的特殊属性

法定数字货币发行权具有行政权属性。中央银行作为国务院的组成部门，要在国务院的统一领导下行使职权。法定货币发行权作为中央银行的职权之一，具有行政性。正如上文所强调的，中央银行不是受行政权力干预，本身就在行使行政权。一旦国家决定发行法定数字货币，中央银行所行使的法定

---

〔1〕　参见姚前："理解央行数字货币：一个系统性框架"，载《中国科学：信息科学》2017 年第 11 期。

数字货币发行权具有如下行政权力特点：

一是法定数字货币发行权具有执行性。《中国人民银行法》是直接规定中央银行有行使货币发行权的法律。《中国人民银行法》只规定了中央银行有权发行货币，并没有限定货币的形式。从这个角度看，发行法定数字货币并不违反法律。对货币形式进行规定的是《人民币管理条例》等法律规范，与法定货币相关的行政法规的制定主体与发行法定数字货币的决定主体都是国务院，能够解决法律规范冲突问题。发行法定数字货币的决定权属于国务院，而国务院要对全国人民代表大会及其常务委员会负责并报告工作，所以中央银行行使的法定数字货币发行权体现着国家最高权力机关的态度。

二是法定数字货币发行权具有强制性。法定数字货币发行权的强制性是对境内每一个居民而言的，即以人民币支付境内的一切债务，任何单位和个人不得拒收，这就意味着中央银行的法定数字货币发行行为和结果需要法定数字货币使用者无条件接受，违反规定的，将有可能被追究民事、行政或刑事责任。

三是法定数字货币发行权具有公益性。中央银行发行法定数字货币不只是为公众提供交易的一般等价物，更是为了行使国家宏观调控职能。中央银行根据经济发展需要和国际金融市场的形势，决定法定数字货币发行的数量、时间和政策，以达到宏观调控的目的，保障国家的金融安全，维护公民权益。尤其是发行法定数字货币所欲实现的让人民群众能够享受到国家繁荣发展所带来的普惠金融服务，为人民群众创造公平获得法定数字货币的权利。

四是法定数字货币发行权具有不可处分性。法定数字货币发行权是中央银行的专属性权力，只能在国务院领导下积极行使。首先，这是由我国行政权力之间的分工合作决定的，国务院各组成部门之间虽有职责交叉，但都有核心职能，货币发行权就是中央银行的核心职能之一。其次，这是由货币发行的专业性决定的，只能由具有专业知识背景的行政主体履行。最后，货币发行权是事关国计民生的重要权力，要由中央银行专属行使，不可受其他行政主体的不当干预，更不可擅自转让或放弃行使。

除了具有行政权力的特征外，法定数字货币发行权还具有其他作用，如中央银行周期性发行的法定数字货币可反映国家财产储备状态、国内物价水平；利用法定数字货币可进行经济调节，将货币政策直接传达到特定领域，并能够利用智能合约等技术实现精准调节；法定数字货币的可追踪性和可溯源性也可提高中央银行对金融市场的监管效率，等等。如上作用实则体现的是把发行的法定数字货币作为国家政策工具。

（三）坚守法定数字货币发行权以保护公民权利为核心

1. 以公众物价感知来调节法定数字货币的发行

国家发行货币的权力之所以重要，不只因为这是国家财政的来源，更关乎每个公民的衣食住行。布坎南、弗里德曼等代表人物提出要规范国家货币权力行使，甚至提出构建"货币宪法"的口号时，他们眼中所见正是公众因国家总是控制不住开着印钞机让财富处处流失的景象，他们心中所想就是要把货币权力圈进宪法"牢笼"。物价上涨意味着法定货币的购买力下降，人们对物质生活水平的满意度和体验感下降。理论上发行法定数字货币的通货膨胀率可降至 0。如果按照需求量来发行数字货币，看似的确是稳定国内物价，避免通货膨胀的方法，但仍有稀释法定数字货币币值的情形发生。

有学者做了这样一个假设：生产者生产出具有价值的商品，用来换外汇，而国内市场上商品数量和流通中的人民币数量没变。中央银行根据生产者持有外币的数量来印刷具有同等请求权的人民币，用人民币换生产者的外汇。造成的直接后果就是国内市场上流通的商品数量没变，但流通的人民币增加了，于是货币贬值，形成通货膨胀。该学者将外汇称为"人民向央行缴纳的通胀税"[1]。当然，外汇问题可一定程度上通过国际贸易解决。

但是，通货膨胀似乎难以避免。货币贬值所带来的影响要比税收范围更广，"通胀税"是一个真正实现人人平等的"税种"，每个人都要承担货币贬值所带来的财产流失。正是因为通货膨胀既隐蔽又难以避免，故而有必要对国家货币权力予以约束，约束的目标就是不对公民的财产权利造成过多侵害。从国家权力积极行使的角度来看，在公众明显感到国内物价水平变高时，中央银行及其他国家机关要能及时对此进行有效调控。

2. 中央银行要加强对个人信息的保护

除了公民财产权，另一值得关注的权利便是公民个人信息保护。在法定数字货币环境中，与公民相关的身份信息、财产信息、交易信息等全部数字化，于国家监管部门来说，数字化的信息有助于其监控法定数字货币流通的

---

〔1〕 吴礼宁：《货币宪法学：知识谱系与中国语境》，法律出版社 2015 年版，第 328、332 页。

各个环节。而且，监管部门利用法定数字货币流通过程中产生的大数据进行数据分析。从大数据分析这一层面来看，每个公民的各项信息不过是构成了大数据分析的"分母"，并不会对特定的公民信息产生不当影响。在法定数字货币发行的背景下，提出了"客户行为分析"，将分析的目光从"分母"转向具体的"分子"。

即便该大数据分析是为了监控洗钱等违法行为，但是，技术的运用一旦变成了国家或商业机构才是最了解你的人身信息和财产信息的"人"，不免让人心生惶恐。故而，不妨从如下方面规范国家权力：一是妥善保管个人信息，既要避免个人信息的泄露，也要避免对个人信息的不当使用。对个人信息的保管并不意味着国家因对个人信息的掌握而更方便监控每个公民。二是区分个人数据和个人信息。个人在使用法定数字货币过程中必然会产生大量数据，但不是所有的数据都对公民有意义，这部分不涉及个人隐私的数据可用于监管部门进行大数据分析，但涉及公民隐私的数据则需要公民授权使用。公民的个人信息是涉及个人隐私或者对个人有价值的数据。即便公民的个人信息于中央银行来说是实名制的，但这也只是身份信息，作为公民持有法定数字货币的身份证明。

当前，私人机构利用区块链技术实现对数据的保护，不失为可借鉴的一种思路：（1）利用区块链的分布式账本技术，对个人交易产生的数据仅做功能性处理而不存储，有效避免违法收集、使用个人数据行为的发生，即只做数据的"搬运工"；（2）利用区块链的经济激励模式，对个人数据的使用，经过区块链智能合约的设定，可同步完成个人对数据使用的授权以及费用的收取，真正实现个人对数据的控制和收益。

二、法定数字货币发行权建构的法律分析

货币发行权虽然由宪法确立，但具体实施由专门法律予以规定。故而，从法律层面分析法定数字货币发行权的建构，首先要明确法律依据，这是法定数字货币存在乃至发行法定数字货币权力存在的前提；其次对法定数字货币发行权的建构，离不开对法定数字货币财产属性的确定，这也将决定关于法定数字货币发行权的法律属于哪个具体的部门法类别；最后需要法律来保障发行法定数字货币后所确定的流通秩序，防止相关违法犯罪行为的产生。

（一）明确法定数字货币发行权的法律依据

法定数字货币是一种新形式的法定货币，其发行必然需要法律的授权。根据当前我国的《中国人民银行法》和《人民币管理条例》的规定，其只授权中国人民银行有发行纸币和硬币的权力，采用列举式的立法体例，根据文义解释、目的解释、体系解释等都无法直接得出中央银行有发行数字货币的权力，但《中国人民银行法》对此也并未禁止。故而，发行法定数字货币的第一道关卡就是要得到法律的明确授权，这可以通过三种途径实现。

一是直接修改《中国人民银行法》和《人民币管理条例》等法律法规的相关规定，将法定数字货币作为发行货币的一种形式。不过根据当前对人民币的使用情况来看，仍有相当一部分人使用现金，故而，在修改法律法规时，不能强制公民和组织使用数字货币。在发行法定数字货币阶段，纸币和硬币仍需要发行、流通使用，不能用以使用法定数字货币的便捷来牺牲公众对支付方式的自由选择，毕竟，并不是所有人都擅长使用数字（电子）支付。

二是制定专门的"法定数字货币法"，依据新法优于旧法的原则，在"法定数字货币法"与其他相关法律发生冲突时，采用新法"法定数字货币法"的规定。该途径看起来是"另起炉灶"的授权方式，不对当前的法律体系直接做大幅改动即可实现立法目的。但显然带来两个问题，一方面，虽然我国对法定数字货币研究、支付体系均处于国际领先水平，但是发行法定数字货币毕竟涉及一国的货币权力及权力分配、公民财产权利的基础性问题，在实践效果还未明朗的情况下匆忙专门立法，也不过是倾向于原则性的规定，依旧无法对发行和流通作出必要的指引；另一方面，即便该专门立法通过，其与当前的法律体系的协调性问题也亟需解决。当然，第一个问题可以采取循序渐进的方式解决，即不直接颁布法律，而是由我国"先行试验区"深圳出台地方立法，待到地方实践成熟后，再颁布统一法律。不过，进行地方立法的前提依然是要获得授权。

那么，第三种途径就是全国人民代表大会常务委员会授权地方立法（试点立法）或专门立法。不难看出，第三种途径效率更高，在准备发行法定数字货币初期更为可行。在地方立法经验或专门立法经验成熟后，对我国相关法律法规进行修改。不过，本书并不支持制定专门的"法定数字货币法"。法定数字货币虽是法定货币的新形式，但本质仍是货币，在既有的法律体系内进行调整修改即可实现发行和流通目的。再另行颁布专门法律，不免有浪费国家立法资源之虞，也不利于保持我国法律体系的稳定性。法学研究应该避免这样一种"怪象"：不能出现一个值得研究的法律对象，就着急为其进行专门立法。在既有的法律框架内解决新的问题，既可保持法律的稳定性与权威性，也能避免我国法律体系内部的重复与冲突。

（二）确定法定数字货币的综合财产属性〔1〕

1. 法定数字货币不宜作为"物"

将货币作为物权法客体是关于货币法律性质的主流学说。该观点认为货币是特殊的种类物、消耗物，通常遵循"占有即所有"原则。无论将法定数字货币视为种类物还是消耗物，都是在物权的概念体系下对法定数字货币法律属性作出的界定。却忽视了对法定数字货币法律属性认定的大前提：如果将法定数字货币作为物，就要满足物权法定原则，即物权种类、内容、效力和公示方法都只能由法律设定，且该法律只能是民商事法律。显而易见的问题是，《民法典》"物权编"中并没有对货币作出明确规定，这并非立法者对货币权利的遗忘，因为《物权法》对汇票、本票、支票等与货币相关的权利都作出了规定。

关于货币权利的种类、内容、效力等内容由《中国人民银行法》等法律法规予以规定。"物权编"确定的物权法定原则是为了在权属清晰下实现物尽其用，维护正常的交易秩序。除此之外，关于物的具体利用则是出于当事人的意思自治，在不违反法律规定和公序良俗的情况下，双方可以自由约定。但与货币有关的权利则刚好与此相反，货币权利的行使让交易主体之间可自由约定的空间有限，主要由法律作出了强制性规定。

虽然法定数字货币在技术设定上可以添加智能合约，看似增加了交易主体可以自由约定的范围，其实不然。在法定数字货币上运行智能合约，只是通过智能合约让法定数字货币有进一步承载更多功能的可能，发生了功能实现空间的变化，有助于提升效率、安全性。但依托法定数字货币设定智能合约要符合国家相关法律规定，即标准法定，而具体功能实现则有赖于市场主体之间的自由约定，与是否是数字形式的法定货币并无直接关系。

---

〔1〕 参见李晶："论法定数字货币的法律性质及其监管"，载《上海政法学院学报（法治论丛）》2022年第2期。

故而，简单来说，"物权编"对物的规定除了物权法定外，其他内容多由民事主体之间自由约定；而法定（数字）货币则是法定型货币，较少留给民事主体之间自由约定的空间。法定（数字）货币与物之间的区分已经显而易见。不过，并不妨碍借鉴"物权编"的相关理论对法定（数字）货币进行规定。沿袭当前认为货币属于种类物、消耗物的观点，法定数字货币属于种类物、消耗物法律属性的困境就在于法定数字货币并不符合种类物和消耗物的法律概念；《中国人民银行法》对货币规定的目的与"物权编"对物规定的目的并不相同，那么，将两个只是部分法律属性相似或者说是都遵循法律的一般原理，但本质有着明确区别的法律概念混为一谈，不利于法定数字货币法律性质的界定。

2. 法定数字货币不宜作为"债"

对于零售型法定数字货币来说，其法律性质与纸币几无差别。以我国为例，公众获得零售型法定数字货币或者纸币的路径是"中央银行—商业银行—市场主体"，但零售型法定数字货币与纸币不同的是，零售型法定数字货币是中央银行在金融机构提供 100% 准备金的情况下授权金融机构向公众发行的用于日常支付的货币，自始至终体现的都是中央银行的信用，而非金融机构的信用。这意味着在发行零售型法定数字货币的背景下，中央银行与市场主体之间的联系更为直接和紧密。即便如此，零售型法定数字货币仍是信用货币，货币持有人无法基于零售型法定数字货币向中央银行请求行使所谓的债权。更进一步说，从技术角度看，法定数字货币可跨境流通，法定数字货币的获取不以拥有银行账户为前提，这为外国公民获取本国法定数字货币提供了便利，也为主权国家拓宽了司法管辖和货币监管范围，此时不能只依据国内法，而是要考虑双边或多边协议的规定。从这个角度看，更不适宜将持币人作为中央银行的债权人。

对于批发型法定数字货币来说，因为其只用于大额使用，体现的是中央银行与金融机构之间的关系，在一定程度上会对当前商业银行的存款货币造成冲击。根据金融机构之间的大额转账的原因即合同性质的不同，批发型法定数字货币可成为特定之债指向的对象，具有债的属性。批发型法定数字货币的使用目的在于提高支付结算效率。在批发型法定数字货币上应用智能合约，可以提高基于批发型法定数字货币形成的合同的执行效率，加快批发型法定数字货币在金融机构之间的流通速度。

综上，从上述对法定数字货币的法律性质作出分析不难看出，货币虽然可以作为解决"跨时交换"问题的工具，能够将物权和债权区分开来，[1]但当前关于货币属于物还是债的观点都存有一定问题。

无论法定数字货币是作为物还是债，都已为该观点设定了预设，即主要是在民事法律关系范畴内讨论法定数字货币的法律性质，但法定数字货币还涉及国家机关与市场主体之间的关系，要受到行政法等强制性法律的调整规范，还可在行政法律关系或者说国家权力关系中进一步探讨其法律性质，这是第一层理论困局。

更进一步说，将法定数字货币的法律性质认定为物或者债，都是在具体情形下进行的说明，并未涵盖法定数字货币使用的全部情形，这是第二层理论困局。

法定数字货币作为货币强调的是由国家强制力保障流通效率、秩序和安全，与物权法所要实现的产权明晰、物尽其用和债法所要实现的保障商品流通关系的目的有一定重合，但侧重点并不完全相同，这是第三层理论困局。

法定数字货币作为数字形式的法定货币，在法律特征上不完全与传统的法定货币相同，会对当前既有的法律体系带来挑战，再按照传统的物权或债权理论对其定性，难免会出现"削足适履"的畸形，这是第四层理论困局。

3. 法定数字货币具有综合财产属性

信用货币时代，货币所具有的权利属性与传统物权、债权都并非完全重合，法定数字货币的数字特性在技术上实则已并无法定货币与存款货币的形态之分，使得法定数字货币可兼具物权与债权双重属性。法定数字货币不只是货币因技术发展而发生了形式上的变化，更是反映了应对私人数字货币和其他法定（数字）货币而凸显的主权性。法定数字货币虽然无票面、面值、国家标志等物理特点，但将会具有更为显著的主权属性。法定数字货币的主权属性并不排斥：（1）私人机构在法定数字货币发行流通中的技术应用；（2）与其他国家签订的货币协议；（3）与国际组织合作或基于法定数字货币形成的区域合作组织等。

从本质上来说，法定数字货币并非新生事物，只是法定货币的一种具体

---

〔1〕 参见郑观、徐伟、熊秉元："为何民法要分物权和债权？"，载《浙江大学学报（人文社会科学版）》2016年第6期。

表现形式。同时，基于法定数字货币的技术特性，可同时具有更多功能以满足公民、国家和国际的不同需求。法律数字货币的法律属性需要不同层级的立法予以明确。按照法定数字货币的国内与国外使用两个空间范围，由国内法规定公民和国家对法定数字货币的所有和使用，而用国际条约或双边/多边协议约定法定数字货币的跨境流通。具体而言，关于法定数字货币的立法路径可从两个方向进行。

第一，缔结或参与区域货币协议，为本国法定数字货币在国际区域流通提供法律保障。当前已有多个国家形成了有关法定数字货币的合作协议，如在 2020 年 1 月，加拿大、英国、日本、瑞士、瑞典和欧洲中央银行与国际货币清算组织成立了研究法定数字货币的合作小组；而在 2020 年新冠肺炎暴发后，美联储将货币互换国家增加至九个。未来，我国法定数字货币的发展，或者采取加入如上区域合作协议之中，或者构建法定数字货币区域合作组织。

第二，完善我国《中国人民银行法》等法律法规，明确法定数字货币的法律地位。其中，物权法本质是财产法，纠结法定数字货币是否是种类物、消耗物并非症结所在，而是对法定数字货币所具有的财产属性予以明确规定与保障，用保护物权的方式来保护法定数字货币这个特殊财产，保护权利主体这个可以代表社会财富的财产权利。而《中国人民银行法》则是从国家行使货币权力的角度进行规定的。当前，对法定数字货币分类为零售型和批发型就是从国家货币权力角度出发的，虽然发行对象不同，但体现的都是国家与私人之间的关系，究其本质，国家货币权力要为私人的货币权利服务。

（三）维护法定数字货币发行与流通秩序

虽然当前我国已构建了以《反洗钱法》《中华人民共和国反恐怖主义法》《刑法》《中国人民银行法》等法律为核心的反洗钱法律体系，形成了以中国人民银行、中国银保监会、证监会等为主要监管反洗钱工作的部门，但都是针对当前现钞发行下的洗钱行为，对充满技术特性的法定数字货币的监管效果有限。毋庸置疑的是，法定数字货币的可追踪性以及系统可能会承担支付即结算等功能，在一定程度上都可避免洗钱行为的发生。但随着货币形式的变化，洗钱的方式也更隐蔽和复杂。故而，需要建立依托于法定数字货币系统的反洗钱网络。

一是直接在法定数字货币发行、流通的系统内设置反洗钱的网络监控程序，由中央银行、商业银行、其他金融机构，乃至非金融机构在获得网络授权后都要履行监管洗钱的义务。因为法定数字货币在设计中考虑的是"前台自愿，后台实名"机制，所以无获得实名授权的"前台"在发现有洗钱嫌疑时，要及时上报给中央银行或反洗钱监管机构。

二是注意追踪用法定数字货币购买私人发行数字货币的情形。当前，用私人发行数字货币进行洗钱已不是新鲜事。虽然对去中心化、匿名性的私人发行数字货币难以追踪，但是用法定数字货币买入或卖出都会留下痕迹，故而，要对使用法定数字货币大量购买私人发行数字货币的情况予以监控。

三是用户要保管好个人的法定数字货币账户信息，防止他人盗用；同时，中央银行和商业银行、金融机构等主体要妥善保管用户提供的信息，防止因系统漏洞或操作不当而泄露用户信息，被他人用于洗钱等违法犯罪行为。

四是监管部门要重视风险管理，加大高风险领域资源投入力度，提高反洗钱合规水平和洗钱风险防控能力。[1]风险管理建立在对以往反洗钱工作经验的总结上，对容易发生洗钱的领域进行重点管理；同时，风险管理也建立在大数据的分析上，基于法定数字货币系统而建立的大数据分析中心也可对法定数字货币的转移情况进行分析，并能做出预警，以辅助监管人员对洗钱行为的追踪。

可以说，法定数字货币的发行将会有效避免假币的产生，因为每个法定数字货币都有央行发行的唯一序列号，在特定的系统内进行流转，其发行、流通、结算、回收等环节都要经过登记，故而，法定数字货币的假币难以产生。但是上文也提及，已有人打着法定数字货币的名义，发行了"DC/EP"或"DCEP"，在当前法定数字货币呼之欲出而又呼之未出的情况下，极容易产生这样的"假币"。当前，我国禁止私人发行数字货币，所以私人发行"DC/EP"或"DCEP"的行为均违法。不过，这样的情形同样值得警醒，一方面要对以名称上类似于法定数字货币的私人发行数字货币进行打击，另一方面则是在发行法定数字货币时，要明确强调并宣传法定数字货币的名称和获得渠道，除此之外获得的名义上的法定数字货币均是假币。

---

〔1〕 参见丘斌："反洗钱法律体系的发展"，载《中国金融》2016年第22期。

三、"货币宪法" 理论在法定数字货币发行权建构下的发展空间

（一）法定数字货币发行扩大公私合作空间

公法的主要作用是维持国家的"管理秩序"，界定和区分各个国家机构的权力和责任，并划分"公"与"私"的界限。[1]法定数字货币发行权虽是国家权力，但不只是技术和理念上借鉴私人发行数字货币，在发行流通中还要鼓励私人创新力量的参与。如，中国人民银行数字货币研究所于 2019 年 11 月 4 日与华为技术有限公司签署金融科技战略合作。

值得关注的是，在法定数字货币发行的二元结构中，不再只是中央银行与商业银行之间，而是可能将当前应用十分普遍的第三方支付机构等金融机构纳入到发行流通环节中。法定数字货币发行的这一设计，一是为了充分利用私人机构在数字货币创新中的优势，而且，与私人机构进行合作也是国际上多个国家采用的方式；二是法定数字货币发行过程中将金融机构范围扩大，实则是为了向公众提供支付方式多元化的选择，不改变使用者当前对第三方支付手段的使用习惯；三是未来法定数字货币在国际上的竞争需要私人力量的支持，既能享受技术优势，也能在更大范围上分担发行风险；四是发行法定数字货币有助于抵制私营支付体系借助网络外部性积累的强大垄断力量，帮助那些或因为缺少渠道或因为成本高昂难以接入银行服务的个人和小型企业降低交易成本，获取银行服务。[2]此外，法定数字货币的发行为私人机构在应用上的探索提供了技术上的可能，虽然不宜让法定数字货币承载超过货币本身的职能，但不排除法定数字货币在相关领域的应用，前提是要有利于公共利益的实现。

（二）法定数字货币发行提升公民隐私保护空间

"货币宪法"理论研究中更关注超发法定货币对公民财产权利所带来的损害，强调限制国家的货币发行权力。正如上文所提的，发行法定数字货币不只会直接对公民获得财产权利、处分财产权利带来影响，更会对公民的个人

---

〔1〕　参见郑戈：《法律与现代人的命运：马克斯·韦伯法律思想研究导论》，法律出版社 2006 年版，第 149 页。

〔2〕　参见王倩、谢华军："数字货币发展对央行职能及货币政策的影响研究"，载《区域金融研究》2020 年第 5 期。

信息带来直接影响。从总体上说，发行法定数字货币将会整体提升对公民个人信息和隐私的保护情况，因为法定数字货币在设计上采用了如下几个技术手段对此进行保护。一是公民存储法定数字货币的钱包可以由具体的开发商提供，但其"制作"钱包要满足监管机构的统一标准，避免金融机构违法获取公民个人信息。二是法定数字货币钱包的实名制程度完全由公民自己决定，获得越高限额的法定数字货币钱包就需要相应程度的实名认证。三是法定数字货币钱包的私钥完全掌握在用户手中，用户对其法定数字货币钱包内的法定数字货币享有完全的所有权，避免金融机构对私人财产权利的不当侵犯。四是能够获得用户实名信息的是中央银行，其他金融机构只能在用户授权同意的情况下才能获得用户信息，可有效避免用户每使用一个应用程序就注册一次个人信息，增加了个人信息泄露的风险。

同时，要清醒地意识到，在法定数字货币设计和发行流通过程中，私人机构的创新力量所起到的积极作用。私人机构的创新力量源于掌握海量的数据，可以有机会、有能力对用户信息作出"画像"并分析，无论在引导用户行为还是改变用户行为上都有巨大的影响力。如果改变当前的金融机构等私人机构对用户信息的收集、利用等现状，将有可能降低私人机构的竞争力，因为对数据的垄断权是现代数字经济社会中的核心竞争力。而由中央银行作为用户实名信息的直接拥有者，的确可以利用用户在使用法定数字货币过程中产生的数据进行分析、制定货币政策、执行货币政策等。但是，中央银行垄断法定数字货币发行流通环节的数据，是否能够充分利用数据、挖掘数据所蕴含的价值，这是个未知数。

用户对金融机构等第三方机构授权可以让第三方机构使用用户数据，可在一定程度上保持第三方机构的数据获得能力和创新动力。所以，在法定数字货币发行过程中，除了要注重国家发行法定数字货币与公民财产权利之间的关系外，还要关注国家尤其是第三方机构对数据的垄断与公民个人信息保护之间的关系。甚至，在数字经济社会中，数据已成为重要的生产资料，其重要性不亚于公民的财产权利。而且，不能简单将数据划分到财产范畴，因为数据除了财产属性外，还有人身属性，对个人数据和个人信息的保护仍需进一步制度设计。这是本书第二章提到的发行法定数字货币后，"货币宪法"理论也要与时俱进。

本章小结

第三章和第四章在内容安排上采用"总-分-总"的方式，将法定数字货币发行权先从权力构成上进行分解，又通过宪法和法律对权力进行建构。行文做此安排，既是为了显示即便货币形式因为技术发展而发生变化，但货币发行权由国家垄断的本质并未发生改变，甚至在法定数字货币发行后，国家更加注重对法定数字货币发行权的垄断，以抵御私人发行数字货币和外国法定数字货币对国家货币主权所带来的挑战，也是为了强调对法定数字货币发行权的建构要以国家宪法和法律为基础，立足于国家既有的货币制度，以让法定数字货币发行面临较少阻碍。

对法定数字货币发行权的建构遵循"货币宪法"理论，一是认可"货币宪法"理论在规范货币权力和保护财产权利上起到的基础作用，二是为"货币宪法"理论提供新的研究焦点，法定数字货币所具有的特点值得"货币宪法"理论研究者关注。

本章在宪法和法律两个层面对法定数字货币发行权进行建构。在宪法层面上的建构，本书赞同法定数字货币发行后，法定数字货币发行权行使主体所具有的宪法地位，但中央银行所具有的宪法地位已经由我国宪法确立，无需重复强调。我国的货币发行权是一项特殊的国家权力，既有决定主体，也有行使主体，这是建立在以我国人民代表大会制度基础之上的国家权力，是在国务院领导下由中央银行独立行使的职权。这决定了货币发行权本身就具有行政性，不存在排除行政权干预一说，中央银行保持独立性所要排除的是国务院其他组成部门的干预。尤其是法定数字货币发行后，由中央银行经由商业银行等金融机构向公众发行，国家货币发行权力的行使效果将直接作用于公众，要始终以保护公民权利为核心。法定数字货币发行权具有行政权力属性，同时具有反映财产储备状态、经济调节杠杆、金融市场监控等工具性作用。

在法定数字货币发行权构建的法律分析上，首先，要确定发行法定数字货币的法律依据。《中国人民银行法》虽未限定发行货币的形式，但《人民币管理条例》等法律法规中将人民币分为纸币和硬币两种，《刑法》上关于货币的罪名均是以实物货币为基础。本书认为不宜制定一部专门的"法定数字货币法"来作为其发行依据，一方面，我国既有的货币法律制度通过修改或解释就可以成为发行法定数字货币的法律依据，无需浪费法律资源。另一方面，在法律层面构建法定数字货币发行权，先要明确这项权力的客体具有的法律属性。在第三章中对法定数字货币综合财产属性界定的基础上，进一步明确了法定数字货币具有不同于物、债的综合财产属性，如此才能在不同的部门法中进行规定，保障法定数字货币的发行与流通秩序。

本书在第二章强调"货币宪法"在法定数字货币出现后要"与时俱进"发展，在本章又强调两个值得注意的研究重点，分别是法定数字货币发行后公私合作空间将提升、公民隐私保护和数据利用之间的关系。为了应对私人数字货币和其他国家的法定（数字）货币的挑战，提高人民币国际化，公私合作将是不可避免的趋势，这也意味着公民隐私保护将会面临新的挑战。故而，在第五章将会具体分析法定数字货币发行权是如何具体运作，包括与其他国家机关和中央银行内部机构之间的分工合作，以及如何规制法定数字货币发行权以避免风险的发生。

中国法定数字货币发行权
的运行与规制

    法定数字货币发行权的运作因为权力构成及行使的过程性而变得复杂，究其本质，是因为法定数字货币发行权所具有的性质就具有复杂性，使得对与法定数字货币发行权相关主体的约束和相关权力行使的规范上也不尽相同。一方面，中央银行是国务院的组成部门，在宪法法律和国务院授权情况下独立行使职权，除了受国务院领导外，不受其他行政权力的干涉，具有高度的独立性，除了在一些特殊事项下需要国务院批准外，需要与相关的国家机关分工与合作。

    法定数字货币发行权运行状况的良好离不开我国法治的发展与完善，从某种程度上说，一方面，发行法定数字货币本身就是对我国法治环境的一种检验；另一方面，中央银行在通过行使法定数字货币发行权履行宏观调控职能时，往往也会伴随货币政策的制定与执行，中央银行行使职权的独立性与国家整体宏观调控目标会产生一定冲突，法定数字货币发行权又会与国家其他财政权（如征税权、预算权）产生一定的重叠，这就会模糊中央银行在行使发行法定数字货币职权与其他相关权力之间的界限。呈现给公众的印象就是独立行使职权的中央银行不过是国家行使其他权力的工具，为了防止货币发行权滥用而提出对中央银行行使的权力进行规范，实则不过也是只见树木、不见森林的治标不治本的监督方法。为此，建立包括法定数字货币发行权在内的相关权力监督机制就变得十分重要。因此，本章将会围绕与法定数字货币发行权的权力运作以及相关权力的运作和规制两个方面展开论述。

第一节　法定数字货币发行权的内部运行机制

通常来说，中央银行作为行使法定货币发行权的国家机关，其内部机构在发行法定货币时承担不同的职责。欲了解法定货币发行权如何运作，首先需要考察的就是其内部机构在发行法定货币上是如何分工和配合的。根据当前中国人民银行内设部门的设定，与法定货币发行权运作相关的机构可能有条法司、货币政策司、宏观审慎管理局、金融市场司、金融稳定局、调查统计司、支付结算司、科技司、货币金银局、研究局等。虽然当前我国在研究法定数字货币，但何时发行、能否发行都是未知的事情。

也许，在本书完成的时候，我国法定数字货币已经发行，或者一个区域流通的法定数字货币已经发现。但笔者仍然想要强调的是，无论法定数字货币是否发行，其所具有的某些技术优势必然会逐渐融入当前的法定货币发行制度当中，即将梨树枝嫁接到苹果树上；或者即便发行法定数字货币，依然需要保持现钞发行的特性，即把苹果枝嫁接到梨树上。我们无法预测到未来世界如何发展，但法定数字货币即便发行，也会在已有的中央银行权力架构内进行权力运作。倘若是为适应发行法定数字货币特点的需要，而对特定内部机构进行必要的增加、删除、合并的调整，但不变的是功能，因为这只是苹果梨树上长出的新枝。如下将结合各中国人民银行内部机构和法定货币发行权的内部构成来综合分析法定货币发行权的内部运作。

一、中央银行内部机构在发行法定数字货币筹备权中的运作

中央银行在行使发行法定数字货币筹备权过程中，主要履行设计主币、辅币，设计面额、图案等，设计年度货币供应量等职责。虽然只是发行法定数字货币的准备阶段，却需要中央银行多个内部机构的分工和配合。

（一）在设计主币、辅币上的权力运作

在设计主币、辅币以及纪念币上，主要由货币金银局负责。货币金银局在法定数字货币发行权运作过程中占据核心地位。

1. 制定并组织实施法定数字货币的发行办法

货币金银局是具体承担法定数字货币发行计划的内部机构。不过，这里

显然存在一个虽然不合规矩却又普遍的现象，即货币金银局既是法定数字货币发行办法的制定者，也是实施者。从确保行政效率、确保发行目标实现上，由同一个内部机构自行制定办法和实施办法并无不可，毕竟除了制定部门，再没办法找到第二个部门能对此"知根知底"，自然最为合适。但是法定数字货币发行办法的制定不同于一般文件的制定，其一旦实施，关乎的可就是每一个公民的财产权利。甚至随着中国国际影响力的提升，人民币在国际货币储备中占据越来越多的份额，也可能会影响到世界上更多的人。那么，我们可能会思考这样的问题：不使用法定货币是否能不受影响。答案是否定的，只要在衣食住行上需要与他人进行交换，就总会受到法定货币的潜在影响。那么，货币金银局所行使的制定法定数字货币发行办法的权力应受到条法司的合法性审查。

2. 制定主币、辅币和贵金属纪念币的生产计划

当前，主币和辅币是我们日常生活中使用的法定货币，法定数字货币一旦发行，也当属此类。而在法律地位上略显尴尬的当属纪念币。根据其材质的不同，可分为贵金属纪念币和普通纪念币，但发行主体都为中国人民银行。根据中国人民银行发布的《普通纪念币发行管理办法（暂行）》（银发〔2013〕317号）中明确规定普通纪念币是指"具有特定主题并限量发行的、非贵金属材质的纪念币，包括纪念硬币和纪念钞"（第2条），是法定货币，与同面额的人民币等值流通（第4条）。从其发行主体上来说，纪念币（钞）也应是法定货币，也可在市场上流通。贵金属纪念币指的是金银纪念币，根据中国人民银行对发行金银纪念币的公告来看，金银纪念币也是法定货币。不过，通常因纪念币具有特殊的意义，人们通常不会直接将纪念币（钞）用来支付，而是作为收藏品。此外，因为纪念币（钞）数量不多、市场上流通性不够，通常难以判断真假，故而使用范围有限。

在发行法定数字货币后，为了保持当前货币的使用习惯，在表示法定数字货币数额的时候仍有货币单位，如元、角、分。根据当前对法定数字货币的试点情况来看，法定数字货币仍保持数字形式的"票面"，将法定数字货币完全作为现钞的替代。但对使用者来说，只是法定数字货币数额上的变化。至于贵金属纪念币，其内在价值由三部分构成：国家信用、贵金属价值、文化价值。未来是否会出现类似的法定数字货币纪念币我们不得而知，其内在价值可能由国家信用和文化价值构成。

（二）在设计面额、图案等上的权力运作

设计面额、图案等权力的具体行使，同上个权力相同，货币金银局为主要权力运作机构。其实，设计法定货币的面额、图案与设计主币、辅币往往是不可分割的两个权力，但二者略有区别。

一是设计主币和辅币通常指的是纸币和硬币，但从货币的单位来看，又不限于纸币和硬币。因为辅币的单位是角和分，如果将辅币只认为是硬币仍然不妥。从纪念币角度来看，普通纪念币与日常生活中使用的硬币在面额、材质上相同，通常在设计图案上存在差异；但从贵金属纪念币来看，虽然都是硬币，但其面额可以是 10 元、100 元不等。因而，纸币、硬币和主币、辅币并非一一对应。究其本质，主币和辅币指的是人民币的单位，面额与图案等为人民币上的物理设计。相应地，主币与辅币对法定数字货币而言依旧具有意义，但面额和图案则无明显意义。不过，为了凸显法定数字货币的主权性和民族性，在法定数字货币钱包中可显示与纸币相一致的法定数字货币的"数字图案和面额"。

二是主币、辅币的设计通常较为固定，但货币的图案等方面的设计可能会发生变化。如我国每一版纸币和硬币的图案均不相同，纸币、硬币与普通纪念币和贵金属纪念币的图案也不同。尤其是纪念币，每个版本纪念币的图案也不全然相同。因此，在行使设计面额、图案等的权力时，要比设计主币和辅币的权力更为灵活。此外，货币金银局所承担的反假币工作也与其承担设计货币工作密不可分。作为法定货币发行办法和生产计划的制定者，由货币金银局承担起反假币的工作更为专业。

（三）在设计年度货币供应量上的权力运作

在设计年度货币供应量上，主要是调查统计司负责。调查统计司负责货币供应的统计并按规定公布。确定年度法定货币供应量理应是整个法定货币发行权行使过程中最具基本性的权力。从表现形式上看，年度货币供应量不过是一个经过统计后确定的数字，但应该经过科学的论证和验证。在科学论证上，年度货币供应量应该综合运用多种工具来确定，货币发行的经济模型、技术模型等要设计合理，充分考虑各项可能影响货币发行的因素。在验证上，除了需要其他科学模型进行辅助外，也可在实验场所内进行实验验证，还可根据历年的发行数据做出的预测来验证。但无论是论证还是验证，调查统计

司有着天然的优势，因为它实际上拥有一个汇集各种关于货币数据的大数据库，运用人工智能等技术将会提升调查统计司运用数据、分析数据的能力，那么，关于年度货币供应的统计数据也将更加准确。

此外，研究局在年度货币供应量上也可发挥作用。研究局更像是中国人民银行的"智囊团"。主要可从两方面体现：一是研究局可以对经济增长及运行进行分析和预测。虽然研究局在确定年度货币供应量上不能进行决策，但是可起到辅助决策的作用。中央银行确定的年度货币供应量一方面是建立在对经济增长情况的分析与预测基础之上，另一方面年度货币供应量也是决定经济增长的重要因素，保持一定的通货膨胀率可形成经济增长和繁荣的现象。二是研究局研究货币信贷、利率、汇率等重大政策的执行情况。法定数字货币的发行无论是对经济影响，还是对利率政策的有效执行，都可能会发挥正面效果，有学者认为可为央行实施负利率政策创造条件。[1]发行法定数字货币也会有利于研究局对如上政策执行、现象的跟踪研究和分析。

二、中央银行内部机构在发行基金管理权中的运作

货币金银局在发行基金管理权中发挥着重要作用。一是货币金银局具有人民币管理职能。发行基金中的人民币虽未正式进入流通环节，但其仍为人民币，要接受货币金银局的统一管理。从另一个角度看，这实则是货币金银局所具有的"兜底"权力，只要涉及人民币管理的都可归属于货币金银局。二是货币金银局有权管理发行库和库款安全。发行基金存放于中国人民银行的发行库，货币金银局管理发行库，是为了给发行基金的存储创造一个安全的环境，既要确保发行基金不被非法挪用，也要确保发行库的环境适宜发行基金存储。对于法定数字货币的发行库，不只需要保障数字存储空间不被盗取或破坏，也要保障为法定数字货币存储空间提供支持硬件等的安全。

三、中央银行内部机构在法定数字货币投放权中的运作

（一）货币金银局在货币投放权中的运作

货币金银局有权对现钞、贵金属纪念币进行调拨。这表明货币金银局有

---

〔1〕　参见范一飞："关于央行数字货币的几点考虑"，载《第一财经日报》2018 年 1 月 26 日，第 A05 版。

权决定在什么地方投放多少货币量。如再以 2008 年黄乃海起诉中国人民银行的事件为例，黄乃海对中央银行在不同地区纪念币投放量持有异议，其认为内地 13 亿人才发行 600 万张奥运纪念钞，而香港 700 多万人口却发行了 400 万张。[1]暂不论该纪念钞的发行是否有政治考量，虽然纪念钞的发行有严格的数量限定，但 2008 年奥运纪念钞的投放不尽合理。从此处不难看出，货币金银局在调拨货币时的权力行使应该受到监督。与货币金银局调拨现金相关的职能还有管理现金投放和负责流通中现金的更新和销毁。

法定数字货币不存在物理损耗，无需更新和销毁。法定数字货币的更新是其背后安全等技术的更新，对法定数字货币自身并无影响。货币金银局根据流通中法定数字货币的数量，决定需要投放和回收的数量，从这个角度看，法定数字货币较现钞相比，将会节约大量发行成本。不过，法定数字货币可能会因为用户忘记私钥而主观上消失，可以通过实名认证找回。这与私人数字货币不同，持币人一旦忘记私钥，相应的私人数字货币就会成为无法被占有的财产。

（二）科技司在货币投放权中的运作

货币投放虽然主要由货币金银局负责，但货币投放于任何国家而言，绝不仅是根据确定的数字将货币投放到市场当中。货币投放不仅关乎一国经济运行，更是关涉到国家的金融安全。仅依靠物理设备来确保货币投放的顺利和安全于当今社会来说明显落后。尤其是在货币投放环节，因为既有存量货币，也有货币从发行库到业务库的运输和流通，科技司所承担的信息化和应用系统建设就显得特别重要，既要确保存储和流通的安全，也要为发行库和业务库中的货币流通建立标准化的管理系统。

标准化的系统及其安全对于法定数字货币的发行更为重要。在国家逐渐采用法定数字货币后，既要确保公民日常交易的安全，也要确保国家整体的货币投放系统不因技术漏洞而发生被窃取或破坏的情形。此外，科技司还可制定电子支付技术标准，这于法定数字货币发行而言同样重要，当前法定数字货币在支付领域的应用是我国研究的重点。

发行法定数字货币是为了发挥其便捷的支付功能，无论是私人间的小额

〔1〕 载 https://baike.baidu.com/item/%E9%BB%84%E4%B9%83%E6%B5%B7/4379862? fr = aladdin，最后访问日期：2019 年 12 月 19 日。

支付，还是单位之间的大额支付，法定数字货币将会发挥更大的作用。虽然发行法定数字货币也会带来其他好处，但支付功能应是核心，而且法定数字货币能否被公众认可的前提或者是表现，就是公众是否愿意使用法定数字货币进行支付，而不是使用第三方支付进行电子支付。科技司所制定的电子或数字支付技术标准将会对法定数字货币在市场上的流通产生一定影响。

（三）支付结算司在货币投放权中的运作

科技司制定的电子支付标准需要内部机构制定具体的实施规则实现。支付结算司有权拟定全国支付体系发展规划。在当前第三方支付如此发达，法律跟不上技术发展脚步时，法律的规定往往会被发展最快的第三方支付机构的规则所左右，支付结算司所拟定的全国支付体系发展规划必然也会对此加以考虑。我国研究法定数字货币的一大目的就是对第三方支付给我国传统支付系统和规则带来冲击给予回应。由国家确定发行流通法定数字货币的数字支付规则，第三方支付机构在遵守中央银行发布的支付规则的基础上，可以从事关于法定数字货币的支付业务。

四、中央银行内部机构在法定数字货币回笼权中的运作

货币金银局管理现金的回笼工作。货币从投放到回笼完成了法定货币发行的生命周期。货币回笼作为货币发行环节的最后阶段，看似无足轻重，实则是为了维护法定货币的信用，同时也是新一轮货币发行的起点。没有货币回笼，货币会逐渐集中在少数人手里，不利于货币在市场上的流通，那么中央银行也无法有效重新开始新一轮的货币发行。回笼货币其实是为了市场上货币的流通，进而通过货币发行为整个市场注入新的活力，能够起到调节经济的作用。对法定数字货币的回笼相对更容易。法定数字货币的数字性决定了其无法像纸币一样可被物理存储而不进入流通环节，中央银行可以据此建立相对弹性的货币投放和回笼机制。

第二节　法定数字货币发行权的外部运行机制

从各国宪法规定差异、授权形式及权力主体的不同、各国当前对法定数字货币的设计侧重点不难看出，法定数字货币发行权是一项特殊的权力。其一，难以将其依据权力功能而进行划分，但其行使或行使效果又会与立法权、行政权和司法权有一定交叉；其二，该权力也不是仅依靠参与主体而划分的权力类别，在发行法定数字货币的整个环节当中，不同阶段参与主体的地位和权力内容的不同，也决定了该权力应当是复合性权力，不能仅从"发行"这一单一动作作狭义理解；其三，该权力在通常情况下应表现为独立行使的权力，是法律所赋予的不受来自地方行政权力和私人干涉的权力，不过在特定情况下该权力也会成为其他权力行使过程中的辅助性权力或不可避免受到干预，即中央银行在行使法定数字货币发行权时有时难以做到完全独立；其四，中央银行虽然垄断货币发行权的行使，但其在行使权力过程中也需要其他国家机构的配合，可在一定程度上形成不同权力主体之间互相制约的局面。不过，无论中央银行的法定数字货币发行权如何行使，根源上都离不开国务院的领导与批准。

笔者在第三章已对法定数字货币发行权的权力构成做了分析，本章将关注的重点放在权力功能上，分析具有不同权力功能的国家机关在法定数字货币发行权中的作用及相互影响，即以"行宪"为基础，从国家权力运作的角度来进一步理解法定数字货币发行权。具体而言，"行宪"是相对于宪法制定的概念，是指把宪法文本转变为现实制度的一套理论、观念、制度和机制。……它包括通过立法使宪法法律化、行政机关执行宪法、司法机关司行宪法等。[1]如下，将分别从行政机关、立法机关和司法机关三个方面来分析法定数字货币发行权的运行规范。

一、行政机关在法定数字货币发行中的权力

近现代以来发生的恶性通货膨胀，表面来看都是货币机构毫无节制印发纸币引发的。不过，拨开层层权力迷雾，发现法定货币发行权背后的"大手"不只是中央银行这样简单，再向前推进一看是财政机关，再继续推进则是最高行政机关。这也是为什么有学者鞭辟入里地挑明："在立宪主义视角下，金融危机、通货膨胀、债务危机、赤字危机，所有这些由货币超发引起的经济危机，归根结底都是宪法危机。"[2]正是看到这台货币机器背后的真正操纵

---

[1] 参见蔡定剑："宪法实施的概念与宪法施行之道"，载《中国法学》2004年第1期。
[2] 吴礼宁：《货币宪法学：知识谱系与中国语境》，法律出版社2015年版，第3页。

人，人民要求建立起既能履行发行法定货币职责的货币机构，也要求货币机构具有独立行使职责的法律地位。因而，很多国家宪法或明示或暗示将法定货币发行权授予国会行使，或通过制定法律授予货币机构行使，一方面确认这关乎国计民生、国泰民安的权力应纳入到国家宪法规范体系下，另一方面为货币机构充分行使法定货币发行权创造良好的法治环境。

我国是通过法律授权的方式将法定货币发行权授予了中国人民银行，即《中国人民银行法》确定了中央银行发行法定货币的权力。中国人民银行前行长周小川认为，（法定）数字货币作为法定货币必须由央行来发行；数字货币的发行、流通和交易，都应当遵循传统货币与数字货币一体化的思路，实施同样原则的管理。[1]即便发行法定数字货币会对当前的货币机制产生影响，但毋庸置疑的是，短期来说，中央银行的法定数字货币发行主体的地位不会发生显著变化，中央银行为履行法定数字货币发行权所保持的独立性也不会发生显著变化。这样做的目的有着浓厚的政治考量：我国作为世界上人口最多、国土面积第三的大国，在国家权力行使手段的创新上，要将社会稳定摆在首位。作为对法定数字货币发行权有着潜在重大影响的行政机关，理应成为分析法定数字货币发行权内部运行首要考虑的主体。

（一）中央银行是从事金融业务的特殊国家机关

中央银行受国务院领导，从这个角度看其为行政机关，却具有特殊性。具体可从如下几个方面考察中央银行行使权力的特殊性。

第一，从中国人民银行层级结构及人员录用上来看，只有中国人民银行总行是国家机关，其招录的人员是公务员，受到《中华人民共和国公务员法》（以下简称《公务员法》）调整，考录工作由国家公务员局统一组织；中国人民银行总行直属则是事业单位，是参照《公务员法》管理的事业单位；中国人民银行的分支机构是派出机构，同样是事业单位，工作人员享受事业编制待遇。[2]我国中央银行实行的是集中制，只有中国人民银行（总行）才具

---

〔1〕　参见"数字货币作为法定货币必须由央行来发行"，载 https://finance. huanqiu. com/article/9CaKrnJTNO1，最后访问日期：2019 年 12 月 12 日。

〔2〕　参见"中国人民银行 2020 年度总行公务员及参公事业单位工作人员考录公告"，载 http://www. pbc. gov. cn/renshisi/144501/144513/144695/3904468/index. html，最后访问日期：2019 年 12 月 12 日。

有中央银行地位，分支银行不过是中央银行开展业务需要而设立的派出机构。这与行政机关的层级配置和人员招聘并不完全相同。

第二，从中央银行履行职责的内容来看，既办理与货币信用有关的金融业务，也能进行资产负债的管理。发行的法定货币是中央银行对人民的负债。这意味着中央银行履行的职责既特定又专业，在行使法定货币发行权时，其实也是进行宏观调控所采用的经济手段，还是对商业银行进行监督的过程。

第三，中国人民银行实行行长负责制。行长由国务院总理提名，全国人民代表大会及其常务委员会有权决定，由国家主席任免；副行长由国务院总理任免。中国人民银行主要领导人的人事任免制度与国务院其他各部委相同。

第四，中国人民银行是具有相对独立性的中央银行，[1]这是确保其在行使法定货币发行权时不受其他权力干预，尤其是行政权力的干预。《中国人民银行法》为了确保中央银行能够独立行使法定货币发行权，主要从两个方面进行了权力设计：一是中央银行只受国务院这一个行政机关领导，其他任何行政机关均不得干涉法定货币发行权的行使；二是中央银行不得对政府财政透支，直接认购、包销政府债券，也不得向行政机关提供贷款，这就从法律上确定了中央银行不得成为行政机关的"印钞机"。

（二）国务院是发行法定数字货币的批准机关

国务院作为中国人民银行的领导机关，从人员任免到重要事项的最终决定，都离不开国务院的身影。国务院也是唯一一个能够直接对中央银行行使职权的行政机关。中国人民银行研究法定数字货币在2019年获得了国务院的批准。未来能否发行法定数字货币，必然离不开国务院的批准。国务院对中央银行作出相关决定的批准，意味着国务院同意中央银行行使具体的权力。中央银行在行使法定货币发行权时，如下几个具体内容需要经过国务院的批准才能执行。

一是中央银行决定的年度货币供应量。[2]这是笔者上文所提出的法定数字货币发行的筹备权的内容。通常情况下，我国实行的是经济发行，那么年度货币供应量是根据市场需求确定的。法定数字货币的智能发行机制，有助

---

〔1〕 参见刘少军编著：《金融法学》，清华大学出版社2014年版，第73页。

〔2〕 《中国人民银行法》第5条。

于中央银行更准确地确定货币供应量，还能根据每年的货币供应量和未来市场经济的发展趋势对新一年的货币供应量作出准确预测。

二是中央银行对银行业金融机构的检查监督权。[1]这是中央银行作为监管机关所行使的职权。当吸收公众存款的商业机构或政策性银行出现可能引发金融风险的支付困难时，中央银行作为维护国家金融稳定的宏观调控主体要对此进行监督。但无论是何种原因导致的支付困难，都表明银行业金融机构的存款货币不足，会影响货币的回笼，导致法定货币发行权的行使无法形成完整的闭环。不过在发行法定数字货币后，银行业金融机构要缴纳100%准备金后才能向公众发行法定数字货币，中央银行可对其是否足额缴纳准备金进行检查监督。

（三）国务院其他组成部门是发行法定数字货币的辅助机构

《中国人民银行法》所确定的中央银行的独立性也指独立于国务院其他组成部门。这意味着国务院其他组成部门不可干涉中央银行独立行使法定货币发行权。不过，《中国人民银行法》规定了中央银行与国务院组成部门在权力分配和行使上的交叉点。

一是中央银行可以成为国务院财政部门发行政府债券的代理机构。[2]政府债券是以国家或地方政府的信用为基础发行的表明债权债务关系的凭证。简单来说，是中央政府或地方政府向社会借钱用于特定财政目的。其实，可以将政府债券视为一种变相的货币发行。因为政府在确定的时间到来后对债权人还本付息，其实是在提前使用未来发行的法定货币，将未来的法定货币投入到当前的市场中，对货币价值不产生任何影响应该是不存在的。《中国人民银行法》规定中央银行既是发行政府债券的代理人，又是现在和未来法定货币发行的主体，中央银行这一复杂的身份，这一纠结的地位，不免让人质疑其独立性。不管如何，发行法定数字货币后，通过发行政府债券向社会借来的法定数字货币可便于监督财政部门是否专款专用。

二是中央银行与银行业监督管理机构共同制定支付结算规则。[3]银行业

---

[1]　《中国人民银行法》第34条。
[2]　《中国人民银行法》第25条。
[3]　《中国人民银行法》第27条。

监督管理机构是指中国银行保险监督管理委员会，[1]是国务院直属正部级事业单位。不过，从当前已经发布的关于支付结算的规定来看，制定主体都是中国人民银行。[2]法定数字货币的发行将有利于支付结算，如在私人之间的日常支付中，点对点交易将会提升支付效率、节省支付成本，而且法定数字货币可在分布式账本中流通，一经支付即可完成结算。

三是中国人民银行与国务院金融监督管理机构之间建立监督管理信息共享机制。[3]法定数字货币所具有的可追踪性，在线交易信息能够被记录。如果中国人民银行同其他金融监管机构都处于分布式网络中，彼此之间的信息共享则更容易实现。不过仍需注意的是，信息共享的同时要注意国家秘密、商业秘密和个人隐私的保护。构建适合法定数字货币流通的信息共享机制，对于中国人民银行获得更多市场上关于法定数字货币使用情况的数据大有裨益，充分、全面的数据将成为法定数字货币发行模型源源不断的"养料"，有助于中央银行对年度法定数字货币供应量的准确预测和决定。

（四）地方政府及其部门不得由中央银行财政兜底

为了确保中央银行独立行使职权，《中国人民银行法》明确规定了中央银行不受地方政府及其组成部门的干涉，防止中央银行成为地方政府为了提高政绩的"提款机"。自改革开放后，我国实行以经济建设为核心的发展方针，地方政府行政首脑为了任期内政绩斐然，通过政府贷款、发行地方政府债券等途径获得财政收入再投入到地方政府的经济建设中。根据近两年财政部公布的地方政府债务数据（如表 5-1 所示[4]）可看出，虽然地方政府债务被控制在全国人大所批准的额度内，但个别债务类型仍处于增长状态。除了地方人民代表大会及其常务委员会对地方政府的预决算情况进行监督外，《中国人民银行法》对中国人民银行设置禁止性义务以确保中央银行不受地方行政

---

[1] 根据 2018 年 3 月《国务院机构改革方案》，将中国银行业监督管理委员会和中国保险监督管理委员会整合为中国银行保险监督管理委员会。

[2] 笔者在"北大法宝"上检索，截至 2019 年 12 月 22 日，可发现共有 27 部关于支付结算的部门规章，制定主体均为中国人民银行。

[3] 《中国人民银行法》第 35 条。

[4] 该表格由笔者自行整理和计算。数据来自国务院官方网站，载 http://www.gov.cn/xinwen/2018-01/18/content_ 5257739. htm, http://www.gov.cn/xinwen/2019-01/23/content_ 5360689. htm，最后访问日期：2019 年 12 月 20 日。

权力的干预也可起到相应效果。

第一，中央银行不得对政府进行财政透支。[1]财政透支是指财政部门使用完财政存款后，通过银行垫支的方式继续签发支票。财政透支意味着支出大于收入，也就意味着形成了财政赤字。一旦通过中央银行进行了财政透支，即用中央银行的货币来弥补财政赤字，可认为是中央银行以另一种形式发行了法定货币。在确定的年度发行一定法定货币数量以外，又发行了法定货币，必然会造成一定程度的通货膨胀。不过，在法定数字货币发行后，中央政府向地方政府进行的财政转移支付将会采用精准投放的方式，地方政府只有在满足特定条件下，才能使用特定资金，可有效防止地方财政透支。

第二，中央银行不得直接认购、包销政府债券。[2]简单来说，无论是中央政府还是地方政府发行的债券，是公开向社会借款的一种凭证，如果中央银行直接认购和包销，就相当于中央银行向政府提供货币，即中央银行变相成为政府的债权人。或者说，只要政府缺钱，就可找中央银行，中央银行直接发行法定货币来满足政府的资金需求。如果真的允许这种情形发生，中央银行就沦为政府的印钞机了。

第三，中央银行不得向地方政府及其部门提供贷款。[3]原理同如上两点，贷款与前两种形式相比，是直接向中央银行借钱。如上三种情况，即便是在发行法定数字货币后中央银行也不可成为地方政府及其部门的"提款机"：发行法定数字货币所带来的便捷与优势不应该为地方政府及其部门获得无限财政所用。

表 5-1　2017 年~2018 年地方政府债务构成增长情况一览表

		2017 年	2018 年	增长幅度
地方政府债务构成	一般债务	103 322	109 939	6.40%
	专项债务	61 384	73 923	20.42%
	政府债券	147 448	180 711	22.56%
	非政府债券形式存量政府债务	17 258	3151	−81.74%

增长幅度计算方法：（2018 年数据/2017 年数据−1）＊100%（单位：亿元）

---

[1]《中国人民银行法》第 29 条。
[2]《中国人民银行法》第 29 条。
[3]《中国人民银行法》第 30 条。

二、立法机关在法定数字货币发行中的权力

法定数字货币发行权是中央银行在国务院的领导下行使，在行使权力的过程中所要保持中央银行法律地位的独立性，主要是相对于行政权力而说的。法定数字货币发行权虽具有一定行政权力属性，但其更是为履行国家宏观调控职能而行使的具有金融性质的特殊国家权力。为了让这项与人民群众切身利益密切相关的权力能够合法、正当、有效行使，其被授予成一项特殊的权力，但作为特殊权力，不受国务院以外其他行政权力的干涉，并不意味着这项权力不受其他国家机构的影响。立法机关作为民意代表机关，应该代表人民为中央银行行使法定数字货币发行权设定相应的规则，或者对法定数字货币发行权进行监督。立法机关在法定数字货币发行权运作过程中的作用主要有二：一是要为法定数字货币发行权的规范行使作出规定，既是授权也是约束；二是防止中央银行在行使法定数字货币发行权时受到其他行政权力的不当干预。

（一）对中央银行行长的任命权

全国人民代表大会及其常务委员会对国务院组成部门首脑的任命权源于我国《宪法》第 62 条、第 67 条的规定。《中国人民银行法》第 10 条也规定了中央银行行长的任命权为我国最高立法机关享有，国务院有行长提名权。不过在 1982 年《宪法》之前，中央银行行长由中央人民政府委员会根据《中央人民政府组织法》的规定进行任免。[1]在 1982 年《宪法》实施后，中央银行行长的任命情况如表 5-2 [2] 所示。

从中不难发现，全国人民代表大会及其常务委员会在任命中央银行行长上并无明显差异。值得注意的年份是 1993 年，在全国人民代表大会开会期间任命了行长，在闭会期间由全国人民代表大会常务委员会任命另一人为行长。为中央银行临时"换将"的原因实则与当时国内严重的通货膨胀有关。虽然1992 年我国的经济发展较快，被称为"大步前进"，但"大步"是以"银行

---

〔1〕《中央人民政府任免国家机关工作人员暂行条例》（1951 年生效，1987 年被宣布失效）第 2条规定。

〔2〕 本表由笔者自行整理而成，具体参考"北大法宝"上的数据。

信贷和货币投放增长过快，通货膨胀的潜在压力加大"[1]为代价的。可以说，朱镕基是临危受命，要求严格执行"约法三章"，控制货币投放量，防止我国经济过热带来物价上涨。[2]从该表格可看出的另一特殊现象便是周小川担任长达15年的中央银行行长职务。周小川在任期间，充分发挥中央银行的货币调控职能，提出了"超主权储备货币"的国际货币体系和推动人民币国际化进程。[3]周小川对法定数字货币给予了高度关注，法定数字货币的某些理念与其提出的"超主权储备货币"不谋而合。

表 5-2　1982 年后中央银行行长任命情况

任命日期	任命机关	行长
1982-05-04	全国人民代表大会常务委员会	吕培俭
1983-06-20	全国人民代表大会	吕培俭
1985-03-21	全国人民代表大会常务委员会	陈慕华（兼）
1988-04-12	全国人民代表大会	李贵鲜（兼）
1993-03-29	全国人民代表大会	李贵鲜（兼）
1993-07-02	全国人民代表大会常务委员会	朱镕基
1995-06-30	全国人民代表大会常务委员会	戴相龙
1998-03-18	全国人民代表大会	戴相龙
2002-12-28	全国人民代表大会常务委员会	周小川
2008-03-17	全国人民代表大会	周小川
2013-03-16	全国人民代表大会	周小川
2018-03-19	全国人民代表大会	易纲

（二）对中央银行的问责权

根据《中国人民银行法》第 6 条规定，中央银行应当向全国人民代表大会常务委员会履行工作报告义务，即立法机关有权就其货币政策情况等内容

---

〔1〕　全国人民代表大会：《第八届全国人民代表大会第一次会议关于 1992 年国民经济和社会发展情况与 1993 年国民经济和社会发展计划的决议》（1993 年 03 月 31 日）。

〔2〕　参见董方冉："朱镕基 兼任行长 约法三章"，载《中国金融家》2018 年第 11 期。

〔3〕　参见叶婷："周小川：'知行合一'十五年"，载《中国金融家》2018 年第 11 期。

进行问责。中央银行除了对国务院负责外，也要直接对我国最高权力机关负责。[1]我国宪法并没有在条文中直接规定我国最高权力机关行使法定货币发行权，但仍采用由最高权力机关通过立法的形式授予具体机构行使法定货币发行权。从这一脉络仍可看出，我国的法定货币发行权与其他国家的授权行使并无明显不同。《中国人民银行法》通过明确规定中央银行向我国最高权力机关进行工作报告的方式，表明我国法定数字货币发行权要受最高权力机关监督，这显然是民意代表机关授权其行使权力的同时也要监督其权力的运作情况。

（三）对中央银行内部机构职责依据的合法性审查权

立法机关对中央银行内部机构职责依据的合法性进行审查，此处的内部机构指的是货币政策委员会，其职责依据指的是国务院制定的关于职责、组成和工作程序的行政法规，该行政法规需要报全国人民代表大会常务委员会备案。[2]该行政法规为《中国人民银行货币政策委员会条例》，于1997年生效。该条例规定货币政策委员会是中央银行的咨询议事机构；[3]货币政策委员会组成单位由国务院决定调整。根据规定，组成人员除了有三名确定是来自中央银行的以外，其他人员为国务院其他部门的领导人员等。[4]有学者认为这样的规定其实是将货币政策委员会变成了受行政权力和金融力量主导的联席会议，受到行政权力干涉的货币政策委员会会影响到中央银行的独立性。[5]笔者认为该学者出于对中央银行独立法律地位维护的本意值得提倡，不过这种担忧似乎并无必要。

一是中央银行在行使货币政策职能时，的确是要保持独立性，以防止行政权力的不当干预，使中央银行沦为行政权力的附庸。但是，中央银行制定的货币政策与货币直接相关，中央银行发行法定货币本就是履行宏观调控职能的具体体现，其要考虑的不只是与货币直接相关的因素，同样也要考虑相关部门的相关政策，需要不同部门的合力来实现宏观调控。简单来说，中央银行是一个独立的螺丝钉，有着其本身的使命，但从更宏观的角度来看中央

---

〔1〕 参见周仲飞：“论中央银行独立性的法律保障机制”，载《政治与法律》2005 年第 1 期。

〔2〕《中国人民银行法》第 12 条。

〔3〕《中国人民银行货币政策委员会条例》第 2 条。

〔4〕《中国人民银行货币政策委员会条例》第 5 条。

〔5〕 参见何伟刚：“增强中央银行独立性——西方国家银行立法趋向与启示”，载《河北法学》1999 年第 6 期。

银行，其与国务院其他组成部门都在为了国家宏观调控职能更好实现而合力发挥着钉子精神。

二是货币政策委员会的定位是咨询议事机构，并不具有决策权，不同领域的组成人员是为了集思广益。充分听取来自其他组成部门的意见也是中央银行兼听则明的体现。

三是该条例虽然是行政法规，但其在规定上会更具体和灵活。是否有必要为货币政策委员会的职责和运作制定专门的法律，在我国的法律体系内有待考量：法律并不是制定得越多越好，重要事项也并非都需要法律规定。

四是再退一步说，虽然该条例只是行政法规，需要国务院向全国人民代表大会常务委员会备案，这是《中华人民共和国立法法》（以下简称《立法法》）第 98 条明确规定的。《立法法》第 100 条也明确全国人民代表大会常务委员会对行政法规的审查权，也只有全国人大常委会的合法性审查包含了合宪性审查。[1] 即便是关于货币政策委员会的行政法规具有很强的政策性，但仍能进行合法性审查："积极规范有很强的政治性、政策性，以积极规范为依据展开合宪性审查，会不会犯'政治问题不审查'的大忌？其实，政治问题不审查的诫命产生于普通法院合宪性审查的国家，受制于分权的宪法原则，法院不能染指政治……中国宪法立论的基础不是权力分立，是作为行动纲领的宪法，对政治问题的审查几乎不存在概念前设上的鸿沟。"[2]

三、司法机关在法定数字货币发行中的权力

司法机关在维护我国法定货币发行权时发挥了重要作用，是我国法定货币发行权运作规范的有机组成部分。甚至可以说，正是因为司法机关在法定货币发行权行使过程中的运作，才能确保我国法定货币发行权不受侵犯、人民基于法定货币发行权而产生的权利得以保护。虽然当前我国并未全面发行法定数字货币，但法定数字货币的本质仍是法定货币，故如下探讨即便在法定数字货币发行之后仍然有意义，更能体现我国法律制度的一致性。如下将从两个方面展开论述，一是从纸币出发，司法机关如何保障我国法定货币发

---

〔1〕　参见林来梵："合宪性审查的宪法政策论思考"，载《法律科学（西北政法大学学报）》2018年第 2 期。

〔2〕　刘连泰："中国合宪性审查的宪法文本实现"，载《中国社会科学》2019 年第 5 期。

行权；二是从私人发行的数字货币出发，司法机关如何维护法定货币发行权。

（一）打击私人制造纸币、发行代币票券等行为

我国司法机关在维护法定货币发行权时，通过判断私人伪造、变造人民币或印刷、发售代币票券等行为是否侵犯法定货币发行权进行。

一是在伪造人民币的刑事案件中。如在"李建伪造货币罪"〔（2018）鲁1603刑初162号〕一案中，当事人制作与现行流通的人民币相同面值的假币，无论其是否将假币投入到市场上流通，其行为都构成了伪造货币罪。投入流通的假币会对人民的财产利益造成直接侵犯，在事实上增加了流通中的货币数量，不仅侵犯了我国的货币发行权，还会降低我国法定货币的权威性和购买力。本案中，因当事人并没有将假币投入到市场上进行流通，故认为当事人并未侵犯国家货币发行权。在"程少军伪造货币"〔（2019）赣1102刑初60号〕一案中，当事人也是伪造人民币。不过，法院明确提出当事人"没有货币发行权"，却非法制造人民币，构成了伪造货币罪。该案中法官提出私人没有货币发行权，相当于确定我国的货币发行权只能由国家行使，并没有从伪造的假币是否进入市场上流通进行判断。

二是在印刷、销售代币票券的司法案件中。如"高继常、濮阳市永康商贸有限公司买卖合同纠纷"〔（2016）豫09民终882号〕一案中，濮阳市永康商贸有限公司购买了高继常火锅店"不找零、不兑现、不开发票"等限定条件的代金券。原审法院认为印制并销售代金券的行为违反了《中国人民银行法》的强制性规定，该代金券为代币票券，所以双方签订的合同无效。在二审期间，濮阳市永康商贸有限公司提出的抗辩理由之一便是印制、销售代币票券是中国人民银行独有的货币发行权。二审法院认同火锅店的餐券是代金券，属于代币票券，因为双方的买卖合同违反了法律强制性规定而无效。法院在审理该案中，并没有明确提出是为了维护中央银行的法定货币发行权，但在事实上明确法定货币发行权只能由国家享有，任何单位和个人都不得行使。

（二）不保护与私人数字货币相关的交易

法院通过判断与私人数字货币有关的合同无效或不被保护而间接保护法定货币发行权。[1]

---

〔1〕 笔者在此只对案件情况做客观描述，对法院判断的依据和结果不做分析。

1. 认定比特币交易行为无效

如由湖南省长沙市开福区人民法院审理的中亚智能数字科技（深圳）有限公司（原告）诉长沙市盛大实业有限公司（被告）确认合同有效纠纷一案[（2017）湘0105民初6277号]中，双方签订《关于星联盟在中亚网下架后会员及积分清算处理的协议》，请求法院确认该协议合法有效。法院经审理认为，合同内容决定了合同的效力。《关于防范比特币风险的通知》明确了比特币是一种特定的虚拟商品，不具有与货币等同的法律地位，不能且不应作为货币在市场上流通使用。

根据上述国家货币政策，涉案的《关于星联盟在中亚网下架后会员及积分清算处理的协议》因违反法律强制性规定而无效。本案是直接判断合同的效力，而合同是否有效则要满足国家法律法规要求。本案中以《合同法》第52条规定的合同无效的法定情形中的"（五）违反法律、行政法规的强制性规定"为依据，认为当事人之间的合同内容因违反法律、行政法规的强制性规定而无效。通过否定私人数字货币的货币地位来维护国家法定货币发行权。

2. 认为比特币交易风险自担

如纪德岩与济南曼维信息科技有限公司等合同纠纷一案[（2018）鲁01民终4977号]中，一审法院认为，纪德岩在比特儿网注册并出资进行比特币买卖交易，曼维公司运营的比特儿网为用户进行交易活动提供网络交易平台服务，故纪德岩与曼维公司之间系服务合同关系。纪德岩在曼维公司名下的比特儿网站交易平台中，进行比特币交易，将比特币存在账户内，因比特币的交易在我国不受法律保护，故因比特币交易可能发生的风险应由用户自行承担。

二审法院认为，《关于防范比特币风险的通知》和《关于防范代币发行融资风险的公告》均明确指出"虚拟货币"本质上是一种未经批准非法公开融资的行为，代币发行融资中使用的代币或"虚拟货币"不由货币当局发行，不具有法偿性和强制性等货币属性，不具有与货币等同的法律地位，不能也不应作为货币在市场上流通使用，投资者须自行承担投资风险。由此，因比特币产生的债务，均系非法债务，不受法律保护。依据上述两公告，纪德岩将比特币存于比特儿平台账户内的行为所产生的风险应自行承担。该案中，法院仍然是以部门规范性文件为依据，将比特币产生的债务定性为不受法律保护的非法债务。

如上与私人数字货币相关案件的判决思路，其实都是从货币发行权为国家垄断享有、只有中央银行发行的货币才具有法偿地位并能在我国市场上流通出发的，其他一切单位或个人发行的任何名目的"货币"都不是法定货币。

不难看出，国家机关对法定货币发行权的分工、合作、监督不仅不够全面，反而呈现出应该强化权力行使的国家机关在法定货币发行权运作过程中略显"缺位"，而应该排除权力行使的国家机关却在法定货币发行权运作过程中隐隐"发力"。这显然与当前国家机关之间的权力制约和国家法律实施不足有关。

首先，中央银行行使法定货币发行权的同时，也是在履行宏观调控职能。无论是根据国际经验还是根据我国法律规定，中央银行的法定货币发行权都该独立行使，只应服从于法律的规定。不过，我国中央银行的独立性是有限的，要服从国务院的领导。国务院是我国最高行政机关，其授予或批准中央银行行使某项职能时，不只是从中央银行的角度出发，而是站在整个国家的经济运行、社会稳定基础之上进行考量。那么，要想确保中央银行独立行使法定货币发行权，除了自身要规范行使权力外，也需要国家最高权力机关和宪法法律对相关权力的监督和规范落到实处。

其次，中央银行作为"发行的银行、政府的银行、银行的银行、储备的银行"，在行使权力时不可避免地要维护自己的利益，在行使法定货币发行权时依靠相关权力主体的监督似乎有"掩耳盗铃"之嫌。

最后，法定货币发行权的行使也不可避免地受到国际环境的影响，尤其在当前私人数字货币从去中心化到向具有国际影响力的强中心化发展，既带来了对纸币发行的冲击，也促使主权国家研究或计划发行法定数字货币。一国的外汇储备也会影响本国的法定货币发行权的行使。

第三节 法定数字货币发行权的运行风险

当前国际上对法定数字货币的研究和试验都在如火如荼地展开，已有国家为改变国内经济现状、改变不利国际经济环境而率先利用区块链技术发行了本国的数字货币。目前来看，已经发行的法定数字货币并没有如预期一样能够起到促进经济增长、稳定社会的作用，已经带来的风险需要研究法定数字货币的国家予以警醒。因为发行法定数字货币的国家有限，且发行得不够顺利，本书以已经发行法定数字货币出现的风险和可能出现的风险分别进行分析总结，以期为我国法定数字货币的发行带来一定启示。

一、法定数字货币发行已经出现的风险

（一）法定数字货币无法发挥货币职能

从当前发行法定数字货币后的使用情况来看，最大的风险就是法定数字货币无法承担货币的流通职能，这也是已发行法定数字货币的国家被迫终止的主要原因。虽然从法定数字货币的货币属性来看，应该具有支付、流通等基本职能，但做此论断的前提是法定数字货币应具有价值，并被社会广泛认可，从而被人们认为其的确可作为一般等价物进行交换。法定数字货币的价值主要来源于国家的信用，技术确保信用也可视为部分价值来源。但从当前发行法定数字货币的国家来看，其或多或少面临着内忧外困的尴尬境地，如委内瑞拉发行法定数字货币之前国内出现了严重的通货膨胀，而国外面临着美国的经济封锁，[1]其他国家也有可能要面对美国的经济压力。在这样的背景下，法定数字货币所依托的国家信用可能会有所动摇。

（二）法定数字货币技术不够充分

更为关键的是，法定数字货币的技术是否足够充分一方面是技术的安全性问题。当前私人数字货币的技术仍在发展，并未形成相对成熟的技术标准，更何况是借鉴私人数字货币技术的法定数字货币，其技术是否成熟到足够安全可以发行、流通仍需要画个问号。另一方面则是技术应用的稳定性问题。法定数字货币与当前第三方支付最大的区别在于，法定数字货币的潜在使用者是境内每一个居民，其受众范围要远大于其他支付渠道。那么，其是否具有支持百万人口乃至上亿人口的使用稳定性需求同样值得怀疑。故而，已发行的法定数字货币面临尴尬的境地：对内使用并不便捷和安全，未受到广泛接受；对外使用则是因国家信用不足和触及他国利益而受到质疑，同样难以在国际或区域上被认可。

---

〔1〕 根据新华社 2022 年 1 月 16 日报道，委内瑞拉经济 2021 年实现多年来首次增长，年增长率可能超过 4%。参见"委内瑞拉总统：委去年经济增长逾 4%"，来源：新华社 2022 年 1 月 16 日。

（三）法定数字货币发行模式不清

从当前已发行法定数字货币的国家来看，其发行不免落入两种模式，一是对私人数字货币的"照搬"，即发行数量有限、分期发行；另一种则是功能类似于当前的第三方支付，主要是便于境内的支付。已发行的法定数字货币之所以被人怀疑甚至是诟病，就在于法定数字货币的定位表面虽明，实则不清。主权国家深知法定数字货币是主权货币，应由法律授权特定机构发行，但是其受制于已有的成熟的第三方支付技术以及正在发展的新兴的私人数字货币技术，并未找到作为法定货币应走的道路。法定数字货币发行初期要仔细考虑发行的技术路线与模式。

二、法定数字货币发行权运行可能出现的风险

无论是已发行还是正在研究法定数字货币的国家，各自的法定数字货币都是建立在本国的实际需求上，如何发行、发行何种特点的法定数字货币不尽相同。故而，各国可能面临的发行法定数字货币的风险也会有所差异，但仍可略做总结出可能共同面临的风险。对于法定数字货币发行权行使可能带来的风险在本书"绪论"部分"问题提出"时已经做出部分说明，在此处主要强调如下三点：

（一）国家货币机构超发法定数字货币

我国电子支付发达，居民在使用法定数字货币过程中并没有明显不同于电子支付的感受。相较而言，法定数字货币的发行与流通对相关国家机构而言更为便利，有利于相关国家机构利用法定数字货币的数字性进行宏观调控以及有效监管。中央银行能够实时了解法定数字货币的流通使用情况，可直接通过法定数字货币传导货币政策，那么，中央银行是否有超发法定数字货币的风险？具体而言，有两方面值得注意：一是如果纸币超发，由于存在实体形态，居民可有明显预期和感受，但当法定货币变为数字货币形式后，无论于国家还是居民而言，超发所引发的只是数字上的变化，而这可能会让货币超发更为隐蔽；二是法定货币的数字化让货币变相发行的方式多样化。如以发行债务的方式进行财政补贴，就是以变相发行货币的方式实现财政政策的目的。

（二）　国家货币权力对私人权利的不当干预

国家货币权力对私人权力不当干预，此处以对私人财产权利和私人创新能力两个方面进行说明。发行法定数字货币之后，仍不排除银行有直接从用户账户或钱包中取走用户法定数字货币的风险。如果法定货币以现金形式存在，用户可通过存取现金的方式来保护自己的财产权。但是数字形式的法定货币被存储在数字人民币钱包或银行账户中，用户虽有私钥可保持对该法定数字货币的控制权，但用户实则丧失了对法定数字货币的物理控制。商业银行等金融机构，甚至是相关国家机构都可直接控制用户的法定数字货币并限制用户基于银行账户或数字人民币钱包的相关行为，让用户遭受财产损失和信用风险。

发行法定数字货币可能会影响私人研究创新的积极性。国家对私人发行数字货币所带来挑战应对的另一面，就是国家对私人权利的主动干预。通常情况下，私人之间基于意思自治所为的行为，在不对他人合法利益和公共利益造成不利影响的情况下，国家权力并不会主动干预私人权利行使。一旦私人权利突破或者有可能突破这条红线时，国家权力会介入，使私人权利行使与其他权利行使或实现之间取得平衡。这也可以解释私人数字货币出现后，不同国家都采取了一定程度的监管措施。

同一国家对私人数字货币的不同态度虽然反映出监管部门对私人数字货币认识的不断加深，但深层次原因也可能是监管部门对私人权利监管的界限划定问题。不容否认的是，发行或研究法定数字货币的国家可能有着对私人数字货币和第三方支付技术发达的一种担忧，掌握着各种国家机器的政府却在如上技术中明显落后，追赶或压制可能会成为其发行或研究法定数字货币的内在动因之一。"追赶"表明国家认可私人技术并有大范围推广的意图；而"压制"则是国家在认可私人技术的基础上用国家权力来代替或削弱私人权利的行使。对于后者，极有可能发生国家权力对私人权利干预过多的情形，私人研究创新的积极性有可能被打击。

（三）　国家监管机构对私人信息的不当监控

发行法定数字货币可能会成为国家机关监控私人的重要手段，影响私人的生活空间。法定数字货币的技术特点决定了其流通情况将会"留痕"，即法定数字货币的全生命周期都将被记录，向前可溯源，向后可追踪。即便当前有对法定数字货币的设计采用与现金相同的小额匿名制支付设计，可能并不会完整记录每一笔交易，但法定数字货币与现金相比，现金一旦从商业银行向市场上流通，其匿名性功能将显现出来，无法追踪现金的具体交易；法定数字货币虽也可实现小额支付的匿名性，在未联网的情况下也可完成交易，但每一个法定数字货币的唯一编号也将成为除了依靠使用者实名制外的另一个可追踪、可溯源的特征。

此外，法定数字货币的发行让央行的角色从纯发行者变为了"发行者+管理者"，[1]即中央银行通过法定数字货币可以进行更有效宏观调控的同时，也给予中央银行更为了解用户的财产情况以及其他隐私问题的机会。理论上，法定数字货币可以追踪每一笔交易的来龙去脉，为中央银行的精准施策和监管机构的精准监管都提供了有利条件。但是，对用户而言，并非每一笔使用法定数字货币进行支付的交易都有被明确记录的需要，有些交易仍需要具有匿名性的现金。即便法定数字货币是现金的替代，但一定程度上法定数字货币的匿名性低于现金。当用户的财富情况和生活习惯都被清楚地记录，并被相关国家机构统计分析后，公民的隐私和企业的商业秘密是否能得到更有效保护充满疑问。国家治理效果的提升如果以不断压缩私人生活空间为代价，那么所谓的效果提升也不过是不堪一击的泡沫。

第四节　法定数字货币发行权的宪法规制

虽然当前发行法定数字货币的国家较少，无法识别发行法定数字货币所带来的风险，但仍可从法定货币发行权和法定数字货币两个角度提出如何对法定数字货币发行权进行规制。如下本书将尝试按照如下逻辑提出规制法定数字货币发行权的建议：确定规制法定数字货币发行权的思路，借鉴新药试药规则来设计法定数字货币发行权的"监管试点"。

一、法定数字货币发行权的宪法规制思路

中共中央、国务院于 2019 年 8 月 9 日发布的《关于支持深圳建设中国特

---

〔1〕　参见王林曦："解读创新币：平台型数字货币与央行数字货币的特点解析"，载《金融市场研究》2020 年第 5 期。

色社会主义先行示范区的意见》指出：支持在深圳开展数字货币研究与移动支付等创新应用。我国虽尚未在全国范围内行使法定数字货币发行权，但未雨绸缪地为法定数字货币发行权提出规制思路，以期为法定数字货币的全面发行提供规范性路径，为公民和私人机构适应法定数字货币的发行流通和权益切实得到保障提出建议。

（一）以保护私人权利为核心

1. 为公众接受法定数字货币创造条件

从法定数字货币发行已经失败或面临失败的风险来看，本质原因就在于本国公民并不信任本国发行的法定数字货币，发行法定数字货币不过是当前法定货币的另一种形式表达。此外，人们对法定数字货币的心理接受不足，并没有形成使用法定数字货币支付的习惯。无论是个人心理原因还是国家信用不足，法定数字货币发行若能够顺利进行，并能够广泛流通，需要国家保持经济发展相对稳定，而这以相对稳定的政治环境为前提。这是为了确保法定数字货币具有国家信用，人们会因对国家的信任而信任其发行的货币。

国家要有法定数字货币支付流通的软硬件条件，即要有发达的互联网电商产业及其与之配套的支付工具。这要以国家支持并制定相对完善的支付法律规范为基础。法定数字货币的使用或者建立在已有的支付模式下，迎合用户的支付习惯；或者改变既有的支付模式，改变用户的支付习惯。对于前者，发行法定数字货币的阻力较小，人们在使用时并没有明显不同感受；对于后者，要重新培养人们的支付习惯，采用强制使用法定数字货币支付可能会引起抵触心理，而采取激励措施不失为一个思路，如支付宝和微信支付在推广初期采用了转账和取现免手续费的措施。

国家在发行法定数字货币初期，应同时继续发行纸币。在当前电子支付极为便捷的情形下，公众对现金的使用量仍保持在一定比例，毕竟不是所有地区的居民都具备使用电子支付的条件，这也就意味着若使用法定数字货币实现普惠金融的目标，首先要让人民群众获得和使用法定数字货币的条件应不难于现金。

2. 鼓励私人机构参与法定数字货币发行

《环球时报》于 2019 年 6 月 24 日发表"中国不可能缺席全球数字货币竞争时代"，该文指出："中国产业和监管机构都有必要就数字货币进行更多对话……否则，中国有可能会在新的金融格局中落后。"[1]在当前货币支付体系下，一般是"用户—第三方支付—国家监管部门"三方关系，但在法定数字货币发行条件下，可能会变成"用户—中央银行"两方关系，第三方支付必然会受到影响。对于第三方支付应用并不普遍的国家来说，三方或两方关系似乎对用户的影响不大，但这恰恰也反映出电子商务不发达可能会影响法定数字货币的流通。不过，也正是在此情况下"另起炉灶"发行法定数字货币，可以推动本国电子商务的发展，从而促进经济发展。

而对于第三方支付较为发达的国家来说，如何处理发行法定数字货币与第三方支付之间的关系变得尤为重要。有些国家，如美国、日本、韩国当前对法定数字货币都有关注，但在早期并未表现出有发行法定数字货币的计划，就在于其国内第三方支付十分发达且应用普遍，并无必要发行法定数字货币，这本身就是对第三方支付的一种默示支持。我国虽然第三方支付发达，但是对法定数字货币研究从未停止。从当前我国中央银行及其工作人员公开的资料来看，我国并不会将第三方支付平台这一主体排除在货币支付体系外，反而是采取中央银行与第三方支付、商业银行合作的方式，共同研究法定数字货币。与此同时，国家鼓励私人机构研究法定数字货币，只要其研究是为了公共利益。

3. 强调对公民个人信息的保护

法定数字货币的发行流通可能会增强国家机构对公民的监控。从公共安全的角度来看这个问题，通过追踪法定数字货币的流通可以更为集中、全面地了解用户对货币的使用情况，比使用第三方支付来确认分散的交易情况更为直接，也不会存在不同第三方支付和其他相关主体的授权问题，可以减少用户信息被使用、泄露的风险。如在重大公共卫生安全事件发生时，通过确定特定主体使用法定数字货币的情况可以更为快速地确定与其接触的人员。在疾病通过接触传播时，有些银行采取的应对措施是"只取不存"纸币的方式来减少使用者因接触纸币而可能被传染的风险。此时，发行法定数字货币的优势即可显现；使用者无需去自动取款机支取现金，也不会因特殊情况发生而不能存款，采用数字支付的方式能减少接触传染的风险。

---

[1] Wang Jiamei, "China cannot be absent from the era of global digital currency competition", *Global Times*, 2019.

从公民权利的角度来看这个问题，公民的各项信息都有可能被国家机构收集。如果说以前公民的各项数据信息被不同的互联网企业分散化使用和垄断，法定数字货币的发行流通将有可能汇集公民使用法定数字货币产生的各项数据。个人数据被湮没在海量数据之中，国家机构利用这些数据也不过是统计学上使用，但是一旦其想针对具体个人进行数据分析时，这个特定人的数据信息就有被不当利用的危险。[1]虽然这种情况在未发行法定数字货币时就可能发生，但法定数字货币的发行流通将会更为便利地统计使用者的数据信息并分析其行为。在此背景下，个人数据信息的保护将可能面临更为严峻的挑战。

国家机构在使用个人数据信息时，除了统计学意义上的使用外，均应该在权限范围内使用，这表明：一是要构建分级授权查询、使用个人数据信息的规范体系，明确不同级别国家工作人员在接触个人数据信息上的权限，防止个人信息被不当泄露或利用；二是对个人数据信息的使用应限制于国家机构行使职能的范围之内，防止可识别的个人数据信息被不当公开。如在新冠疫情防控中，被授权发布疫情的媒体并未公开具体的个人信息，这是对个人数据信息的一种保护；但反观被公开在社交媒体上的社区居住人员详细个人信息，原本只是便于排查社区居民却变成排挤个别居民的凭证。作为基层自治组织的居（村）委会行使着部分公共管理职能，同样只能在授权范围内合理使用居民的个人信息，而不是可以在社交媒体上任意公开传播。

（二）以"渐进式发展"为规制路径

中国人民银行早在2014年开始法定数字货币的研究，中共中央、国务院支持在深圳开展数字货币研究。据此，本书认为，对法定数字货币发行可以采取"监管试点"的方式，即对法定数字货币的技术完善和应用场景探索提供一个试验场所，这一理念与国外的"监管沙盒"制度类似，笔者将其称为法定数字货币的"监管试点"。具体而言，可以参考中国的自由贸易试验区的设置，鼓励法定数字货币相关机构、企业和个人在"监管试点"内进行创新，设置容错机制，让相关主体能够先试先行。如此，既可利用法定数字货币领域的技术创新应用，也可将相关金融风险控制在一定范围之内，为我国法定

---

[1] 参见郑戈、李晶："宪法发展的中国道路——郑戈教授访谈"，载《上海政法学院学报（法治论丛）》2017年第4期。

数字货币全面发行及规制提供经验。在不违背法律法规禁止性规定，在不对不特定人的财产权益和国家的金融安全造成危害的前提下，可以允许法定数字货币的"渐进式发展"。

法定数字货币的发行流通会出现哪些问题有待于具体的操作实践，但监管规则的确定要遵循或满足如下逻辑：一是从试点内监管走向市场监管，这是法定数字货币从简单到复杂发展的必然；二是要与法定数字货币的发展趋势相一致，即虽然法定数字货币是现金的替代，即属于零售型法定数字货币，但从国际视角观察法定数字货币的发展，批发型法定数字货币同样会获得发展；三是要建立或加入法定数字货币的区域监管或国际监管，满足法定数字货币的跨境需求。在此基础上，可设计具体规制法定数字货币发行权的规则，以平衡风险与创新、信息透明与公众隐私之间的关系。[1]

二、法定数字货币发行权宪法规制的具体设计

(一) 新药试药规则的借鉴

1. 借鉴原理：以保护特定主体利益而设计的安全规则

太阳底下无新事。从货币使用的技术来看法定数字货币，的确是不同于以往任何形式的货币，是新生事物。与此同时，法定数字货币本质是由国家垄断发行的具有特定功能的工具，因与国家金融安全和公民基本权利直接相关，其对安全性有着极高要求。而新药试药是为了保护公民的生命健康权，要对新研发出来的药品进行测试，以发现可能威胁生命健康的风险并及时化解，并将风险发生的后果限定在有限范围。虽然在试验对象和试验目的上存在差异，但新药试药理念与在"监管试点"内规制法定数字货币发行权的理念实则一致，尤其是，二者都直接以保护公民的基本权利作为核心。

以保护试药人权益为核心的新药试药规则与保护公民财产和个人信息为核心的"监管试点"规则在如下方面具有极高相似性：以确保安全性为前提，通过层层试验达到安全性和有效性的目的，将风险控制在有限范围。在"监管试点"内构建法定数字货币发行权的规制规则主要参考的就是不同阶段的新药试药规则。新药获批上市前，需要经过一系列的试验，以保证新药的安

---

〔1〕 参见姜其林、苏晋绥、米丽星："基于央行视角下我国法定数字货币发展趋势与监管挑战"，载《华北金融》2020 年第 4 期。

全性和有效性。通常包括基础试验、动物试验和人体临床试验。为了新药功能的实现及防止功能的异化，需要反复进行试验（动物实验和临床试验）。在这个过程中，主要是研发人员反复通过设置监测工具（动物、健康试药人和患者试药人作为具体的监测对象）来监测新药的安全性、有效性，以防止由监测工具失准失灵所带来的结果偏差。

2. 新药试药规则的具体内容

本书将基础试验和动物试验阶段称为内部试验，而与人体生命健康直接相关的试验阶段称为外部试验，因为该阶段需要考虑保护特定人权益，所以仅考虑人体临床试验。该部分又可进一步分为三个阶段：第一阶段是针对小规模身体健康的人的试验，以测试新药是否具有安全性、是否具有毒副作用，这种毒副作用是否在可以容忍的范围之内，或者可以采用何种办法消除；第二阶段是扩大受试群体规模，对象为患者，重点是测试新药的有效性，以及该药在何种投药方法和剂量程度上有效；第三阶段则是进一步扩大对患者的测试，以进一步细化验证有效剂量与中毒剂量的边界，测试并调整新药的最适剂量。如果新药获批上市，可能会因为调整新药的配方、使用方法或者剂量而进行第四阶段的试验。根据世界医学大会《赫尔辛基宣言》的规定，受试者的利益要优先于科学和社会利益进行考量，并且受试者的利益保护要贯穿整个试验过程；受试者不只有对试验风险及相关事项的知情权，还有随时退出试验的权利。如上为保护特定人权益所做的一系列安全试验，都可为"监管试点"内规制法定数字货币发行权所借鉴。

3. 新药试药规则的注意事项

在"监管试点"内构建规制法定数字货币发行权的规则时要注意以下几点。（1）"试药"的"试"字本身就暗含着该试验过程具有风险性，正因为研发的药物处于"试药"阶段，一旦风险发生后，虽然该药物经过补救后还可以继续试验，或者终止该项研发，但是，对试药者而言，则要承担不利后果。（2）"试药"的目的是验证理论上的安全性与有效性，最终实现公共利益，但是，要有一个前提或者说是核心。（3）"试药"的全过程要始终保护试药人的健康，没有对试药人健康的保护就谈不上是为了公共利益。（4）"试药"事关不特定人的生命健康，要予以高度重视，所以需要采取严格的分阶段试验，逐步测试并验证新药的安全性。（5）整个试验过程包含着一个价值判断，即对风险与利益的权衡，利益大于风险是试验能够开始并能够持续进行的前置性条件。

（二）法定数字货币发行权的"监管试点"

1. 利用监管工具规制法定数字货币发行权行使

监管机构利用监管工具对法定数字货币发行进行严密监测时，要长期维护监管工具的准确性、灵敏度，以及时发现并应对金融风险。监管机构通过长期监测后确定相对稳定的安全阈值。监测结果在该阈值范围内即可表明正常；而在安全阈值之外即为非正常，需要监管机构进行专门、严格检查，以推测和判定金融风险的性质，从而采取专门措施及时消除或减轻金融风险所带来的后果。同时，为了防止监管机构对参与"监管试点"的金融机构等自主经营进行不当干预，监管机构不宜采用"接触式"监管工具直接对其进行监管，而是在利用"非接触式"监管工具的基础上完成监管职能的行使。

除此之外，有些金融风险对监管工具的灵敏度提出了要求。与此相对的金融安全仍有阈值，但灵敏度更为重要，每一微小数值的变化都能表明该企业是否处于安全运营。而由于"非接触式"监管工具未直接接触被监管对象，可能会存在精准度不足，难以达到监管效果等问题。为了确保"非接触式"监管工具的灵敏度，可在"非接触式"监管工具中增加排除因非接触所带来影响的"标尺"，建立金融风险与测量标准的一一对应关系，并能利用"标尺"来实时校正测量的精准度，减少测量误差。为了保证监测法定数字货币发行流通活动的顺利进行，监管机构要防止监管工具的失准失灵。

首先，要检查监管工具是否完好无损、正常运行。一旦监管工具失准失灵，势必会影响监测结果：监测结果仍可显示在"正常"阈值范围内，但这个表面上的"正常"已然是"不正常"。不过，随着监管技术的不断发展，监测工具能否准确监测，也是整个监测环节的重点。通俗地说，对监管者必须设计外在的监管力量，以确保监测在被监测的环境下进行。亦即，在监测结果显示正常或者异常时，都需要检查监管工具的运行是否正常，进而主动防范金融风险。

其次，要在金融安全敏感环节设置类似"测量+内窥"功能的工具为第一道监管防线。通过多种技术手段支持的测量工具监测法定数字货币发行流通是否有异常表现。如果存在异常，则需判断其异常程度来决定进一步利用"内窥"工具进行监管：（1）测量结果只是略微超过安全阈值，那么可能出现局部性的风险或者较轻风险；（2）测量结果明显超过安全阈值，那么可能出现大范围的风险或者突发风险；（3）测量结果处于前两者之间的，可能出现的是一般风险。所谓"内窥"，原意是指深入到人体内部或者人眼无法直接观察到的场所进行观察、检查。作为金融监管，引申为核查原始凭证、原始记录。本书之所以提出"测量+内窥"的监管思路，是因为要对金融风险保持高度的谨慎性，防患于未然——"测量"是为了发现异常征兆，"内窥"是为了找到导致异常的根本原因。

最后，如果发现正在使用的监管工具失准失灵，要查看一同使用的监管工具的测量结果。也就是为监测金融风险提供"双保险"，为常用监管工具再提供备用监管工具，对监管工具进行"常备常新"检查，防止其失准失灵。

2. 法定数字货币发行的"渐进式发展"

法定数字货币的"临床前试验"应该是法定数字货币的研发人员对法定数字货币应用的不断测试，这个过程必然是耗时的，需要反复验证以满足安全性要求，从而确保其可应用。在该过程中，最重要的是防止法定数字货币在应用过程中技术的泄露，毕竟在当前，我国法定数字货币的研究引发世界瞩目，技术安全涉及国家金融安全。通过研发人员的反复检测后，金融机构、企业可以申报试用法定数字货币，即进入"临床试验"阶段。为了确保法定数字货币发行流通的安全性，本书将法定数字货币的"临床试验"分为四个阶段。

在第一个阶段，测定法定数字货币某一功能的使用是否满足安全机制要求。测试的对象通常为与法定数字货币直接相关的金融机构，商业银行、第三方支付企业等。若有未知风险发生，要及时采取措施，并根据实施效果来决定是否进行后续阶段的试验。当前，中国人民银行正逐步公开并测试法定数字货币某些功能的应用，这既是技术创新应用的探索，也是接受进一步检验的公开表示。

第二个阶段则是扩大测试对象，并同时在特定领域测试法定数字货币的几个功能，由使用者通过支付等行为来检验多个功能在运行过程中彼此是否会发生影响，以及是否会带来新的金融风险。

在"临床试验"的第三个阶段，需要更大范围的单位和个人参与进来，但仍保持在"监管试点"当中，以证实法定数字货币运用的稳定性、功能发挥的有效性；同时，仍要继续监测法定数字货币应用过程中可能带来的风险，并能通过更新技术以弥补漏洞。

本书建议将"临床试验"的第四个阶段放在粤港澳大湾区，以进行跨境支付测试。做此建议，其实也是想表明我国发行法定数字货币的意义。从我国境内居民使用货币支付的角度来看，使用法定数字货币与使用第三方电子支付并没有明显区别，但是法定数字货币是一项综合性财产，除了反映公民利益外，还反映国家利益。法定数字货币的跨境支付就是国家利益的具体体现，也是我国发行法定数字货币的重要原因之一。

在粤港澳大湾区进行试点测试是我国独特的优势：首先是地理上的优势，可以在我国领土范围内为法定数字货币境内境外流通提供条件，与直接在其他国家进行跨境支付相比，减少了阻碍；其次是制度上的优势，法定数字货币在试点内的流通实则可以经受社会主义法律制度和资本主义法律制度的双重检验，有利于我国法定数字货币未来在国际上的跨境流通；最后是经济上的优势，粤港澳大湾区能够反映我国经济发展水平，为法定数字货币发行流通提供了丰富的试验情景。如上各个阶段可参见表5-3所示。

表5-3 法定数字货币发行的"渐进式发展"

法定数字货币发行的"临床试验"		
试验阶段	受试群体	目的
临床前试验	研发人员	评价安全性
试用法定数字货币		
临床试验 I	法定数字货币的某一功能	测试安全性
临床试验 II	不同主体共同实践多个功能	检验有效性，发现风险
临床试验 III	更大范围的主体实践全部功能	长期应用，证实运用的稳定性、功能发挥的有效性；监测风险
临床试验 IV	在粤港湾大湾区测试跨境支付	测试跨境支付，监测风险
上报法定数字货币发行计划		
国务院批准或全国人民代表大会（或全国人民代表大会常务委员会）授权		
投入市场（监测）		

法定数字货币相关机构、企业和个人在经过对数字货币的"临床前试验"和"临床试验"两个阶段的准备与不断测试、升级，表明中央银行发行法定

数字货币的技术条件已基本成熟、稳定。中央银行需要制定发行法定数字货币的计划，包括法定数字货币的设计和年度发行量等筹备内容，将计划上报国务院，以及满足上文所提的发行法定数字货币所需的法律依据后，经国务院批准或国家最高权力机关的授权后可以逐步向全国推广发行法定数字货币。

在发行过程中，法定数字货币发行权的行使要保持一定的独立性。有学者指出当前我国财政收入增速较低，而支出增速较高，从而产生了财政赤字，弥补财政赤字的方法就是政府发债。而且与其他国家相比，我国财政赤字在 GDP 中的占比最低，所以可以采取扩张性的财政政策。并提出货币政策要辅助扩张性财政政策，并提出了可以试错，如果不行再退回来的惊人想法。[1]这种思想无疑是可怕的，发行法定数字货币的确要留有试错空间，但不是在全国范围内发行时试错，而是将这个"试错"留给"监管试点"。

（三）法定数字货币发行权的规制规则

1. 防止超发法定数字货币

为了防止法定数字货币超发，中央银行主要采用两个手段进行，一是中央银行可直接根据法定数字货币在市场上的流通情况确定货币发行量，二是要求金融机构在缴纳 100% 准备金的基础上兑换发行。[2]

中央银行在发行和流通上控制货币发行量，但仍有超发的可能。首先，当前确定法定数字货币的发行采用的是 1∶1 的兑换比例，但现金与法定数字货币并行发行，不能完全避免超发。甚至，退一步说，即便是全部发行法定数字货币，也只限于零售型的法定数字货币，如果法定数字货币发展至用于大额交易时的批发型法定数字货币，对以吸收存款、发放贷款为经营模式的商业银行来说，仍有超发风险。再如上文提到的发行债务以满足财政需求，实则体现的是提前消费，增加当前市场上的货币流通量，是变相的货币发行。

对此，中央银行和商业银行等金融机构要履行信息公开或信息披露义务。当前，中央银行会通过公开资产负债表的方式来表明货币流通量，以此来接受公众的监督。虽然法定数字货币的数字性让中央银行在行使决定货币发行

---

[1]　参见余永定："经济增速不能弃守 6% 是时候让经济下行刹车了"，载《中国经营报》2019 年 12 月 18 日。

[2]　参见段相字："央行数字货币如何影响你我"，载 http://www.ccdi.gov.cn/yaowen/202006/t20200607_219642.html，最后访问日期：2020 年 6 月 8 日。

量的权力时能够更为高效，但无论是中央银行在货币发行量上的决定权还是国务院的批准权，都需要来自全国人大及其常委会的监督。

2. 保护用户财产安全

对于用户的财产安全监管规则的确定，无论是用户的银行账户还是数字人民币钱包，都为商业银行等金融机构获得用户的财产提供了技术可能。对此，可从如下几个方面对用户财产安全提供监管规则。

通常情况下，非经用户同意，金融机构不得通过用户的银行账户和数字人民币钱包作出减损用户财产权益的行为。除非经过合法程序，才能在确定的范围内限制或扣除用户的特定财产权益，而不能对用户其他法定数字货币的账户或钱包的财产权益以及由此建立的用户信用作出限制。一旦发生金融机构违法侵犯用户财产权益的行为，除了要及时返回同等数额的法定数字货币，还要赔偿该期间与法定数字货币同等数额相当的利息。

在商业银行等金融机构破产时，用户数字钱包内的法定数字货币相当于用户手持的现金，用户具有完全的所有权，不可成为金融机构的破产财产。至于用户银行账户中的存款，因为与法定数字货币可随时兑换，且金融机构从央行兑换法定数字货币采用的是100%准备金，故而账户中的法定数字货币与钱包内的法定数字货币并无实质不同，只是因用户实名认证程度不同而有数额差异和用户信用差异。本书认为，用户将法定数字货币存储在银行账户中，目的是保管货币财产以及存储、支付、转账、收款等，并非放弃对该财产的所有权，而是让渡货币财产的使用权。故而，在金融机构破产时，不宜将用户账户内的货币财产认定为破产财产。

3. 保护用户信息安全

显而易见的是，法定数字货币让国家监管机构而不是金融机构对用户信息的控制能力增强，从某种程度上来说，用户信息的安全性程度更高。货币监管机构对与法定数字货币发行流通的数据进行控制，实则是国家货币机构更好进行统计、分析、决策、调控的需要，这也是法定数字货币作为智能货币对数据的需求。从当前来看，这是法定数字货币发展不可避免的趋势，数据是法定数字货币发展的养料。但问题在于法定数字货币如何国际化和面对标榜符合（欧美）监管规则的 Diem。隐私和信息安全是欧美等国关注的重点问题，法定数字货币国际化必须处理好法定数字货币的智能发展与信息保护之间的关系。

在具体监管规则的确定上要明确以下原则。其一，监管机构在收集信息上要符合比例原则，只收集必要信息，不收集不必要信息。即便是必要信息，监管机构也只能在合法合理范围内使用；而金融机构在收集用户信息上要"脱敏"处理，不存储用户信息，仅在授权下使用，即只做数据的"搬运工"。其二，注重信息安全，有条件允许数据的跨境流通。数据是信息时代的生产资料，要与其他国家监管机构在互助协议下有条件进行数据流通，前提是不能威胁国家安全。其三，将自由贸易区、自由贸易港等作为与国际接轨的"前端"，相当于在试点内开放与国际的法定数字货币合作，共同构建法定数字货币交易等规则。

本章小结

中央银行要独立行使法定数字货币发行权，具体由中央银行内部机构分工合作进行。本书根据法定数字货币发行权的构成结合中央银行的内部机构具体分析内部运行机制。值得注意的是，因为法定数字货币不同于现钞，所以中央银行内部机构在筹备权、发行基金管理权、货币投放权和回笼权运行过程中，中央银行无需为法定数字货币设计面额、图案，也无需为法定数字货币存储提供物理空间等，将会节省法定数字货币发行权的运行成本、提高运行效率。

而在法定数字货币发行权外部运行过程中，中央银行在国务院的领导下独立行使职权。法定数字货币发行权是特殊的金融性权力，不受来自其他行政权力的干预。不过，由于中央银行是国务院的一个组成部门，在进行国家宏观调控时，要与相关的国务院组成部门进行合作以更好地实现国家利益。而我国最高权力机关在法定数字货币发行权运作过程中也发挥了重要角色，如对中央银行行长的任命权、问责权、合法性审查等。司法机关则在具体的司法案例中维护我国的法定货币发行权。

为了提出法定数字货币发行权的规制建议，本章又进一步总结了法定数字货币发行权的运行风险，如已经发行的法定数字货币面临着无法发挥货币职能、法定数字货币技术不够充分、发行模式不清等风险；可能会出现超发法定数字货币、对私人权利不当干预和监控个人信息和行为等风险。即便如此，因为我国尚未全面发行法定数字货币，究竟会带来哪些风险我们尚不得知。但法定数字货币让人民的财产和国家的财产都以数字化的方式进行流通使用，要对其安全性给予关注。为此，本书提出借鉴新药试药规则的分阶段的"临床试验"来为法定数字货币发行权设计"监管试点"规则。在此基础上，本书尝试提出了四阶段的"监管试点"试验，其中最后一阶段采用在粤港澳大湾区试验的方式来测试法定数字货币的跨境支付。如此，既能利用粤港澳大湾区的地理、制度、经济优势来促进法定数字货币的创新应用，也能将可能发生的风险控制在"监管试点"内。

结　语

　　法定数字货币发行权研究是对私人发行数字货币挑战国家货币主权的回应，也是对新货币形式出现后法定货币发行权变化的探索。法定数字货币发行权研究是一个老问题，无论货币形式发生何种变化，在信用货币背景下，都由国家垄断行使；法定数字货币发行权研究也是一个新问题，数字形式的法定货币将直接改变国家货币发行模式、宏观调控方式，不只重构国家权力与私人权利之间的关系，还将对国家之间的货币关系产生重大影响。

　　法定数字货币发行权的研究首先要界定法定数字货币。本书根据当前国际上对法定数字货币基于账户的和基于代币的分类，提出了法定数字货币概念的"洋葱模型"，以统筹法定数字货币的不同特点。与此同时，肯定私人发行数字货币对法定数字货币的形式发展和功能完善所作出的贡献，明确只有国家信用支撑的数字货币才是法定数字货币。当然，如果国家认可私人数字货币的货币地位，私人发行数字货币可能取得与法定数字货币相似的法律地位，可视为国家对私人的授权，不改变国家垄断货币发行权的本质。

　　法定数字货币发行权是国家的一项权力，要放在国家宪法框架下予以分析。本书利用"货币宪法"理论为法定数字货币发行权的规范行使提供理论框架。在具体分析法定货币发行权时，主要以美国、英国和欧盟为例进行说明，因为世界上第一部成文宪法《美国联邦宪法》中规定了货币权力，而且二战后确立了以美元为中心的国际货币制度；而英国则是第一个将银行收归国有的国家，奠定了中央银行发行法定货币的基础；欧盟则是发行了超主权货币，在欧元区不同国家间流通使用。从如上几个重要的关于法定货币发行的事件中不难看出，法定数字货币的发行将会更加强调货币的主权性，可能会改变当今的国际货币秩序。为了防止货币发行权滥用而诞生的"货币宪法"

理论在法定数字货币发行后也将"与时俱进",将从强调对公民财产权利的保护上调整为兼顾财产权利和个人信息的保护上,可以让"货币宪法"理论不再尘封。

本书进一步对法定数字货币发行权的本质、性质与构成进行了分析。尤其是从我国货币发展规律中提出法定数字货币发行权的本质在于国家垄断性。这就意味着法定数字货币发行权将保留传统法定货币发行权的特点,具有货币主权、中央事权属性;也将因为法定数字货币自身的特点而将具有国际性,为我国人民币国际化发展提供新的契机。本书还采用了"分—合"的方式对法定数字货币发行权进行了分解与重构,提出法定数字货币发行权的构成应包括筹备权、发行基金管理权、投放权和回笼权。从宪法和法律层面对法定数字货币发行权进行了建构,明确提出货币发行权力已经由宪法确立,无需再专门规定;确定法定数字货币发行权具有权力复合的特殊属性、法定数字货币的综合财产属性等。

在此基础上,不难分析出法定数字货币发行权在内部运作和外部运作当中都具有独特性。尤其在外部运作过程中,法定数字货币发行权是具有金融性的权力,由中央银行在国务院的领导下行使。中央银行要与国务院其他组成部门进行分工合作,接受来自国家最高权力机关的监督与问责,司法机关在司法实践中维护国家的法定货币发行权。不过,法定数字货币发行权如何运作,目前并无太多研究对象,从已经发行法定数字货币的国家来看,法定数字货币发行权面临最大的风险在于法定数字货币没有被人民所认可,无法发挥货币功能。即便如此,仍有必要对法定数字货币发行权提出规制建议,以预防行使后可能出现的风险。本书提出了借鉴新药试药规则构建规制法定数字货币发行权的"监管试点"规则,目的在于将发行的法定数字货币限定在特定空间、特定领域进行流通并进行风险管控,初步提出了法定数字货币在我国领土范围内即可进行跨境支付的试验设想。

不过,如上提出的利用"货币宪法"理论规范法定数字货币发行权,是否就能避免国家超发货币,公民的财产权利不被无形剥夺?对法定数字货币发行权的分解与重构是否能符合法定数字货币的发展趋势?提出的规制法定数字货币发行权的"监管试点"能否发挥效果,能够起到维护国家货币秩序、保护公民权利的目的?在我国进行的法定数字货币跨境支付试验能否真的促进人民币国际化?显然,这些关于国家权力建构、国际战略定位的浩大工程本书难以凭借一己之力完成。

　　作为法定数字货币发行权研究的一次尝试与探索，其中的艰难自不待言。一是我国目前鲜有法定货币发行权的法学研究；二是法定数字货币是一个仍处于动态发展的新事物，研究一个"悬而未定"的事物必然缺少理论和实践经验。不过，"要想促成一门知识的进步，首先必须了解这门知识目前的局限性"[1]，本书当前对法定货币发行权和法定数字货币的研究可以成为学者进一步研究的基础。

　　"法学作为有关'神事与人事的知识，正义与非正义的科学'，尽管有着原产地特征，但我们总面临着一些共同的问题，人类也正在演变为'地球村'。"[2]法定数字货币所具有的主权性与跨境流通性这对看起来矛盾的特点，如何在维护本国货币主权、尊重外国货币主权的情况下，实现本国法定数字货币合法地跨境流通应该成为未来法定数字货币的法学研究重点。根据中国建设银行发布的《2020 人民币国际化报告》，大多数受访机构对发行DC/EP 持积极态度，超过 60% 的受访机构认为 DC/EP 将对人民币国际化产生积极影响。那么，随之而来的问题是，法定数字货币跨境流通将会带来数据的跨境流通，如何维护国家数据安全与个人的数据隐私同样值得关注。

〔1〕　郑戈：《法律与现代人的命运：马克斯·韦伯法律思想研究导论》，法律出版社 2006 年版，第 42 页。
〔2〕　刘连泰："为什么外国法"，载《浙江社会科学》2017 年第 1 期。

参考文献

一、著作

（一）中文著作

[1] 宝山、文武：《法定数字货币》，中国金融出版社 2018 年版。

[2] 何盛明主编：《财经大辞典》（上卷），中国财政经济出版社 1990 年版。

[3] 胡庆康主编：《现代货币银行学教程》（第 2 版），复旦大学出版社 2001 年版。

[4] 季卫东：《大变局下的中国法治》，北京大学出版社 2013 年版。

[5] 李晶：《数字货币与日常生活》，上海人民出版社 2021 年版。

[6] 李钧、长铗等：《比特币：一个虚幻而真实的金融世界》，中信出版社 2014 年版。

[7] 刘剑文、熊伟：《财政税收法》，法律出版社 2017 年版。

[8] 刘剑文：《强国之道——财税法治的破与立》，社会科学文献出版社 2013 年版。

[9] 刘少军：《金融法学》（第 2 版），中国政法大学出版社 2016 年版。

[10] 龙骁：《国家货币主权研究》，法律出版社 2013 年版。

[11] 鲁勇睿：《通货膨胀的货币宪法规制》，中国社会科学出版社 2016 年版。

[12] 石俊志：《中国货币法制史话》，中国金融出版社 2014 年版。

[13] 苏力：《法治及其本土资源》（第 3 版），北京大学出版社 2015 年版。

[14] 苏力：《大国宪制：历史中国的制度构成》，北京大学出版社 2018 年版。

[15] 宋鸿兵编著：《货币战争》，中信出版社 2007 年版。

[16] 唐应茂：《电子货币与法律》，法律出版社 2002 年版。

[17] 王文宇：《新金融法》，中国政法大学出版社 2003 年版。

[18] 吴礼宁：《货币宪法学：知识谱系与中国语境》，法律出版社 2015 年版。

[19] 吴越：《经济宪法学导论——转型中国经济权利与权力之博弈》，法律出版社 2007 年版。

[20] 熊伟：《财政法基本问题》，北京大学出版社 2012 年版。

[21] 闫海:《货币即权力:货币调控权论》,法律出版社 2015 年版。

[22] 杨松等:《银行法律制度改革与完善研究》,北京大学出版社 2011 年版。

[23] 周刚志:《财政转型的宪法原理》,中国人民大学出版社 2014 年版。

[24] 张西峰:《主权货币国际流通法论》,中国政法大学出版社 2015 年版。

[25] 郑戈:《法律与现代人的命运:马克斯·韦伯法律思想研究导论》,法律出版社 2006 年版。

[26] 中共中央宣传部编:《习近平新时代中国特色社会主义思想三十讲》,学习出版社 2018 年版。

[27] 邹均等:《区块链技术指南》,机械工业出版社 2016 年版。

(二) 中文译著

[1] [英] 查理斯·普罗克特:《曼恩论货币法律问题》(第 7 版),郭华春译,法律出版社 2015 年版。

[2] [英] 弗里德里希·冯·哈耶克:《货币的非国家化》,姚中秋译,新星出版社 2007 年版。

[3] [英] 杰米·巴特利特:《暗网》,刘丹丹译,北京时代华文书局 2018 年版。

[4] [英] 卡尔·波兰尼:《大转型:我们时代的政治与经济起源》,冯钢、刘阳译,浙江人民出版社 2007 年版。

[5] [德] 马克思:《资本论》(第 1 卷),中共中央编译局译,人民出版社 1975 年版。

[6] [法] 卢梭:《忏悔录》,黎星译,商务印书馆 1986 年版。

[7] [日] 芦部信喜:《宪法》(第 3 版),[日] 高桥和之增订,林来梵等译,北京大学出版社 2006 年版。

[8] [美] 梅兰妮·斯万:《区块链:新经济蓝图及导读》,龚鸣等译,新星出版社 2016 年版。

[9] [美] 约翰·肯尼斯·加尔布雷思:《货币简史》,苏世军、苏京京译,上海财经大学出版社 2010 年版。

[10] [美] 詹姆斯·M. 布坎南、理查德·E. 瓦格纳:《赤字中的民主——凯恩斯勋爵的政治遗产》,刘廷安、罗光译,北京经济学院出版社 1988 年版。

[11] [美] 詹姆斯·布坎南:《民主财政论——财政制度和个人选择》,穆怀明译,商务印书馆 1993 年版。

[12] [美] 詹姆斯·M. 布坎南:《宪则经济学——人类集体行动机制探索》,韩朝华译,中国社会科学出版社 2017 年版。

[13] [美] 詹姆斯·M. 布坎南:《财产与自由》,韩旭译,中国社会科学出版社 2002 年版。

（三）英文著作

[1] Gerhard Robbers，*Encyclopedia of World Constitutions*，Facts On File，Inc，An imprint of Infobase Publishing，2007.

[2] Leland B. Yeager（Ed.），*In Search of a Monetary Constitution*，Cambridge：Oxford University Press，1962.

[3]［美］威廉·罗维特：《银行及金融机构法（英文本）》（第4版），法律出版社2001年版。

二、论文

（一）中文论文

[1]［瑞士］彼得·波恩霍尔兹："货币宪法、政治经济体制与长期通货膨胀"，吴乐乐、苗连营译，载《学习论坛》2011年第7期。

[2]［苏联］B. 西波夫："美国的通货膨胀"，郭熙译，载《世界知识》1951年第39期。

[3] 吴美娜："中国研发央行数字货币这五年"，载《环球》2019年第15期。

[4] 王烁、张继伟、霍侃："专访周小川——央行行长周小川谈人民币汇率改革、宏观审慎政策框架和数字货币"，载《财新周刊》2016年第6期。

[5] 宾建成、雷迪凯："数字货币发行对我国金融业发展的影响及对策"，载《湖湘论坛》2017年第3期。

[6] 蔡定剑："宪法实施的概念与宪法施行之道"，载《中国法学》2004年第1期。

[7] 陈承堂："宏观调控权是怎样生成的 基于罗斯福新政的考察"，载《中外法学》2011年第5期。

[8] 邓建鹏、孙朋磊："通证分类与瑞士ICO监管启示"，载《中国金融》2018年第22期。

[9] 狄刚："数字货币辨析"，载《中国金融》2018年第17期。

[10] 董方冉："朱镕基：兼任行长 约法三章"，载《中国金融家》2018年第11期。

[11] 范一飞："中国法定数字货币的理论依据和架构选择"，载《中国金融》2016年第17期。

[12] 富景筠："苏联末期的货币战——透视苏联解体的新视角"，载《俄罗斯研究》2010年第2期。

[13] 郝芮琳、陈享光："比特币及其发展趋势的马克思主义分析"，载《经济学家》2018年第7期。

[14] 何伟刚："增强中央银行独立性——西方国家银行立法趋向与启示"，载《河北法学》1999年第6期。

[15] 胡伟："财政民主之权利构造三题"，载《现代法学》2014年第4期。

[16] 黄亮："中央宏观调控权力配置理据刍议"，载《天府新论》2013年第3期。

[17] 黄震："数字货币发行绕不过的坎"，载《中国金融》2019 年第 14 期。

[18] 姜其林、苏晋绥、米丽星："基于央行视角下我国法定数字货币发展趋势与监管挑战"，载《华北金融》2020 年第 4 期。

[19] 柯达："论我国法定数字货币的法律属性"，载《科技与法律》2019 年第 4 期。

[20] 李国权、白士泮、闫黎："证券通证化和通证证券化"，载《中国金融》2019 年第 2 期。

[21] 李晶："'区块链+通证经济'的风险管控与对策建议"，载《电子政务》2019 年第 11 期。

[22] 李晶："论法定数字货币的法律性质及其监管"，载《上海政法学院学报（法治论丛）》2022 年第 2 期。

[23] 李晶："元宇宙中通证经济发展的潜在风险与规制对策"，载《电子政务》2022 年第 3 期。

[24] 李文红、蒋则沈："分布式账户、区块链和数字货币的发展与监管研究"，载《金融监管研究》2018 年第 6 期。

[25] 林东："货币权力的宪法规制及其路径选择"，载《河南财经政法大学学报》2014 年第 1 期。

[26] 林来梵："合宪性审查的宪法政策论思考"，载《法律科学（西北政法大学学报）》2018 年第 2 期。

[27] 刘传炎："评里根政府经济复兴计划"，载《吉林大学社会科学学报》1982 年第 3 期。

[28] 刘连泰："网约车合法化构成对出租车牌照的管制性征收"，载《法商研究》2017 年第 6 期。

[29] 刘连泰："为什么外国法"，载《浙江社会科学》2017 年第 1 期。

[30] 刘连泰："中国合宪性审查的宪法文本实现"，载《中国社会科学》2019 年第 5 期。

[31] 刘少军："法定数字货币的法理与权义分配研究"，载《中国政法大学学报》2018 年第 3 期。

[32] 刘向民："央行发行数字货币的法律问题"，载《中国金融》2016 年第 17 期。

[33] 刘章涵："试论建国初期通货膨胀治理及启示"，载《科技经济导刊》2016 年第 19 期。

[34] 刘志彪："实体经济与虚拟经济互动关系的再思考"，载《学习与探索》2015 年第 9 期。

[35] 苗连营、吴乐乐："为货币发行'立宪'：探寻规制货币发行权的宪法路径"，载《政法论坛》2014 年第 3 期。

[36] 苗连营、吴礼宁："作为一个学科的货币宪法学"，载《华北水利水电学院学报（社

科版）》2012 年第 1 期。

[37] 苗连营：“谈货币宪法学研究”，载《郑州轻工业学院学报（社会科学版）》2012 年
第 5 期。

[38] 宁凯惠：“我国宪法序言的价值构造：特质与趋向”，载《政治与法律》2019 年第
6 期。

[39] 彭原、刘杰：“行为导向的洋葱素质模型驱动关系研究”，载《全国商情（经济理论
研究）》2007 年第 11 期。

[40] 丘斌：“反洗钱法律体系的发展”，载《中国金融》2016 年第 22 期。

[41] 全承相、李玮：“政府财政权及其控制”，载《求索》2009 年第 4 期。

[42] 施明义：“严格按照货币流通客观规律办事 坚持货币发行权集中于中央原则”，载
《吉林财贸学院学报》1979 年第 00 期。

[43] 石玥：“解放战争时期吉林省区域的货币发行及设计综述”，载《长春金融高等专科
学校学报》2018 年第 3 期。

[44] 叔曼：“英国反通货膨胀的考察”，载《世界经济文汇》1957 年第 12 期。

[45] 单飞跃、何自强：“币值稳定的货币宪法分析”，载《上海财经大学学报》2011 年第
6 期。

[46] 谭波：“央地关系视角下的财权、事权及其宪法保障”，载《求是学刊》2016 年第
1 期。

[47] 滕茂桐：“战后英国的通货膨胀与财政政策”，载《安徽大学学报（哲学社会科学
版）》1980 年第 3 期。

[48] 涂永前、邱本：“人民币国际化的法律路径及法治建设”，载《政法论丛》2015 年第
5 期。

[49] 汪洋：“发行法定数字货币的超越”，载《中国金融》2016 年第 21 期。

[50] 王今朝：“社会主义市场经济理论的创新发展”，载《人民论坛》2019 年第 29 期。

[51] 王林曦：“解读创新币：平台型数字货币与央行数字货币的特点解析”，载《金融市
场研究》2020 年第 5 期。

[52] 王倩、谢华军：“数字货币发展对央行职能及货币政策的影响研究”，载《区域金融
研究》2020 年第 5 期。

[53] 王艳：“区块链技术在金融业的应用及其发展建议”，载《海南金融》2016 年第
12 期。

[54] 王泽群：“论美国货币宪法的形成”，载《学术交流》2014 年第 6 期。

[55] 吴乐乐：“‘竞争性’与‘政治化’：货币发行的两种理念刍议”，载《华北水利水电
学院学报（社会科学版）》2012 年第 1 期。

[56] 吴礼宁：“货币权力与西方民主的吊诡”，载《华北水利水电学院学报（社会科学

版）》2012 年第 1 期。

[57] 吴礼宁："货币宪法引言"，载《中国宪法学研究会 2012 年年会论文集》。

[58] 吴礼宁："将货币发行收入纳入我国预算管理的立法建议"，载《郑州轻工业学院学报（社会科学版）》2014 年第 5 期。

[59] 吴礼宁："论货币宪法学教学"，载《学理论》2012 年第 15 期。

[60] 吴礼宁："通胀治理与货币宪法的提出"，载《郑州大学学报（哲学社会科学版）》2012 年第 3 期。

[61] 吴礼宁："中国式通胀与货币宪法"，载《云南大学学报（法学版）》2012 年第 1 期。

[62] 吴婷婷、王俊鹏："我国央行发行数字货币：影响、问题及对策"，载《西南金融》2020 年第 7 期。

[63] 吴越："宏观调控：宜政策化抑或制度化"，载《中国法学》2008 年第 1 期。

[64] 徐澜波："我国宏观调控权配置论辨正——兼论宏观调控手段体系的规范化"，载《法学》2014 年第 5 期。

[65] 徐显明："国家治理现代化关乎国家存亡"，载《法制与社会发展》2014 年第 5 期。

[66] 徐忠、姚前："数字票据交易平台初步方案"，载《中国金融》2016 年第 17 期。

[67] 徐忠、邹传伟："区块链能做什么、不能做什么？"，载《金融研究》2018 年第 11 期。

[68] 许多奇："Libra：超级平台私权力的本质与监管"，载《探索与争鸣》2019 年第 11 期。

[69] 闫海："国家·市场·人权——经济法的人权观导论"，载《前沿》2007 年第 2 期。

[70] 闫海："发展权与经济法的法理及其例证"，载《行政与法》2009 年第 3 期。

[71] 闫海："经济法的人权观论纲"，载《太平洋学报》2012 年第 10 期。

[72] 闫海："经济自由与经济法的法理及其例证"，载《经济与社会发展》2007 年第 1 期。

[73] 杨东："Libra：数字货币型跨境支付清算模式与治理"，载《东方法学》2019 年第 6 期。

[74] 姚前、汤莹玮："关于央行法定数字货币的若干思考"，载《金融研究》2017 年第 7 期。

[75] 姚前："法定数字货币的经济效应分析：理论与实证"，载《国际金融研究》2019 年第 1 期。

[76] 姚前："共识规则下的货币演化逻辑与法定数字货币的人工智能发行"，载《金融研究》2018 年第 9 期。

[77] 姚前："理解央行数字货币：一个系统性框架"，载《中国科学：信息科学》2017 年第 11 期。

[78] 姚前："中国版数字货币设计考量"，载《中国金融》2016 年第 12 期。

[79] 姚前："中国法定数字货币原型构想"，载《中国金融》2016 年第 17 期。

[80] 叶必丰:"论地方事务",载《行政法学研究》2018 年第 1 期。

[81] 叶姗:"中央银行何以理应谦抑行使货币发行权——由黄乃海诉人民银行增发奥运纪念钞一案引发的思考",载《学术论坛》2009 年第 2 期。

[82] 叶婷:"周小川:'知行合一'十五年",载《中国金融家》2018 年第 11 期。

[83] 易宪容:"区块链技术、数字货币及金融风险——基于现代金融理论的一般性分析",载《南京社会科学》2018 年第 11 期。

[84] 于鲁平、曲雪宁:"通证基本类型辨析:渊源内涵、监管及 STO",载 http://www.zhonglun.com/Content/2018/10-22/1720410428.html.

[85] 俞佳佳:"数字货币支付功能探索及思考",载《海南金融》2016 年第 3 期。

[86] 张庆麟:"论国际法中与货币相关的规则",载《法学家》2005 年第 6 期。

[87] 张庆麟:"论货币的法律概念及其法律属性",载《经济法论丛》2003 年第 2 期。

[88] 郑戈、李晶:"宪法发展的中国道路——郑戈教授访谈",载《上海政法学院学报(法治论丛)》2017 年第 4 期。

[89] 郑戈:"美国财政宪法的诞生",载《华东政法大学学报》2015 年第 3 期。

[90] 郑观、徐伟、熊秉元:"为何民法要分物权和债权?",载《浙江大学学报(人文社会科学版)》2016 年第 6 期。

[91] 中国人民银行数字货币研究项目组:"区块链的优劣势和发展趋势",载《中国金融》2016 年第 17 期。

[92] 周陈曦、曹军新:"数字货币的历史逻辑与国家货币发行权的掌控——基于央行货币发行职能的视角",载《经济社会体制比较》2017 年第 1 期。

[93] 周仲飞:"论中央银行独立性的法律保障机制",载《政治与法律》2005 年第 1 期。

(二)英文论文

[1] Adriana Hamacher, "Who is and Who isn't Working on a State-backed Digital Currency?", available at https://decrypt.co/8830/who-is-and-who-isnt-working-on-a-state-backed-digital-currency.

[2] Aleksi Grym, Päivi Heikkinen, Karlo Kauko, Kari Takala, "Central Bank Digital Currency", *Bank of Finland Economics Review* No. 5., 2017.

[3] Alexander William Salter, "Is There a Self-enforcing Monetary Constitution?", *Constitutional Political Economy*, Vol. 25, No. 3., 2014.

[4] Alexandra Sims, Kanchana Kariyawasam, David G. Mayes, "Regulating Cryptocurrencies In New Zealand", *The Law Foundation of New Zealand*, September 2018, available at https://ssrn.com/abstract=3340993.

[5] Bank for International Settlements, "Central Bank Digital Currencies", March 2018, available at https://www.bis.org/cpmi/publ/d174.pdf.

［6］ Ben S. C. Fung, Hanna Halaburda, "Central Bank Digital Currencies: A Framework for Assessing Why and How", *Bank of Canada Staff Discussion Paper*, November 2016.

［7］ Codruta Boar, Henry Holden, Amber Wadsworth, "Impending Arrival -a Sequel to the Survey on Central Bank Digital Currency", *Bank for International Settlements Papers*, No. 107., January 2020.

［8］ Committee on Payments and Market Infrastructures, "Digital Currencies", *Bank for International Settlements*, November 2015, available at https://www. bis. org/cpmi/publ/d137. pdf.

［9］ Bech M. L., Garratt R., "Central Bank Cryptocurrencies", *BIS Quarterly Review*, Sepcember 2017, available at https://www. bis. org/publ/qtrpdf/r_ qt1709f. htm.

［10］ David Chaum, "Blind Signatures for Untraceable Payments", In Chaum D., Rivest R. L., Sherman A. T. eds, *Advances in Cryptology: Proceedings of Crypto*, Vol. 82, Springer, 1983.

［11］ Conterence, "Dgital Currencies, Digital Finance and the Constitution of a New Financial Order: Challengers for the Legal System", July 2016, available at https://www. ucl. ac. uk/cles/sites/cles/files/summary-digital-finance-digital-currencies-conference. pdf.

［12］ Domenico D'Amico, "Buchanan on Monetary Constitutions", *Constitutional Political Economy*, Vol. 18, No. 4., 2007.

［13］ Geoff Bascand, "In Search of Gold: Exploring Central Bank Digital Currency", available at https://www. rbnz. govt. nz/research-and-publications/speeches/2018/speech2018-06-25.

［14］ Hal Finney, "Reusable Proofs of Work", available at https://nakamotoinstitute. org/finney/rpow/index. html.

［15］ Jack Meaning, Ben Dyson, James Barker and Emily Clayton, "Broadening Narrow Money: Monetary Policy with a Central Bank Digital Currency", *Bank of England Staff Working Paper*, No. 724., May 2018.

［16］ Lael Brainard, "Cryptocurrencies, Digital Currencies, and Distributed Ledger Technologies: What Are We Learning?", *Decoding Digital Currency Conference Sponsored by the Federal Reserve Bank of San Francisco*, May 2018.

［17］ Léo Malherbe, Matthieu Montalban, Nicolas Bédu, Caroline Granier, "Cryptocurrencies and Blockchain: Opportunities and Limits of a New Monetary Regime", *International Journal of Political Economy*, Vol. 48, No. 2., 2019.

［18］ Luca Fantacci, "Cryptocurrencies and the Denationalization of Money", *International Journal of Political Economy*, Vol. 48, No. 2., 2019.

［19］ Marco Fama, Andrea Fumagalli, Stefano Lucarelli, "Cryptocurrencies, Monetary Policy, and New Forms of Monetary Sovereignty", *International Journal of Political Economy*, Vol.

48, No. 2., 2019.

[20] Masayoshi Amamiya, "The Future of Money, Speech at the 2018 Autumn Annual Meeting of the Japan Society of Monetary Economics", *Tokyo*, October 2018.

[21] Michael D. Bordo, Andrew T. Levin, "Central Bank Digital Currency and the Future of Monetary Policy", *NBER Working Paper Series*, August 2017.

[22] Michael Kumhof, Clare Noone, "Central Bank Digital Currencies – Design Principles and Balance Sheet Implications", *Bank of England Staff Working Paper*, No. 725., May 2018.

[23] MortenBech, Rodney Garratt, "Central bank cryptocurrencies", *BIS Quarterly Review*, September 2017.

[24] Nick Szabo, "Formalizing and Securing Relationships on Public Networks", *First Monday*, Vol. 2, No. 9., 1997.

[25] Omar Faridi, "Japanese Lawmakers from Ruling Liberal Democratic Party are Preparing a Proposal Recommending Issuing Digital Currency", available at https://www. crowdfundinsider. com/2020/01/156753–japanese–lawmakers–from–ruling–liberal–democratic–party–are–preparing–a–proposal–recommending–issuing–digital–currency/.

[26] Philip Lowe," A Journey Towards a Near Cashless Payments System", available at https://www. rba. gov. au/speeches/2018/sp-gov-2018-11-26. html.

[27] Raphael Auer, Rainer Böhme, "The Technology of Retail Central Bank Digital Currency", *BIS Quarterly Review*, March 2020, available at https://www. bis. org/publ/qtrpdf/r_qt2003j. pdf.

[28] Riki Fujii – Rajani, "FinTech Developments in Banking, Insurance and FMIs", *Reserve Bank of New Zealand Bulletin*, Vol. 81, No. 12., 2018, available at https://www. rbnz. govt. nz/research–and–publications/reserve–bank–bulletin/2018/rbb2018–81–12.

[29] Sheila Dow, "Monetry Reform, Central Banks and Digital Currencies", *International Journal of Political Economy*, Vol. 48, No. 2., 2019.

[30] Sofie Blakstad, Robert Allen, "Central Bank Digital Currencies and Cryptocurrencies", *FinTech Revolution*, June 2018.

[31] Steven Horwitz, "Do We Need a Distinct Monetary Constitution?", *Journal of Economic Behavior and Organization*, Vol. 7, No. 1., 2011.

[32] Tai–hoon Kim, "A Study of Digital Currency Cryptography for Business Marketing and Finance Security", *Asia–pacific Journal of Multimedia Services Convergent with Art, Humanities, and Sociology*, Vol. 6, No. 1., 2016.

[33] Tony Richards, "Opening Panel Remarks on the Regulatory Landscape for Payments", *Australian Payment Summit*, available at https://www. rba. gov. au/speeches/2018/sp – so –

2018-11-27. html.

[34] W. Dai, "B-Money", available at http://www.weidai.com/bmoney.txt.

[35] 中本聪："比特币：一种点对点的电子现金系统"，载 www.bitcoin.org/bitcoin.pdf.

三、报纸

[1] 范一飞："关于央行数字货币的几点考虑"，载《第一财经日报》2018年1月26日，第 A5版。

[2] Wang Jiamei, "China cannot be absent from the era of global digital currency competition", *Global Times*, June 24, 2019.

[3] 习近平："把区块链作为核心技术自主创新重要突破口"，载《人民日报海外版》2019 年10月26日，第1版。

[4] 辛继召："首席经济学家谈2020开市：经济向好趋势未变 股市长期影响有限"，载 《21世纪经济报道》2020年2月3日，第4版。

[5] 姚前："推进法定数字货币研发，助力数字经济发展"，载《21世纪经济报道》2017 年11月8日，第4版。

[6] 姚前："央行数字货币的技术考量"，载《第一财经日报》2018年3月7日，第A9版。

[7] 姚前："虚拟货币要'去虚拟'"，载《第一财经日报》2019年5月6日，第A12版。

[8] 余永定："经济增速不能弃守6% 是时候让经济下行刹车了"，载《中国经营报》2019 年12月18日。

四、学位论文

[1] 谭贵雪："区块链视角下法定数字货币的法律属性研究"，山东财经大学2019年硕士 学位论文。

[2] 杨建晨："我国央行法定数字货币发行法律问题研究"，兰州财经大学2019年硕士学 位论文。

致 谢

　　《法定数字货币发行权研究》是我的博士学位论文（2020 年）。之所以敢于选择这个"难题"，皆源于兴趣。2018 年在新加坡交换期间，我参加了二十余场关于数字货币、区块链的活动，数字货币的创新性和未来发展的无限可能性深深吸引了我。将数字货币与我的专业宪法学与行政法学结合，以《法定数字货币发行权研究》作为博士学位论文选题自然也就水到渠成了。用文字记录自己的研究兴趣不失为法律人的另类浪漫。

　　当然，选择研究法定数字货币发行权几乎是"自讨苦吃"。我的老师汤啸天教授要求我作"开天辟地的理论创新"，"在理论创新的过程中练就锐气和韧性"。我不敢自称"开天辟地"，却深知在这块处女地"开辟"的艰难。不知多少次面对浩瀚的书库与无尽的互联网，我竭尽全力拓宽加深收集资料的层面；不知有多少个日日夜夜我以近乎"痴迷"的状态，思考法定数字货币的法律特征；不知有多少次困顿于"爬坡的疲劳"，我暗暗地激励自己"胜利就在再坚持一下之中"。锐气来源于磨砺，韧性是拼搏的积累。是我自己选择了法定数字货币研究这条充满荆棘的道路，必须没有条件创造条件也要迎难而上。

　　如今关于法定数字货币的相关法学研究正在雨后春笋般地出现，但将时间倒退至 3 年前，最为鞭策我的一句话就是："你的选题很有难度，我们（金融领域）还没想清楚数字货币是怎么一回事，和你导师联系换选题吧。"明知不可为而为之，并不是孤勇；把不可能变为可能的路，一定是人走出来的。因为在我身后，有从各自研究领域为我提出建议、启发我思考，并鼓励我坚持完成这一探索的老师和朋友。

　　在探索过程中，首要感谢的就是我的博士导师郑戈教授。承蒙导师对我学术能力的培育、学业生活的关心，让我能够感受到导师"不善言谈"背后的关怀。导师能够轻松化解我论文写作过程中的负面情绪，让我保持积极乐观的研究心态。独立构思的过程是"痛苦"的，但我终于在博士学位论文写作过程中明白了导师的良苦用心。当我的博士学位论文两份盲审意见都是以四个评分选项中两个优秀两个良好为结果时，导师比我还要高兴。尤其是一位专家的评审意见让我们倍觉感动和鼓舞："论文难度较大，作者的学术勇气和在论文上耗费的心血均值得赞赏。导师的指导更令人钦佩。希望再接再厉，尽善尽美。"也正是在这位专家的鼓励下，我仍在数字货币领域的法学研究中不断探索。

　　纸短情长，在研究数字货币的过程中要感谢的人太多：感谢徐向华教授、叶必丰教授、朱芒教授、高全喜教授、郭延军教授、林彦教授、季卫东教授、沈国明教授、郑成良教授、彭诚信教授、程金华教授、王彬副教授和何渊副教授等上海交通大学的导师们；感谢刘晓红教授、何平立教授、汤啸天教授、倪正茂教授、关保英教授、赵运锋教授等上海政法学院的导师们；感谢朱淑娣教授、许多奇教授、胡凌副教授、秦前红教授、张翔教授、万勇教授、宋华琳教授、陈保中教授、程乃胜教授、冷静教授、宋远升副教授、周望副教授、谭清值博士、张巍教授、朱飞达教授、李国权教授等国内外老师；特别感谢素未谋面，却在数字货币研究中著述颇丰、给我颇多启发的姚前老师。还有其他帮助我的师友，在此一并致谢。

　　感谢上海政法学院科研处对本书的资助，感谢中国政法大学出版社的各位编辑老师！

　　心有所信，方能行远。

　　我愿意与学科同成长，我也一定能够与学科同成长。